주도권 경쟁: 하나님 자리에 앉은 사람들

주도권 경쟁: 하나님 자리에 앉은 사람들

발 행 | 2024년 7월 19일
저 자 | 김신호
펴낸이 | 이인섭
펴낸곳 | 레어출판사
출판사등록 | 2020.07.31 (제2020-000016호)
주 소 | 인천광역시 부평구 동수로 80번지 화성파크드림 102동 2101호
이메일 | rarepublishingcompany@gmail.com
ISBN | 979-11-971506-6-1

주도권 경쟁:

하나님 자리에 앉은 사람들

김신호 지음

목차

서론

　인간은 정치적 동물이다. 둘만 만나도 나이를 묻고, 직업이나 학력, 재산, 직위 등을 가늠하여 우열을 가리려 한다. 누군가 목숨을 걸고 기존의 주도권 세력에 대항해 이를 무너뜨리는데 성공하면 새로운 권력이 탄생한다. 왕건은 918년 고려 시대를 열었고, 그 이후 왕씨는 500여 년에 걸쳐 왕위를 독차지하며 기득권을 유지했다. 고려 말 이성계는 위화도 회군을 통해 왕씨의 나라를 무너뜨리고 이씨 왕조(1392-1897년) 시대를 열었다. 이씨 왕조는 유교의 충(忠)을 강조하면서 500여 년 동안 왕위를 자자손손 이양하며 왕가에 대항하는 사람들을 역적으로 몰았다.

　절대 권력이 형성되면, 그 주변으로 권력을 옹호하며 기득권을 누리는 특권층이 존재했다. 조선시대에는 소수의 사대부들이 지배 계급으로 활동했고, 엄격한 계급 제도 하에 대다수의 농민이나 상민, 천민들은 감히 양반의 권위에 대항하지 못하고 숨죽여 지냈다. 이처럼 군사 쿠데타를 일으켜 기존 권력을 몰아내고 주도권을 쥐게 되면 절대 권력을 만들어 아무도 그 권위에 도전할 수 없게 만든다.

한국 현대사에서도 군부가 군사 쿠데타를 일으켜 통수권을 장악했다. 그들은 독재 정권을 유지하기 위해 지식인들을 억누르는 강압 정책을 펼쳤다. 박정희의 경우, 단임 대통령직에 만족하지 못하고 종신제를 추진하다 저격을 당했다. 전두환 또한 불법 쿠데타를 일으켜 반대 세력을 숙청하고 그들만의 세상을 만들었다. 중국의 시진핑 또한 두 번으로 제한된 주석의 자리를 종신제로 바꾸어 죽을 때까지 권력을 잡고 있다. 러시아의 푸틴 또한 종신제를 실현해 나가고 있다. 권력에 맛을 들인 사람은 죽을 때까지 황제직을 유지하려 한다. 그리고 독재자가 나오면 이에 기생하는 정치인이나 기업인들이 생겨난다. 독재자에게 가스라이팅을 당한 국민들은 그를 지지하며 따라간다.

반란으로 기득권을 획득한 개인이나 단체는 권력과 명예, 부를 한꺼번에 손에 쥘 수 있었고, 한 번 잡은 주도권을 스스로의 의지로 내려놓는 일은 거의 불가능에 가까웠다. 다른 누군가 목숨을 걸고 부패한 주도권 세력을 무너뜨려야 새로운 세상이 올 수 있었다. 어쩌면 역사는 지속적인 주도권을 잡기 위한 싸움이 아닌가 생각된다.

힘들게 대통령이나 국회의원의 감투를 쓴 사람이 자신의 기득권을 포기하는 것이 가능할까? 나는 지금까지 나라와 국민을 사랑한다던 국회의원이 경제가 힘들어졌기 때문에 자진해서 본인의 월급을 삭감하겠다는 법안을 상정하는 것을 본 적이 없다. 이태원 참사가 터졌으나 책임을 지고 사퇴하는 사람은 없고, 다들 남 탓만 하며 자리를 보존하고 있다. 자신의 비리가 만천하에 드러났음에도 불구하고 통제를 통해 자신의 것을 지키려 한다. 주도권을 쥔 특권층은 '이대로'를 외치며 대를 이어 이권을 물려주려 한다. 그들이 가장 두려워하는 것은 변화 혹은 개혁의 물결이다.

그렇다면 이 세상이 아닌 저 세상에 소망을 두는 교회의 상황은 어떠할까? 교회 내에는 주도권을 잡기 위한 권력 다툼이 없었을까? 과연 교회의 머리는 누구일까? 기독교는 철저히 그리스도 중심적이며, 예수님이 신앙의 중심에 서 있다. 교회의 머리는 예수 그리스도이며, 만물의 창조자이신 하나님은 모든 권세와 권능의 근원이 되신다. 교회에서 하나님의 권위는 절대적이며, 신자들은 전지전능하신 하나님을 경배한다. 하나님은 예수 그리스도를 이 세상에 보내셨고, 예수님은 그의 공생애를 통해 하나님의 아들이자 구세주임을 나타내셨다. 모든 인류의 죄악을 위해 십자가에서 죽으신 예수님은 교회의 머리가 되셨다.

그런데 안타깝게도 우리는 승천하여 보좌에 앉으신 예수님을 눈으로 볼 수 없다. 기도 시간에 예수님의 이름을 크게 불러보지만, 그분은 보이지 않고 아무 말씀도 하지 않으신다. 그분은 대신 말씀(성경)을 주셨고, 성령을 보내주셨다. 하지만 하나님의 말씀인 성경은 인격체가 아니므로 교회 위에 군림할 수 없다. 교회에 성령님이 임재 한다고 말은 하지만, 그 누구도 성령의 실체를 본 사람은 없다.

인간은 보이지 않는 하나님보다 보이는 사람을 믿고 따르는 경향이 있다. 결국 보이지 않는 하나님이나 예수님, 성령을 대신해 눈에 보이는 누군가가 대리자로 나서게 된다. 본래 이스라엘의 왕은 하나님이셨다. 그런데 출애굽해 가나안 땅에 도착한 이스라엘은 주변의 나라들을 보고, 그들에게 눈에 보이는 왕이 필요하다는 생각을 했다. 그들은 '왕을 달라'고 강력히 요청했고, 결국 사울이 그들의 왕이 되었다.

'콘크리트 유토피아' 라는 영화를 보면, 지진으로 온 세상이 파괴되자 유일하게 파괴되지 않은 황국 아파트를 지키기 위해 아파트 주민들이 모였다. 그들이 처음으로 한 일은 '아파트 주민대표'를 뽑는 것이었다. 이처럼 사람들이 모인 곳에서는 조직을 만들고 대장을 뽑고자 하는 권위 본성이 나타난다. 결국 주민대표가 주도권을 잡고 권한을 행사하며, 자신의 권위에 의문을 제기하거나 도전하는 사람을 제거하려 한다.

예수님의 몸인 교회도 결국 사람들의 모임이다. 눈에 보이지 않는 주님 대신, 그분의 대리자라고 자칭하는 리더나 단체를 따라가게 마련이다. 으뜸이 되기를 원하는 누군가가 예수님의 대리자가 되어 주도적으로 이끌어 가려 한다. 그 과정에서 오류를 범하고 반대파를 숙청해 기득권을 유지하려 하기도 한다.

나는 교회 역사를 연구하고 가르치는 과정에서 교회의 주도권에 대해 깊은 관심을 가지게 되었다. 기독교 역사를 통해 누군가가 혹은 어떤 단체, 흔히 교회 지도자 혹은 종교회의, 교단이 주도권을 가지고 본인들이 원하는 대로 교회를 이끌어 왔음을 알게 되었다.

하나님은 홀로 사역을 주관하지 않고 특정 인물이나 집단을 택하셔서 그들을 통해 일하셨다. 구약을 보면 하나님과 이스라엘 백성 사이에는 일종의 중개인들이 있었는데, 사사와 제사장, 선지자, 왕 등이 주요 역할을 맡았다. 하나님은 갈대아 우르에 있던 아브람을 부르셨고, 그가 순종함으로 만국의 아버지인 아브라함이 되었다. 하나님은 살인으로 도망자 신세였던 모세를 가시덤불에서 부르셔서 이스라엘의 지도자로 삼아 이스라엘 민족을 출애굽 시키는데 사용하셨다. 그의 제자 여호수아는 정복 전쟁을 이끌면서 이스라엘 백성이 가나안 땅에 정착할 수 있도록 이끌었다. 하나님은 이새의 일곱째 아들인 소년 다윗을 왕으로 택하여 기름을 부으셨다.

흔히 하나님의 일꾼이 되기 위해서는 하나님의 직접적인 부르심을 받아야 한다. 그렇다면 교회 역사를 통해 주도권을 가진 자들도 하나님의 부르심을 받은 자들인가? 교회 권력을 거머쥔 자들은 이구동성으로 다음과 같이 말한다: '나는 하나님의 부르심을 받았다,' '나는 예수님의 대리자이다,' '내가 이 교회를 세웠다,' '나를 중심으로 한 교회의 통일성이 중요하다.' 그들은 하나님이 자신을 택하셨기에 자신이야말로 교회에서 절대적 권력을 가진다고 주장한다. 이를 좋게 말하면 하나님의 부르심을 받은 종 혹은 하나님의 대리자일 것이다.

한번은 캐나다 몬트리올에 있는 큰 성당을 방문했다. 성당 안에 들어서자 강대상 근처에 큰 성상이 서 있었는데, 그는 기적을 일으켰던 유명한 수도사로 그 수도원을 세우는데 크게 기여했다고 한다. 방문자들은 성인 앞에 촛불을 키고 그 앞에게 기도했다. 그들은 성인에게 하는 기도가 하나님께 상달되며 동시에 성인이 기적을 가져다 준다고 믿고 있었다. 나는 이 장면을 보고 큰 충격을 받았다. 하나님과 나 사이를 가로막고 있는 존재, 예수님 대신 군림하는 존재는 다름아닌 우상이라 칭할 수 있다.

우리는 망각해서는 안 되는 것이 있다. 하나님을 찬양하던 루시엘은 하나님의 보좌를 탐내다 타락하여 사단이 되었다. 에덴 동산에서 사단은 하와에게 선악과를 먹으면 "하나님과 같이"(창 3:5) 될 수 있다고 유혹했고, 인간은 타락하여 죄인이 되었다. 인간에게는 늘 하나님과 같이 되려 하는 욕망, 하나님 자리에 앉으려는 탐심이 숨겨져 있다. 죄인인 인간은 위로 올라가려는 욕망을 가지고 있었고, 인간들은 바벨탑을 쌓아 하늘에 닿으려

했다. 결국 모든 인간은 죄인이다. '의인은 없나니, 단 한 사람도 없다'(롬 3:10). 죄성을 물리칠 수 있는 사람은 그리 많지 않다. 결국 예수님을 밀어 내고 대신 그 자리에 앉는 경우가 발생한다.

나는 여러 곳에서 사역하고 일하며 신기하게도 그 자리에 절대로 앉아 서는 안 될 사람이 그 자리에 앉아 온갖 갑질을 하는 것을 경험했다.

이 같은 인간의 추악한 권력욕과 관련된 우스개 소리가 있다. 목사가 죽 어 천국에 들어갔다. 그런데 다른 신자들이 천국에 들어올 때에는 예수님 이 일어서서 영접을 했는데, 목사가 오자 앉아서 영접했다. 이에 기분이 상한 목사는 예수님께 따졌다. '왜 다른 사람들은 서서 영접하시고 저만 앉아서 영접하십니까?' 예수님은 다음과 같이 대답하셨다. '내가 서는 순 간 네가 이 보좌에 앉을까 봐 그랬다.' 과연 우스개 소리로 치부하고 넘어 갈 수 있는지 곰곰이 생각해 볼 수 밖에 없다.

역사는 주로 승자의 입장에서 평가되고 기술된다. 패자의 편에서 보는 시각은 불에 태워지거나 말살되었다. 교회 역사 또한 '승리자' 혹은 '강자' 의 입장에서 기술되었다. 어떤 의미로 보아 '패자' 혹은 '약자'의 목소리가 배제된 반쪽짜리 사실일 가능성이 매우 높다. 기독교 역사를 살펴보면, 교 회 권력 혹은 주도권을 잡고 이를 휘두른 사람이나 단체가 있었다. 그 누 군가는 감독일수도 있고 황제나 교황, 사제, 공의회, 시의회, 영주, 종교개 혁가, 교단 혹은 목사일 수도 있다. 생각보다 보이지 않는 하나님을 대신 해 자신이야말로 하나님을 대리하는 자임을 자처하는 사람들이 많았다. 그 들은 스스로를 주의 종이라 칭했지만 실제로는 주도권을 잡기 위해 치열 한 경쟁을 벌였고 심지어 암살과 전쟁, 뇌물 등으로 그 자리를 차지했다.

어떤 의미에서 하나님의 이름 하에 벌어진 주도권 경쟁은 세상의 정치나 사회보다도 더 치열했고 잔인했다. 반대파를 제거하기 위해 이단으로 모함해 화형에 처하기도 했다. 얼마나 많은 힘없는 여인들이 마녀로 몰려 화형을 당했던가! 얼마내 많은 재침례교 신자들이 손발이 묶인 채로 강에 던져졌던가! 얼마나 많은 인디언들이 사단으로 몰려 죽임을 당했던가! 우리는 숨기고 싶지만 실제로 종교 전쟁은 세속적 전쟁보다 치열하고 참혹하고 잔인했다.

안타깝게도 정치적, 사회적, 경제적 역량을 소유한 사람이 교회의 주도권까지 손에 쥔 적도 많았다. 게다가 신앙이 없는 사람, 살인자, 호색가, 돈을 사랑하는 사람들까지도 교회 주도권을 잡고 흔들었다. 그 결과 교회를 장악하고 있는 세력은 너무 거대해 그 누구도 함부로 건드릴 엄두를 내지 못했다. 죄를 범한 자들이 도리어 재판석에 앉아 진정한 그리스도인들을 심판하는 경우도 있었고, 용서를 받아야 할 자가 용서하는 자리에 앉아 손가락을 올리기도 하고 내리면서 다른 사람을 심판했다. 심지어 우상숭배를 저지른 자들이 재판석에 앉아 모진 고난과 핍박 속에서도 믿음을 지킨 자들을 정죄했던 안타까운 사례들도 있었다. 불행하게도 교회 역사가나 신학자들은 학살과 만행에 앞장섰거나 동조한 교회 지도자를 비판하지 못하고 오히려 그들의 눈치를 보며 장단을 맞추고 있다.

교회 또한 세속적 권력, 욕망, 자본주의 가치관으로 오염되어 있다. 세상 사람들도 목사가 권력을 좋아하고 돈을 사랑하는 것을 잘 알고 있다. 세상은 교회의 무능과 도덕적 타락을 걱정하고 있다. 그러나 우리는 중심을 지켜야 한다. 우리는 '누가 교회 권력을 쥐고 있는가?,' '누가 교회 헌금을 주물럭거리는가?,' '누가 신앙을 규정할 권위를 가지는가?,' '누가 성경을 해석할 권리를 가지는가?,' '누가 정통과 이단을 구별할 수 있는가?' 등을 신중히 분별할 수 있어야 한다. 교회의 머리는 목사나 교단이 아니라 예수 그리스도이며, 성경이 최고의 권위를 가진다. 성령이 담임목사가 되어 교회를 인도하셔야 교회가 살아난다. 독재적 리더십에서 탈피해 종교개혁의 정신인 만인제사장주의로 돌아가야 한다. 군림하는 리더십이 아니라 예수님의 섬기는 리더십으로 바꾸어야 한다.

제1장: 초대교회 내의 주도권 경쟁

예수님과 제자들

예수님은 하나님의 아들로서 권세를 소유하셨다: "이를 내게서 빼앗는 자가 있는 것이 아니라. 내가 스스로 버리노라. 나는 버릴 권세도 있고 다시 얻을 권세도 있으니"(요 10:18). 그의 권위는 하나님으로부터 부여되었고, 그는 권세 있는 자처럼 가르치셨다: "뭇 사람이 그의 교훈에 놀라니, 이는 그가 가르치시는 것이 권위 있는 자와 같고 서기관들과 같지 아니함일러라"(막 1:22). 그는 인간의 죄를 용서하는 권세가 있었다: "인자가 땅에서 죄를 사하는 권세가 있는 줄을 너희로 알게 하려 하노라"(막 2:10).

그리스도는 최후의 심판 때 모든 사람을 정의로 심판하신다: "마땅히 두려워할 자를 내가 너희에게 보이리니, 곧 죽인 후에 또한 지옥에 던져 넣는 권세 있는 그를 두려워하라"(눅 12:5). 그는 죽기까지 순종하심으로 우주 만물을 다스리는 보좌에 앉으셨다: "그는 하늘에 오르사 하나님 우편에 계시니, 천사들과 권세들과 능력들이 그에게 복종하느니라"(벧전 3:22). 그리스도의 왕국은 우주적이고 영원하다: "우리 구주 홀로 하나이신 하나님께 우리 주 예수 그리스도로 말미암아 영광과 위엄과 권력과 권세가 영원 전부터 이제와 영원토록 있을지어다"(유 25).

예수님은 세상의 권력자나 부자를 가까이하는 대신 가난한 사람과 소외된 사람, 병자와 과부들을 찾아가셨다. 귀족보다는 빈곤한 사람을 초대하셨다. 그는 사회적 신분이 높은 사람 중에서 제자를 뽑은 것이 아니라 하위층인 어부나 세리 등을 제자로 부르셨고 그들을 양육하셨다. 예수님은 열두 제자나 그를 따르던 자들 위에 군림하지 않으셨고, 철저히 섬기는 리더십, 희생하는 리더십을 보여주셨다. 그는 혼자서 사역하지 않고, 제자들과 그와 함께 하는 자들과 동역하셨다. 그는 권세와 능력을 제자들에게 양도하셨다: "예수께서 열두 제자를 불러 모으사 모든 귀신을 제어하며 병을 고치는 능력과 권위를 주시고"(눅 9:1). 그들은 그 권능으로 병을 고치고 귀신을 쫓아냈고 하나님의 나라를 선포했다. 제자들로부터 복음을 듣는 자는 곧 예수님으로부터 듣는 것이다: "너희 말을 듣는 자는 곧 내 말을 듣는 것이요, 너희를 저버리는 자는 곧 나를 저버리는 것이요, 나를 저버리는 자는 나 보내신 이를 저버리는 것이라"(눅 10:16); "너희를 영접하는 자는 나를 영접하는 것이요, 나를 영접하는 자는 나를 보내신 이를 영접하는 것이니라"(마 10:40).

예수님의 사역이 많은 사람들의 관심을 끌면서, 세속적 성공의 길에 들어선 듯 보이자 제자들은 누가 예수님의 총애를 받는 자인지, 혹은 그들 가운데 누가 가장 큰 자인지를 놓고 서로 다투었다. 심지어 제자의 어머니까지 나서서 '주님의 나라가 이 땅에 이루어질 때, 자신의 자식들을 주님의 오른쪽과 왼쪽에 앉게 해 달라'고 간청했다. 이 말을 들은 다른 제자들은 분개했다. 여기서 우리는 권력을 향한 인간의 욕망과 한계를 보게 된다. 그러나 막상 예수께서 체포되어 고난을 받자, 모든 제자들은 예수님을 버리고 도망쳤다. 만왕의 왕이신 예수님도 이 세상에 계실 때 정치적 권력을 손에 넣으신 적이 없었고, 오히려 종교적, 정치적 세력에 의해 십자가에서 돌아가셨다.

예수님은 승천을 지켜보고 있던 제자들에게 증인으로서 복음을 전파하고 가르칠 수 있는 권세를 부여하셨다. 사도행전 초반부를 보면, 예수님의 제자들 중 베드로가 단연 두각을 나타냈다. 예수님의 친동생이었던 야고보는 '주의 형제'라는 이유로 권위를 인정받아 예루살렘 교회 지도자로 활동했다. 그러나 후반부로 접어들면서 사도 바울이 등장함으로 주도권의 중심이 그에게 넘어갔다.

예수님이 승천하심으로 사람들의 눈에 보이지 않게 되자, 벌써부터 사람들은 특정 인물을 중심으로 한 분파가 나타났다. 특히 고린도교회 내에서 주도권 경쟁이 치열했다. 베드로를 리더로 삼은 분파, 바울을 중심으로 한 분파, 아볼로를 지도자로 삼은 분파 등으로 나눠져 같은 분파의 사람들끼리 교제했고, 다른 분파와는 상종도 하지 않았다. 벌써 특정 지도자를 중심으로 한 분파(오늘날로 치면 교단)가 형성되는 불안한 징조가 나타났다. 모두 자신의 리더가 최고의 권위를 가졌다고 주장하며 다른 그룹의 사람들을 무시했다. 불행히도 이런 현상은 교회 역사에서 반복되었다.

제자들은 권위를 가졌던 자들인가? 이에 대한 답변은 'Yes and No'이다. 예수님의 부활과 승천을 목격한 제자들은 초대교회를 이끌어 갔으나, 그들은 교회 내에서 개인적인 권력이나 명예를 추구하거나 부를 탐하지 않았다. 그들 중 사도적 권위를 주장하며 절대적 권력을 휘두르거나 이로 인해 호의호식을 한 사례는 보이지 않는다. 오히려, 세상적 관점에서 본다면, 그들은 핍박을 받는 가운데 가난하고 비참한 삶을 살았다.

제자들은 예수님의 대위 명령에 순종하여 복음을 전파하고 교회를 세우는 사역에 헌신했다. 그들은 예수께서 그들의 생전에 다시 오실 것이라 믿었고, 게으름과 나태 가운데 발견되기를 원치 않았다. 그들은 로마 제국과 유대교 지도자들로부터 핍박을 받고 희생과 순교의 길을 걸었다. 바울은 밥을 먹기 위해 힘겹게 일해야만 했던 떠돌이 기능공 이었다. 베드로는 로마에서 십자가에 거꾸로 매달려 순교했고, 바울도 로마에서 순교한 것으로 알려져 있다. 다른 제자들 대부분 순교의 길을 걸었다. 그들의 삶은 예수님의 발자취를 그대로 따라갔다. 그래서 우리는 오늘날에도 제자들을 사도라 부르며 존경한다.

예수님은 유대인에게 복음을 전하셨고 그의 제자들도 모두 유대인이었다. 초대교회는 유대교적 환경에서 시작되었고 신자들 대부분은 유대교에서 개종한 자들이었다. 예루살렘은 기독교의 탄생지이자 교회의 중심지였다. 그러나 사도 바울의 선교로 인해 이방인들이 교회에 들어오면서 초대교회의 중심지는 안디옥(오늘날 터키 소도시 안타키아)과 알렉산드리아(북아프리카의 이집트 도시)로 퍼져 나갔고, 로마에도 교회가 세워졌다. 그 과정에서 유대교적 배경을 가진 그리스도인과 이방인 출신의 기독교인 사이에 충돌이 일어났고, 예루살렘 공의회가 열렸다. 이 공의회에서 바울을 중심으로 한 이방인파가 승리했고 이를 계기로 이방인 그리스도인이 교회의

주축 세력으로 등장했다.[1]

유대교 종교 지도자

구약은 '메시아가 오시리라'는 예언으로 가득 차 있다. 그런데 예수님이 이 세상에 오셨을 때 그를 가장 신랄하게 비판하고 핍박한 자들은 누구인가? 대부분의 유대인들이 예수님을 긍정적으로 받아들인 반면, 놀랍게도 유대교 내에서 주도권을 가졌던 종교 지도자들은 냉담한 모습을 보였다. 하나님의 말씀을 가장 잘 알고 지킨다고 자부하던 그들은 예수님의 일거수일투족을 유심히 지켜 본 후, 그를 이단으로 몰아 배척했고 결국 십자가형에 처했다. 제사장과 서기관, 바리새인들은 예수님의 죄 사함에 대한 선포, 예수님이 교제하는 사람들, 예수의 제자들이 금식하지 않음, 안식일에 병든 자를 치료하심 등 예수님의 사역을 사사건건 비판했다.[2]

예수님이 하나님을 친아버지로 칭하자 그들은 하나님을 모독했다고 하며 사형에 처해야 한다고 여론을 조성했다. 예수님이 귀신을 쫓아내자 바리새인들은 그가 귀신이 들렸거나 귀신의 왕의 힘을 빌려 귀신을 쫓아낸다고 해석했다. 예수님이 안식일에 손이 마른 사람을 치유하자 그들은 예수님이 안식일을 범한 자라며 죽일 음모를 꾸몄다. 그들에게 있어 예수님은 하나님의 아들이나 메시아가 아닌, 미친 사람이거나 귀신 들린 자에 불과했다.

---

[1] 후스토 L. 곤잘레스, 『초대교회사』 (서울: 은성, 1987), 41.
[2] 레이몬드 E. 브라운, 『신약개론』 (서울: 기독교문서선교회, 2017), 356.

그런데 종교 지도자의 외적 경건과는 달리 그들의 실제 삶은 외식과 부패로 가득 찼다. 그들은 남보란 듯이 구제를 베풀었고, 길거리에서 기도하는 위선자였으며 자신의 경건을 과시하기 위해 금식한다는 사실을 겉으로 드러냈다. 그들은 율법을 강요하는 율법주의자였지만 실제로는 말과 행실이 일치하지 않는 위선자였다. 그들의 마음은 악으로 가득 찼기 때문에 용서받을 수 없을 정도의 악한 말을 했다. 그들은 이구동성으로 하나님을 섬긴다고 주장했지만 그들의 마음은 하나님으로부터 멀리 떨어져 있었다.[3] 예수님은 이런 종교 지도자의 이중적인 모습을 신랄하게 비판하셨다: "독사의 자식들아, 너희는 악하니 어떻게 선한 말을 할 수 있느냐? 이는 마음에 가득한 것을 입으로 말함이라"(마 12:34). 심지어 그들은 천국 문을 막고 이곳으로 들어가려는 사람들조차 입장을 허용하지 않았다.

유대교는 오랫동안 이스라엘 영지 내에서 주도권을 잡았고 정교일치의 사회에서 종교 지도자들은 유대 사회에서 정치적, 사회적, 경제적, 종교적 특권을 손에 거머쥐었다. 그럼에도 불구하고 무지한 유대인들은 그들을 지지하고 따랐다. 그러나 예수라는 인물이 갑자기 등장했고, 수 만명의 사람들이 그를 따랐다. 예수는 한마디로 슈퍼스타였다. 이는 주도권을 가진 그들의 입장에서는 묵과할 수 없는 사건이었고, 산헤드린 공회는 모든 사람들이 저를 따를 것이라 염려했다. 주도권을 가졌던 그들은 새롭게 등장한 예수를 경계했고 자신들의 명성이나 특권, 이권이 손상을 받자 그를 마귀혹은 적으로 규정하고 제거하려 들었다. 그들은 예수님을 이단으로 정죄했다.

---

[3] 프랭크 틸만, 『신약신학』 (서울: 기독교문서선교회, 2011), 153-55.

그들은 예수를 신성모독으로 고발하는데 성공했고 예수님이 체포되자 그를 죽음으로 몰아가는 재판을 일사천리로 진행시켰다.[4] 결국 그들은 예수님을 십자가에 매달아 죽였고, 제자들을 체포해 채찍으로 때리고 이단으로 정죄했다. 회당은 기독교인을 색출해 추방했다.

놀랍게도 하나님의 아들 예수를 십자가에 매달고 교회를 핍박했던 것은 종교 지도자였다. 그런데 유대교 종교 지도자들의 모습에서 오늘날 교회 지도자들의 모습이 겹쳐 보이는 것은 우연일까? 오늘날 많은 교회와 목사들이 하나님의 이름을 내세우고 있으나 결국 우리 교회, 우리 목사, 우리 교단을 외치며 타 교단을 무시하고 온갖 범죄와 비리를 저지르고 있다. 오히려 성직자가 평신도에 비해 훨씬 악하고 잔인하며 교회의 앞날을 망치고 있다. '교회는 기업이 되었다,' '예수 이름으로 장사한다,' '목사가 아닌 먹사' 라는 비판이 쏟아지고 있다. 그럼에도 불구하고 대부분의 무지한 신자들은 자신의 교회와 목사를 무조건 변호하고 옹호한다. 더 큰 문제는 교회 개혁을 주장하는 사람들을 사탄 내지는 마귀로 규정해 교회에서 내쫓고 있다. 우리는 잊지 말아야 한다. 종교 지도자들에 의한 교회의 타락은 역사적으로 반복되어 왔음을.

권위의 대두

오순절 날 마가의 다락방에 성령세례가 임함으로 교회가 탄생했고, 초대교회는 성령의 역사와 은사로 충만했다. 초대교회는 사회적 계급과 인종,

---

[4] 프랭크 틸만, 『신약신학』, 116, 152-53, 300.

교육의 유무, 재산, 성별의 차이를 뛰어넘어 서로를 형제·자매라 부르는 평등한 구조를 가졌다. 교회는 권력자나 부자보다는 가난하고 소외된 자들의 피난처였고 병든 자, 고아, 과부, 나그네, 죄수 등에게 사랑과 구호의 손길을 보냈다. 3세기 동안 신자들 다수는 사회 하류층 출신이었다.[5]

초대교회는 로마 제국의 통치 하에 탄생했는데, 황제는 광대한 지역을 다스리기 위해 통일성을 강조하면서 제국의 질서와 번영을 상징하는 황제 숭배와 국가 신들을 섬길 것을 요구했다. 그러나 그리스도인들은 황제의 신격화를 인정하지 않았고 이방 우상에게 제사 드리라는 명령에도 불복종했다. 그 결과 그들은 국가에 불충하는 자로 비쳐졌고 범죄자 취급을 당했다. 네로와 같은 황제들은 기독교를 적대시하면서 조직적으로 핍박했다.

예수님은 평화주의자였다. 그는 자신을 잡으러 온 군병들에게 칼로 대항했던 베드로를 만류하셨고 순순히 잡혀 가셨다. 오히려 '칼을 든 자는 칼로 망한다'는 말씀을 하셨다. 예수님과 제자들은 누군가를 살해하거나 폭력을 행사한 적이 없었다. 초기 신자들은 무기를 손에 들지 않는 평화주의자로 군에 입대하는 것을 반대했고 정부의 무력적 핍박에 대항하지 않음으로 많은 순교자들이 나왔다. 교회 내의 또다른 문제는 다른 진리를 주장하는 이단의 출현이었다. 이런 외우내환(外憂內患)의 문제를 해결하기 위해 초대교회가 선택한 방법은 로마 황제가 정치에 사용했던 통일성을 강조하는 것이었다. 그들은 성경의 정경화를 서두르고, 새신자를 교육하기 위한 세례교육서를 제작하고, 감독을 중심으로 한 교회 제도를 강화했다. 사람들이 모이면 점점 교리화 되고 제도화 되어가는 것은 어쩔 수 없는 현상

---

[5] 후스토 L. 곤잘레스, 『초대교회사』,154.

이기도 했다.

1) 성경의 권위

이단 마르시온(Marcion, 100-160)은 율법을 비롯한 유대교적 유산 및 구약을 전면 거부하고 누가복음과 바울 서신만이 정경이라 주장했다.[6] 또다른 이단 영지주의는 하늘의 사자로부터 구원에 이르는 신비스러운 지식을 소유하고 있으며 자신들만이 복음의 진정한 해석자라 주장했다.[7] 초대교회는 예수님이 곧 오실 것이라 믿어 성경의 정경화에 소극적이었으나 이단의 등장으로 인해 정경을 취합하는 일을 서두르게 되었다.

정경은 기독교의 잣대로써 믿음과 신앙의 규율 및 표준이 되었다. 모세를 통해 주어진 토라(모세오경)는 구약의 중심적 책들로, 하나님에 대한 믿음과 충성을 측정할 수 있는 기준이었다: "나의 종 모세가 네게 명령한 그 율법을 다 지켜 행하고"(수 1:7); "네 하나님 여호와의 명령을 지켜 그 길로 행하여 그 법률과 계명과 율례와 증거를 모세의 율법에 기록된 대로 지키라"(왕상 2:3). 모세 오경은 BC 400년경에 거룩한 책으로 공인되었고, 선지자들의 기록은 BC 200년경에 확정되었다. AD 90년경, 랍비의 공의회는 구약 39권을 정경으로 인증했다.

하지만 신약 정경을 완성하는 데에는 긴 시간과 과정이 소요되었다. 초대 교부들은 하나님의 계시는 비밀스러운 것이 아니라 모든 사람에게 공개되어야 함을 강조하면서 문서들을 검토했다. 성경을 고려할 때 사도의

---

[6] 레이몬드 E. 브라운, 『신약개론』, 61. 후스토 L. 곤잘레스, 『초대교회사』, 104-5.
[7] 후스토 L. 곤잘레스, 『초대교회사』, 100, 107.

이름과 권위로 기록되었는지 혹은 사도적인 사람이 기록했는지가 주요 과제가 되었다. 사도성과 고대성, 정통성, 역사성 등에 근거해 히포 공의회(393년)와 카르타고 공의회(397년)는 신약 27권의 최종본을 공인했다.[8]

이로서 성령에 의해 영감 된 하나님의 말씀이 완성되었고 성경은 교회의 유일한 권위이자 교리적 기준이 되었다. 교회는 하나님의 영감으로 기록된 거룩한 성경은 구원에 이르는 모든 진리를 포함한다고 받아들였다. 성경을 교회의 유일한 권위로 받아들인 것은 당연하고 자연스러운 일이었다. 그런데 이후 가톨릭교회는 문서를 성경에 집어넣고 뺀 것이 교회라며, 교회의 권위와 전통을 성경과 같은 수준에 두는 과오를 저질렀다. 성경이 다시 최고의 권위로 올라서기까지 무려 천 년 이상의 시간이 걸렸다.

2) 세례문답

앞에서 밝힌 것처럼, 신약의 최종본은 397년에 완성되었다. 이단들이 출현하여 비성경적 주장을 펼치자, 정통교회는 이에 대항하기 위해 다양한 신학적 문서들을 작성하기 시작했다. 새로운 사람들이 교회에 몰려들면서 교회는 그들을 교육시켜야 할 필요성을 느꼈다. 초대교회는 핍박을 받는 상황에서 신앙을 지키기 위해 목숨을 걸어야 했다. 그래서 세례 교육은 대단히 중요하게 여겨졌고, 무려 3년에 걸친 세례 문답 교육이 실시되었다. 세례를 준비하기 위해 요약된 세례 문답집은 새신자에게 성례전을 베풀기 위한 준비 사항들을 요약했는데, 주로 질문하는 형태를 취했다: '당신은

---

[8] James J. Megivern, *Bible Interpretation* (Wilmington, N.C.: Consortium Books, 1978), 36-38, 48.

우주의 주재이신 하나님을 믿습니까?'[9] 아직 신약 성경이 그 모습을 완전히 갖추지 못하는 상황에서 세례 문답집은 진리를 가르치는 중요한 문서였다.

이레니우스(Irenaeus, 130-202)는 '믿음의 규율'을 작성하여 그리스도인의 윤리적 행위를 알렸다. 오리겐(Origen of Alexandria, 185-253)도 '교회의 지침과 가르침'이라는 문서를 작성해 교회의 기본적 교리에 대해 설명했다. 시프리안과 노바티안 등도 '믿음의 규율'을 작성하여 세례식 준비를 위한 교리 문답집으로 사용했다. 그러나 초기 단계에서 이런 문답집은 신학적 정확성을 가지지 못했고, 지역과 교회, 지도자에 따라 세례 문답의 강조점이 달랐다.[10]

그러던 중 로마 황제 콘스탄틴(306-337년 재위)은 기독교 예배를 공인하는 '밀란 칙령'(Edict of Millan, 313년)을 내려 신앙의 자유를 허용했다. 당시 이단 아리우스는 성부 중심의 신론을 펼치면서 '예수가 존재하지 않았던 때가 있었다'라고 주장하며 예수를 하나님의 최초의 피조물로 표현했다. 이에 대응하기 위해 황제의 주선으로 니케아 공의회(First Council of Nicaea, 325년)가 열렸고, 아리우스주의의 잘못에 대항해 니케아 신조라는 신앙고백서가 작성되었다. 이후 동방교회는 이를 유일한 신앙 고백문으로 받아들였다.

공의회를 계기로 성서에 나타난 진리를 요약한 신앙고백서들이 작성되

---

[9] J. N. D. Kelly, *Early Chrisitan Creeds* (Hoboken: Routledge, 1982),73. 후스토 L. 곤잘레스, 『초대교회사』,161-62.

[10] R. P. C. Hanson, Tradition in the Early Church (London: SCM Press, 1962),93,110-14.

기 시작했다. 가장 오래된 신조들 중 하나인 사도신경은 150년경에 작성되었고 그 이후로 오랜 기간의 수정을 거쳐 7세기경에 이르러 오늘날의 형태가 되었다. 니케아 신조의 영향을 받은 사도신경은 성자에 대한 진술을 추가하고 성령에 대한 내용을 보충했다. 그리고 이단에 대항해 "거룩한 교회"를 지칭하면서 정통 교회의 권위를 강조했다.[11] 이후 사도신경은 서방교회의 유일한 세례 신조로 자리잡았다.

그러나 신앙고백서는 사람이나 교단이 만든 것으로 완벽하지 않았다. 이 세상에 완벽한 신앙고백서는 존재하지 않는다. 방대한 성경을 줄이고 요약하는 과정에서 교회가 중요하다고 생각하는 부분을 강조하면서 교리화가 진행되었다. 사도신경은 성경과 교회, 성례에 대해 일체 언급하지 않는 문제점이 드러났다. 또한 공의회를 통해 신앙고백서가 작성되어 채택되긴 했지만, 지역에 따라 다른 신앙고백서를 채택하고 어떤 교회는 공의회가 작성한 신앙고백서에 찬성하지 않았다. 무엇보다 지역이나 종교, 문화에 따라 다른 신앙고백서를 받아들였는데, 자신과 동일한 신앙고백서를 받아들이지 않는 교회를 적대시하면서 이단으로 정죄하는 일이 발생했다. 그리스 정교회 및 러시아 정교회가 소속된 동방교회는 사도신경을 배제하고 니케아 신조를 받아들였다.[12] 이후 세례 문답집이 신앙고백서로 발전되었고, 여기에 권위를 두면서 크고 작은 문제들이 발생하면서 교회는 혼란에 빠졌고 분열되었다.

---

[11] J. N. D. Kelly, *Early Chrisitan Creeds*, Chapter 4. 도날드 K. 맥킴, 『교회의 역사를 바꾼 9가지 신학 논쟁』 (서울: 기독교연합신문사, 2005),58, 225. 후스토 L. 곤잘레스, 『초대교회사』, 108-10.

[12] 후스토 L. 곤잘레스, 『초대교회사』, 261.

3) 사도적 계승과 감독 제도

예수님의 열두 제자들은 헌신적으로 교회를 이끌어가며 신자들의 존경을 받았다. 사도 바울은 그의 권위가 도전을 받자 사도성에 의지해 자신을 변호했다. 그러나 사도들이 세상을 떠나자 '누가 권위를 물려받는 자인가?' '누가 교회의 지도자인가?' 하는 문제가 부각되었다. 사도들의 직계 제자였던 교부들(Early Church Fathers)은 자신들이 그 가르침과 권위를 전수받음을 강조했고, 교부의 후계자인 감독이 사도적 권위를 물려받았다고 주장했다.[13] 예수님, 열두 제자들, 그들의 제자들 순으로 권위가 승계된다는 것이었다. 사도적 계승을 강조하는 사람들은 성경의 정경화와 세례문답 및 신앙고백서의 작성, 공의회의 모임, 전통의 수립 등에 간여했고 지도력을 발휘했다.

성경은 권위를 가진 자에게 순종해야 함을 명시했다: "각 사람은 위에 있는 권세들에게 복종하라. 권세는 하나님으로부터 나지 않음이 없나니, 모든 권세는 다 하나님께 정하신 바라"(롬 13:1); "너는 그들로 하여금 통치자들과 권세 잡은 자들에게 복종하며 순종하며 모든 선한 일 행하기를 준비하게 하며"(딛 3:1). 초대교회에서 사도성 혹은 사도적 계승은 교회 정치에서 매우 중요한 개념으로, 이 계승 안에 있는 자만이 교회의 리더가 될 수 있었다. 주요 도시의 성직자들은 사도적 기원을 주장하기 시작했다. 각 성직자는 예수님의 어떤 제자의 제자라는 족보를 들이대면서 자신이야말로 교회를 이끌어갈 대리자 혹은 적임자이며, 자신의 증언과 가르침은 사도적이라 주장하며 신자들에게 절대적 순종을 강요했다.

---

[13] 후스토 L. 곤잘레스, 『초대교회사』, 111.

각 지역 교회는 자체적으로 운영되는 개교회 시스템을 따랐고, 교회 직분에는 사도와 선지자, 교사, 장로, 집사, 복음 전파자 등이 있었다: "하나님이 교회 중에 몇을 세우셨으니, 첫째는 사도요, 둘째는 선지자요, 셋째는 교사요, 그 다음은 능력을 행하는 자요, 그 다음은 병 고치는 은사와 서로 돕는 것과 다스리는 것과 각종 방언을 말하는 것이라"(고전 12:28). 이들 직분들 가운데 사도성의 계승 개념이 교리화 및 제도화되면서 감독직이 크게 부상되었다. 본래 감독(episkopos)이란 용어는 예수 그리스도를 지칭했다: "너희가 전에는 양과 같이 길을 잃었더니, 이제는 너희 영혼의 목자와 감독 되신 이에게 돌아왔느니라"(벧전 2:25).

초대교회는 외부로는 로마 제국의 조직적인 핍박에 직면했고, 내부로는 영지주의와 같은 이단 종파의 등장으로 인해 교회 제도 정비의 필요성을 느꼈다. 2세기에 접어들어 교회는 교리의 다양성, 예전적 관습의 문제, 성경 선택의 문제, 정통과 이단의 구별 등의 이슈에 노출되었고, 이에 강력히 대처하기 위해 신앙과 질서에 있어 통일성과 표준화를 향한 노력을 기울였다.

그렇다면 누가, 어떤 조직이 직면한 문제들을 해결할 권한이 있는 것일까? 이에 교회 권세자로 대두된 것은 대도시나 도시의 감독들이었다. 교회 구성원의 결속과 단합, 교회의 일치와 통일성을 유지시키는 효율적인 방법들 중 하나는 강력한 리더인 감독을 중심으로 뭉치는 것이었다.

감독에게 절대적 권위와 정통 신앙을 수호해야 할 임무가 부여되었다는 주장은 다름 아닌 감독에 의해 제시되었다. 안디옥의 감독 이그나티우스(Ignatius of Antioch, 30-108)는 교회가 어려운 상황에서 생존하기 위해서는 체계 및 제도가 잘 갖춰진 조직이 필요하며, 감독을 중심으로 한 장로(목사)와 집사(목사) 등과 같은 수직적 직제를 제안했다.[14] 그는 지상에 군주가 있어 나라를 이끌어 가듯, 감독은 천상의 왕을 대변하는 지상의 파트너라고 주장했다. 교회는 감독을 통해 교회 조직과 신학, 교리, 성례전 등에서 일치를 유지할 수 있다. 이 직제는 천상의 신성한 계급 제도를 반영하며, 특히 사도로부터 계승권을 물려 받은 감독은 '예수님의 대리자'로 절대적인 영적 권위를 가지고 교회를 이끌어가고 믿음의 통일성을 제공한다. 모든 교회와 신자들은 예수 그리스도를 대변하는 감독을 주님 대하듯 섬겨야 하고 그의 권위에 절대적으로 순종해야 한다.

이그나티우스는 권위의 근원으로 감독의 지위를 지나치게 강조하다 보니 '감독이 없이는 교회가 존재할 수 없다,' '교회는 감독 안에서 발견되고, 감독이 없는 교회에는 구원이 없다'는 과격한 주장을 하기에 이르렀다. 감독만이 하늘의 생명과 은총을 전달해 주는 성례를 집전할 수 있다. 그의 강력한 주장에 근거해 초대교회는 감독 제도를 도입하면서, '한 교회에 한 감독'이라는 원칙을 정했다. 감독에게 교회를 치리할 수 있는 행정권이 부여되면서 감독은 일종의 일인 독재 제도를 구축하게 되었고, 계급적 구조를 고착 시켰다.[15]

클레멘트(Clement of Alexandria, 150-215)도 사도적 전승 개념을 발전시키면서 감독의 가르침을 사도의 가르침과 동일시했다. 특히 로마나 안디옥 감독의 가르침은 최고의 권위를 가지기에 신자들은 하나님의 말씀을 대언하는 자격을 부여 받은 그들의 권위를 받아들여야 한다.

---

[14] 레이몬드 E. 브라운, 『신약개론』,127.
[15] 후스토 L. 곤잘레스, 『초대교회사』,72.

리용의 감독 이레니우스(Irenaeus, 130-202)는 성령의 계시를 강조하는 몬타누스의 주장으로 인해 교회 내에 내부적 분열이 발생하는 것을 목격했다. 그는 이 문제를 해결하기 위해 사도들이 세운 교회의 정통성을 주장하며, 교회는 모든 주제에 대해 완전한 일치와 통일성을 가진 공동체가 되어야 함을 강조했다. 결국 그는 감독의 권한을 옹호했다. 교회의 본질은 사도적 전통을 이어받은 감독직과 연관되어 있다. 특히 그는 베드로와 바울까지 소급하는 로마 교회의 계승 명단을 제시하면서 로마 감독이야말로 권징을 내릴 수 있는 열쇠의 권세를 위임 받았기에, 죄를 지은 교회나 형제를 파문할 수 있는 권한을 가진다고 해석했다.[16]

장로(목사)들 가운데 수석 장로인 감독은 장로를 안수하고 권징을 시행할 수 있는 권한을 가졌다. 감독만이 신자의 머리에 손을 얹고 안수할 수 있는 권한을 가지며, 이를 통해 하늘의 능력과 축복을 전달할 수 있다. 감독은 교회의 전반적인 행정을 도맡았고 성만찬을 집전할 수 있는 권위를 가지며, 타 지역에 있는 교회들과 연락을 도맡았다.[17]

카르타고의 감독 시프리안(Cyprian of Carthage, 195-258)은 교회에 대한 핍박이 일어나자 자신의 임무는 교회 지도자들을 안전한 곳으로 대피시키는 것이라고 주장하며 자신도 피신했다. 당시 로마와 안디옥, 예루살렘의 감독들은 순교를 당한 반면, 그는 도피함으로 '비겁자'란 소리를 들으며 신자들의 신망을 잃었다. 카르타고 신자들은 정부 당국에 체포되어 신앙을 고백한 고백자가 핍박을 피해 피신한 시프리안 감독보다 더 높은 권위를

---

[16] 도날드 K. 맥킴, 『교회의 역사를 바꾼 9가지 신학 논쟁』,119-20. 헨리 채드윅,『초대교회사』 (서울: 크리스천다이제스트, 1999),46-48, 52, 93.
[17] 헨리 채드윅,『초대교회사』,56-57.

가진다고 주장했다. 그들은 시프리안에 대해 반감을 가졌고 대립 감독을 선출했다.[18]

그러자 시프리안은 감독회의를 소집해, 감독이 교회의 중대한 결정에 대한 권세를 부여 받았다며 자기 정당화에 나섰다. 그는 <가톨릭교회의 통일성>(Unity of the Catholic Church, 251년) 이란 글에서 감독직을 중심으로 한 제도가 가장 성경적이라고 주장했다. 그리스도는 열쇠의 권세를 베드로에게 부여하셨기에, 베드로는 통일성의 중심에 서 있다. 교회는 본질 상 분열될 수 없으며, 일치의 중심에는 베드로의 계승자인 감독이 있다.

그는 이그나티우스의 감독론을 신학적으로 옹호하면서 "감독이 없으면 교회도 없다," "감독은 교회 안에 있고 교회는 감독 안에 있다," "교회 밖에는 구원이 없다"는 등의 표현을 사용했다. 그는 감독의 통치를 받지 않는 교회에 소속된 신자에게는 구원이 없음을 명시했다. "감독의 교회를 어머니로 모시지 않는 자는 하나님을 아버지로 모실 수 없다." 교회는 반드시 감독에 의해 다스려져야 하며, 감독을 인정하지 않는 것은 곧 교회를 버리는 것이다. 감독의 교회를 떠난 분리주의자는 신자로 인정할 수 없고, 감독이 없는 교회에서 받은 세례는 참세례가 아니다.[19]

시프리안은 감독의 절대적 우월성을 지나치게 강조함으로 독재적 정치 이론을 옹호했다. 감독제는 말 그대로 감독 한 사람에게 최고의 권위를 부여한 일인 독재 체제이다. 감독 제도가 발전하면서 감독들 사이에도 계급이 형성되었다. 대도시에 거주하는 총대감독(총대주교)과 도시에 거주하는

---

[18] 후스토 L. 곤잘레스, 『초대교회사』, 148-49.
[19] 후스토 L. 곤잘레스, 『초대교회사』, 149-50.

대감독(대주교), 시골에 있는 감독의 계급 체제가 구성되었다. 초대교회 말기 무렵에는 감독이 지배하는 감독 정치 제도가 자리잡으면서 감독 계급이 확고해 졌다. 초대교회 성직자는 일반인과 구별되지 않는 평범한 옷을 입었다. 그러나 감독 제도가 확립되면서 감독은 평신도와 구별하기 위해 권위와 능력을 상징하는 철학 교사의 복장을 입기 시작했다.[20] 교회는 점차 세속적 계급 제도에 익숙해져 갔다.

이처럼 초대교회 감독들은 자신들의 권한을 강화하면서 '예수님이 없는 곳에는 구원이 없다'가 아닌 '감독이 없는 곳에는 구원도 없다'는 희한한 (?) 신학을 만들어냈다. 예수 그리스도가 하나님을 대변했듯이, 감독은 교회 안에서 그리스도를 대변한다. 어느새 기독교는 '그리스도교'가 아닌 '감독교'로 바뀌어 가고 있었다. 하나님과 신자 사이에 감독이라는 중재자가 자리를 잡았고, 신자는 하나님과 직접 교제할 수 없고 대리자인 감독의 중재와 그가 베푸는 성례전을 통해서만 간접적으로 만날 수 있다고 세뇌를 당했다. 초대 교부들에 의해 '한 하나님, 한 그리스도, 한 감독, 한 교회'라는 표어가 강조되면서 사람 중심의 엄격한 계급 제도가 확립되었다.

감독은 교회의 질서와 통일성을 유지해야 한다는 미명 하에 로마 황제나 절대 군주와 같은 정치적 권위와 주권을 강요하면서 기득권을 독점했다. 모든 신자들이 평등했던 교회 내에 하나님의 이름을 빙자해 사도적 계승을 내세운 감독이 단독 통치하는 독재적 지배 계급이 형성되었다. 이로써 모든 신자의 권위가 동일하지 않음이 확고해 졌다.

결국 교회도 사람들이 모이는 곳이고, 보이지 않는 예수님을 대신해 보

---

[20] E. H. 브로우드벤트, 『순례하는 교회』 (서울: 전도출판사, 1999),32. 헨리 채드윅, 『초대교회사』,56-57, 85.

이는 사람이 그 자리에 앉게 되었다. 이로 인해 권력과 명예, 돈 등을 향한 주도권 경쟁이 시작되었다. 교회와 신앙을 이용해 개인적 권력을 추구하고 금전적 이익을 얻는 종교적 특권층이 형성되었다.[21] 군주적 감독이 예수님의 자리를 꿰찼고 중세기에 접어들어 교황제가 태동하는 데 큰 역할을 담당했다.

과연 감독제는 성경적인 제도일까? 감독직에 대한 강조에 대해 모든 신자들이 동의한 것은 아니었다. 열두 제자는 예수님으로부터 부여 받은 사도적 권세를 가졌는가? 그리고 그 권세는 계승되는가? 오리겐은 예수님으로부터 부여된 권세는 감독에게만 국한된 것이 아니라 모든 신자들에게 주어졌다고 해석했다. 그는 당시의 감독이 부유하고 세련된 귀부인들에 의해 양성되고 있다고 조롱했다. 권력과 돈을 움켜진 대주교의 화려한 삶은 시골 사제들의 소박한 삶과 크게 대조되었다.

여기서 우리는 '누가 감독직에 대한 교리를 발전시켰고 그 직분을 변호했는가?' 하는 점에 주목할 필요가 있다. 앞에서 드러났듯 이미 감독의 자리에 앉은 자들이 자신의 권위를 지키고 주도권을 강화하기 위해 '감독 신학'을 발전시켰음을 알 수 있다. 감독인 자가 감독의 직위를 옹호함으로 감독 제도를 발전시켰다. 어떤 의미로 보아 감독직은 아전인수격의 제도라 평가할 수 있다. 불행히도 무지했던 일반 신자들은 감독에 의해 가스라이팅을 당했다.

감독제는 초대교회의 상황과 필요에 따라 발전한 제도였으나, 시간이 지나면서 그 본래의 목적과는 다르게 권력 집중과 부패로 이어졌다. 이런 변

---

[21] 후스토 L. 곤잘레스, 『초대교회사』, 13.

화는 교회의 본질과 목적에 대한 깊은 성찰을 요구하게 했으며, 종교개혁과 같은 중요한 역사적 사건들의 배경이 되었다. 존 칼뱅(John Calvin, 1509-1564)은 교회가 역사적, 제도적 측면에서 사도와 연속성을 가져야 한다는 주장에 문제가 있음을 지적했다. 그는 사도적 계승보다는 사도들이 가르쳤던 것을 교회가 선포하는 것이 더 중요하다고 보았다. 그의 영향을 받은 영국의 청교도는 영국국교회의 감독제가 비성경적이며 가톨릭교회의 교황제에 근거하고 있다며 이를 반대했고, 장로 제도가 가장 성경적인 정치 제도라고 받아들였다.

오늘날 영국국교회와 감리교는 '감독이 있어야 교회가 있다'는 전통적 감독 제도를 따르고 있다. 그러나 이러한 전통은 종종 신학적, 역사적 논쟁의 중심에 있으며, 교회 구조와 권위에 대한 다양한 관점을 반영하고 있다. 이 논쟁은 교회의 본질과 사명에 대한 지속적인 성찰과 개혁의 필요성을 강조한다.

국가 교회: 황제의 등장

3세기에 접어들면서 교회의 운명은 로마 황제의 기독교에 대한 태도에 의해 좌우되었다. 데시우스(Decius, 249-251년 재위) 황제는 모든 로마 시민에게 감독관 앞에 나와 로마 신들에게 제물을 바치고 신들의 동상 앞에 향불을 밝힌 후 증명서를 받으라고 요구했다. 증명서를 소유하지 않는 자들은 반역죄로 체포되었다. 그 결과, 우상숭배를 거절하던 그리스도인에

대한 조직적이고 체계적인 박해가 가해졌다.[22]

기독교가 지속적으로 핍박을 받던 상황에서 천지개벽과 같은 사건이 발생했다. 콘스탄틴(306-337년 재위) 황제가 기독교 예배를 공식적으로 승인하는 일이 벌어졌다. 이는 교회사 뿐만 아니라 유럽 역사의 방향을 틀어 놓은 중요한 사건이 되었다. 당시 로마 제국은 4개 지역으로 분리되어 있었는데, 이를 통일해 단독 황제가 되려던 욕망을 품었던 그는 312년 밀비안 다리에서 로마 황제였던 막센티우스(Maxentius, 306-312 재위)와의 전쟁을 눈앞에 두고 있었다. 그는 특이한 영적 체험을 한 후 계시를 따라 방패에 ☧(Chi Rho) 심벌을 새겼고 전쟁에서 승리를 거두었다. 그는 밀란 칙령(Edict of Milan, 313년)을 통해 종교의 자유를 선포하면서 기독교를 승인했고, 그 결과 그리스도인들은 예배를 드릴 수 있는 자유를 획득했다. 이로써 300년간 혹한의 시기를 보냈던 교회에 봄이 찾아왔다.

감독이 주도하던 교회에 갑자기 정치가인 로마 황제가 등장해 교회의 주도권을 거머쥔 일은 교회의 역사에서 중대한 전환점이었다. 황제의 개종으로 인해 교회는 황실에 의해 크게 영향을 받기 시작했다. 콘스탄틴의 손자 데오도시우스 황제(Theodosius the Great, 379-395 재위)는 기독교를 국교로 지정했고, 이제 로마 제국 시민들은 의무적으로 교회에 출석해야 했다. 이로써 국가의 방침에 따라 백성들은 외형적 개종을 강요 받게 되었고, '로마적'이라는 용어는 '그리스도교적'이라는 용어와 동의어로 여겨졌다.[23]

---

[22] 후스토 L. 곤잘레스, 『초대교회사』, 143-47.
[23] 헨리 채드윅, 『초대교회사』, 83.

이후로 로마 제국에서는 기독교만이 국교화 되었고 그 외의 종교들은 우상숭배로 여겨져 일체 금지되었다. 이러한 변화로 인해 기독교는 핍박을 받던 종교에서 타종교를 핍박하는 종교로 변모하게 되었다. 이전에 기독교인이 된다는 것은 핍박과 순교를 의미했지만 이제는 모든 면에서 기독교인이 되는 것이 유리해졌다. 그 결과 교회에는 세속적 야심을 가진 자들이 증가하게 되었고, 부자와 권력자들의 교회로 변질되었다.

갑자기 교회의 수장이 된 콘스탄틴은 감독을 대신해 교회의 최고 사제 자리(Ponti)에 앉아 교회의 행정과 신학에 크게 개입했다. 황제는 교회에 대한 법적 독점권과 재판권을 가졌고 교회는 그의 정치적 판단에 의해 크게 좌우되었다. 황제는 "나의 뜻 역시 교회의 법이다"라고 선포했고 성직자들은 하나님의 뜻보다는 황제의 비위를 맞추는데 혈안이 되었다. 또한 황제는 교회 행정 구역을 국가 행정 구역과 일치하도록 조정했고, 주요 도시의 감독을 직접 임명하면서 대주교와 같은 고위 성직자에게 '저명자' (illustrious) 라는 높은 세속적 직위를 수여했다. 그때부터 주교를 부를 때 상류 사회의 용어인 'your holiness' 라는 칭호가 붙게 되었다.[24]

콘스탄틴 황제는 감독에게 분쟁을 조정하고 유언을 검증할 수 있는 행정 장관의 권한을 부여했다. 세속 행정관에게 고소를 당한 사람이 주교에게 도움을 청하면, 주교는 재판에 관여할 수 있었다. 도시의 대주교는 정치 행정가로서의 업무를 맡게 되면서 숱한 중재와 청탁을 받았다. 이로써 감독은 교회의 행정 뿐만 아니라 정치에도 입문하게 되었다. 그는 영적 목

---

[24] 헨리 채드윅, 『초대교회사』,139, 192. 알리스터 맥그라스, 『그들은 어떻게 이단이 되었는가』 (서울: 포이에마, 2022),231. 도날드 K. 맥킴, 『교회의 역사를 바꾼 9 가지 신학 논쟁』,126-28,230. J. N. D. Kelly, *Early Chrisitan Doctrines* (HarperOne,1978),205.

자일 뿐만 아니라 세속적 정치의 대변자였다. 종교적 권위를 가진 감독은 정치적, 사회적 지위를 확보했고 그에 상응하는 표장을 갖게 되었다. 고위 성직자는 정부로부터 막대한 월급과 사택, 노예를 지원받는 국가 공무원이 었다. 이제 도시의 감독직은 종교적 동기가 아닐지라도 누구나 꿈꾸어 볼 만한 고위직이었고, 교회는 토지를 소유함으로 실질 상 대지주가 되었다. 농민들은 교회의 농지에서 농사를 짓고 추수 때에는 교회에 세금을 바쳤 다.[25]

콘스탄티노플 총대주교로 임명된 요한 크리소스톰(John Chrysostom, 347-407)은 황궁 의전관이 자신을 최고위 관료들보다 높은 서열에 두고 예우 하는 사실을 발견하고는 이를 개탄스러워 했다.[26] 감독에 임명되면 높은 급여와 함께 사택과 노예들이 제공되었다. '신의 직장'에 눈독을 들이는 사 람들은 많았고, 결국 부유하고 권력 있는 자들이 교회의 요직을 독차지했 다. 감독들은 보다 위로 올라가기 위해 서로 경쟁했고, 결과적으로 가라지 가 알곡을 질식 시키는 상황이 연출되었다.[27] 이런 상황에서 주교들은 황 제의 신하이자 국가 공무원이 되었다. 그들은 그리스도를 따르기 보다 임 명권자인 황제의 명령을 따랐고 그의 지시대로 움직였다. 이런 의미로 보 아 당시에는 황제가 예수님의 자리에 앉아 있었고, 주교는 예수님이 아닌 황제의 충복이었다.

이전에 십자가에 달려 고통 받던 예수님의 모습은 보좌에 앉은 로마 황

---

[25] 헨리 채드윅, 『초대교회사』, 57,191-92,203-4.
[26] 헨리 채드윅, 『초대교회사』,192.
[27] 후스토 L. 곤잘레스, 『초대교회사』,217.

제의 모습으로 대체되었다. 전 우주의 통치자(pantokrator)인 예수는 영광의 보좌에 앉으신 모습으로 모자이크화 되었다. 황제의 행진에 무게를 더했던 합창은 교회 내에 들어와 성가대로 변신했다.[28] 황제에 대한 경의를 나타내던 향불이 예배당에 나타났다. 콘스탄틴은 이교도 예복들 중 가장 아름다운 것을 감독에게 주었고, 성직자는 왕국의 신하처럼 직위를 나타내는 화려한 예복을 입었다. 감독은 특별한 모자와 지팡이, 장식된 의복을 입었고, 영대(stole)와 제의(chasuble)로 화려하게 치장했다. 이런 류의 복장은 이후 교황들이 즐겨 입었다. 반면 평신도 수도사의 경우, 흰 성직복을 입었다. 이제 복장만 보더라도 누가 상급 성직자인지 하급 성직자인지 금세 알 수 있었다. 교회가 성직자의 복장에 집착하는 데에는 계급주의가 중요한 역할을 했다.

---

[28] 후스토 L. 곤잘레스, 『초대교회사』,200-3.

〈십자가에 달리신 예수님은 보좌에 앉아 다스리는 통치자(pantokrator)로 변신했다.〉

콘스탄틴 황제 시절, 교회 내에 아리우스 이단 논쟁이 벌어졌다. 아리우스(Arius, 256-336)에 의하면, 하나님은 한 분이다. 그런데 만약 예수님이 하나님이라 주장한다면 하나님은 두 분이 되고 만다. 그는 이 신학적 난제를 해결하기 위해 예수를 성부에 의해 최초로 피조된 존재로 해석했다. 성자가 존재하지 않았던 때가 있었고, 창조계에 속한 성자는 성부보다 열등하다.[29]

이로 인해 교회에 분열이 발생하자 제국과 교회의 통일성에 지대한 관심을 가졌던 황제는 신학적 논쟁을 종식시키기 위해 니케아 공의회를 소집했다. 황제의 주최로 열린 니케아 공의회는 대주교의 권위를 강화하고 신장하는데 크게 이바지했다. 약 300여명의 감독들이 참석하여 열띤 토론을 벌였고, 아타나시우스(Athanasius of Alexandria, 296-373)의 삼위일체론이 받아들여지면서 아리우스는 이단으로 정죄 되었다. 공의회는 성자가 성부와 동일본질(homoousios)을 지닌다는 신조를 작성해 선포했다. 이제 교회의 신학적 문제는 교회만의 문제가 아닌 국가가 다루는 정치적 사안이 되었다.[30]

그러나 공의회가 결정을 내렸음에도 불구하고, 교회 정책이나 신학에 대한 최종 판결권은 황제에게 있었다. 황제의 비위나 정치적 이해 관계에 따

---

[29] 후스토 L. 곤잘레스, 『초대교회사』,254.
[30] 후스토 L. 곤잘레스, 『초대교회사』,250.

라 교회의 주도권이 결정되었고, 이는 종종 비성경적인 결정을 초래했다.[31] 아리우스파의 지지자인 유세비우스(Eusebius of Nicomedia, ?-341)는 황제의 환심을 사게 되었고, 콘스탄틴은 니케아 공의회의 결정을 뒤집고 아리우스파를 지지했다. 이로 인해 니케아 신조의 지지자였던 아타나시우스는 이단으로 몰려 파문을 당하고 도시에서 추방되었다.

콘스탄틴 이후 콘스탄티우스 2세(Constantius II, 337-361 재위)와 발렌스(Valens, 364-378 재위) 황제도 아리우스파의 열렬한 지지자였고, 대부분의 감독들도 황제의 결정에 굴복하면서 이단 신학을 지지했다. 이로 인해 정통과 이단의 판단은 '성경이나 신앙에 근거한 것이냐'가 아니라 '누가 황제의 환심을 사느냐'에 따라 결정되는 일이 발생했다. 이런 상황은 교회의 신학과 신앙이 정치적 요인에 크게 요동치는 결과를 초래했다.

황제들의 통치는 교회와 국가의 밀접한 관계를 형성했다. 특히 줄리안(Julian, 355-363년 재위) 황제는 이교의 영광을 재현하려는 시도를 했고, 기독교는 다시 핍박을 받았다.[32] 또한 교회 내에 분쟁이 생길 때마다 황제가 주도적으로 공의회를 열어 문제를 해결했다. 예를 들어, 황제 데오도시우스 1세는 콘스탄티노플 공의회(381년)를 소집해 아리우스를 이단으로 공표하고 니케아 신조를 공인했다. 황제는 대도시인 콘스탄티노플, 알렉산드리아, 안디옥의 총대주교에게 종교 권력을 집중시켰고 대주교에게 거부권을 행사할 수 있는 권한을 부여했다. 이를 통해 고위 성직자의 사회적, 정치적 신분이 급속도록 상승되면서 평신도인 원로원 인사나 장관이 갑자기

---

[31] 헨리 채드윅, 『초대교회사』,155. 도날드 K. 맥킴, 『교회의 역사를 바꾼 9가지 신학논쟁』,52-53. 후스토 L. 곤잘레스, 『초대교회사』,250, 281.
[32] 후스토 L. 곤잘레스, 『초대교회사』,265-69.

고위 성직자에 임명되는 경우도 발생했다. 마르시안(Marcian, 450-457년 재위) 황제는 칼세돈 공의회(451년)를 열어 그리스도는 신성과 인성에 관한 기독론 교리를 완성했다.[33] 이렇게 황제들은 교회의 정치 제도와 신학에 깊이 개입하여 영향력을 행사했다. 이런 관여는 고위 성직자들의 사회적, 정치적 신분 상승을 가속시키고, 교회와 국가 간의 관계를 강화하는 데 기여했다. 종교적 결정에 대한 황제의 개입은 종종 교회의 독립성과 자율성을 제약하는 요인이기도 했다.

암브로스(Ambrose of Milan, 339-397)가 밀라노의 행정 장관에서 주교로 선출된 사건은 중요한 사건 중 하나였다. 밀라노 주교가 사망했을 때, 그는 평신도로서 세례교육을 받지 않았음에도 불구하고 군중의 압도적인 지지와 갈채 속에 주교로 선출되었다. 그는 8일 동안 감독이 되는 모든 절차를 마치고 감독의 자리에 올랐다.[34] 이처럼 세례도 받지 않은 평신도가 갑자기 감독으로 임명되는 경우가 있었다.

콘스탄틴의 기독교적 신앙과 그가 교회에 미치는 영향에 대한 의견은 다양하다. 역사가 유세비우스는 하나님이 콘스탄틴을 택하여 황제로 삼고 그를 제13의 사도로 안수하셨다고 기록했다. 그가 기독교를 인정함으로 박해가 종식되었고 로마 제국 내에 교회들이 세워졌으며 로마 시민들은 기독교인이 되었다. 이는 불과 얼마전까지 로마 제국으로부터 핍박과 순교를 받던 모습과는 격세지감이 느껴질 정도의 긍정적 변화였다. 그는 단기간에 가장 많은 사람들을 개종 시킨 인물로 평가되고 있다.

---

[33] 도날드 K. 맥킴, 『교회의 역사를 바꾼 9가지 신학 논쟁』,104.
[34] 헨리 채드윅, 『초대교회사』,195. 후스토 L. 곤잘레스, 『초대교회사』,300.

그러나 곧 교회는 이교 정권 때보다 기독교를 인정한 황제의 치하에서 교회의 자유와 결정에 큰 제약을 받고 있음을 깨달았다. 콘스탄틴은 기독교인 이었을까? 그는 임종할 때까지도 세례를 받지 않았고, 평생을 이방신과 태양신을 섬기는 사제였다.[35] 혹시 그를 기독교인으로 해석한다 하더라도 그는 세례도 받지 않은 평신도에 불과했다. 그러나 기독교적 믿음이 거의 없던 평신도 황제에 의해 교회의 신학과 행정이 좌지우지되면서 많은 문제점들이 노출되었다. 그의 정치적 결정과 영향으로 말미암아 이단 아리우스파가 정통으로 받아졌고 정통 교회는 오히려 이단으로 몰려 추방당하는 등의 문제가 발생했다. 교회는 정치 권력의 희생양이 되었고, 교회의 순수성과 독립성을 훼손되고 말았다. 그래서 그의 등장을 교회 타락의 시초로 보는 견해도 만만치 않다.

바울이 로마에 도착했을 때 이미 교회는 존재하고 있었다. 상인과 노예를 비롯한 무명의 평신도들이 가는 곳마다 복음을 전하고 교회를 세우는 데 주도적인 역할을 했다.[36] 개 교회에서 평신도의 목소리가 컸고, 감독은 교구민의 자유선거에 의해 선출되었다. 자연히 영권과 도덕적 성품이 훌륭한 자가 감독으로 선출되었다.

그러나 콘스탄틴 시대부터 황제의 입김이 강력하게 작용하면서 교회 내부의 구조와 지도 체제가 변화했다. 황제의 영향력이 강화되면서 주요 지역의 주교 임명에 황제의 개입이 두드러졌으며, 평신도들은 성직자를 옹립할 수 있는 자유를 상실했다. 황제에게 복종하지 않는 대주교는 직위를 박탈당했고, 황제에게 충성을 맹세한 다른 사람으로 대체되었다. 이로 인해

---

[35] 후스토 L. 곤잘레스, 『초대교회사』,177, 193-95.
[36] 후스토 L. 곤잘레스, 『초대교회사』,46-48.

성직자는 하나님의 택함이 아닌 황제의 임명에 따라 지명되는 꼭두각시가 되었다. 점차 정치적, 사회적, 경제적 능력이 있는 자들이 교회의 지도자로 선출되었고, 심지어 세례도 받지 않는 세속적 정치가가 황제의 임명에 의해 졸지에 영적 업무를 감당하는 감독으로 임명되는 웃지 못할 사건도 발생했다. 종교가 불교인 국회의원이 갑자기 교회 담임목사로 임명되었다고 상상해보자. 과연 당신은 이를 받아들일 수 있겠는가? 종교적 신앙과 덕망을 가지지 않는 사람이 교회 지도자가 되는 것은 충돌과 불화를 초래할 수 있는 계기가 되었다.

도나투스 논쟁

기독교 공인 이후 교회에서 흥미로운 사건이 발생했다. 로마는 황제를 신격화 했고 사후에 신전에 모셨다. 디오클레티안 황제(Diocletian, 284-305년 재위)는 로마의 신에게 제사하고 황제를 숭배하는 것이 백성의 의무임을 상기시켰다. 그는 이를 반대하는 교회를 파괴하고, 성경과 경전들을 불사르고, 기독교인을 공직에서 해임시켰고, 성직자들을 투옥 시켰다. 감독들은 성경책을 로마 당국에 넘기지 않으면 죽임을 당할 것이라는 위협을 받았다. 체포된 기독교인은 법정에서 소송을 제기할 수 있는 권리마저 박탈당했다. 박해는 특히 북아프리카에서 심했고, 투옥과 고문을 두려워한 상당수의 감독들과 신자들은 이방신과 황제를 숭배함으로 위기를 모면하려

했다.[37]

이후 기독교가 황제에 의해 공인되자 교회는 박해 기간 동안 신앙을 버리고 배교한 자들을 어떻게 처리할 것인가를 놓고 큰 파장에 휩싸였다. 강경파는 이방신과 황제를 예배했거나 성경을 넘겨준 배반자를 제명해야 한다고 주장했다. 반면 온건파는 어쩔 수 없는 상황에서 발생한 일이므로 배교자를 받아들였고, 심지어 배교한 감독과 사제도 특별한 회개 절차나 제재 없이 속속히 복직 시켰다. 불과 어제 까지만 해도 예수님이 주님인 것을 부정했거나 로마 신과 황제를 숭배했던 자들이 강대상에 올라 성례전을 베풀고 하나님의 말씀을 전했다. 신앙을 지키다 감옥에 갇힌 후 풀려난 신자들(고백자)이 교회로 돌아와 그 모습을 보게 된다면 그들의 심정은 어떠했을까?

배교자를 어떻게 수용할 것인가의 문제로 인해 북아프리카 교회는 도나투스파와 가톨릭교회로 분열되었다. 카르타고의 감독 도나투스(Donatus Magnus, ?-355)는 핍박 기간 동안 우상 숭배에 참여했거나 예수님을 부인한 사제는 목회에서 물러나야 한다고 주장했다. 마침 대 박해 때 성경과 교회 기물을 정부에 넘겨준 펠릭스(Felix of Aptunga) 감독이 있었는데, 그는 카실리안(Caecillian)이 카르타고의 감독으로 임명될 때 안수한 자였다. 도나투스는 펠릭스를 "배반자"로 규정하면서, 배교한 사제가 집행한 목사 안수나 세례, 성찬식은 부정하기에 무효라 주장했다. 도나투스는 카실리안이 카르타고의 감독으로 임명된 것이 무효라 주장하면서 다른 사람을 감독으로 선출했다. 그리고 성례의 유효성은 성직자의 거룩성과 영성에 의존한다는

---

[37] 도날드 K. 맥킴, 『교회의 역사를 바꾼 9 가지 신학 논쟁』,130-31. 후스토 L. 곤잘레스, 『초대교회사』,169-72, 240.

믿음에 근거해 정통 교회에서 전향해 온 사람들에게 재세례를 베풀었다.[38] 도나투스파는 교회가 황제의 지배를 받는 것과 황제가 돈으로 교회의 환심을 사는 것에 격분했다.

이에 맞서 가톨릭교회는 교회는 밀과 가라지가 함께 자라는 밭과 같다고 맞받아쳤다. 특히 이 논쟁에 알제리 항구인 히포의 주교로 재임하고 있던 어거스틴(Augustine of Hippo, 354-430)이 뛰어들었다. 그는 교회의 거룩성보다 통일성과 일치가 중요하며 모든 신자의 어머니 되는 보편적 가톨릭교회를 옹호했다. 성례의 유효성은 성직자의 도덕성이나 경건성, 믿음에 달린 것이 아니라 하나님의 거룩성에 의존한다. 설사 사제가 배교했다 하더라도 회개함으로 하나님의 은혜를 회복했기에, 그가 행하는 성례전은 효력이 있다. 어거스틴은 배교자로부터 감독 안수를 받은 카실리안을 옹호하면서 성직자의 권한을 강화 시켰다.[39]

양 진영은 동일한 라틴어 성경과 신조를 사용했으나 자신만이 그리스도의 몸이자 구원의 유일한 방주라 주장했다. 누가 이 논쟁에서 승리를 거두었을까? 로마 감독들과 주요 도시의 감독들은 카실리안의 임명을 지지했고 어거스틴의 주장을 받아들인 로마 황제는 415년 도나투스파를 교회의 분열을 조장한 이단으로 정죄했다. 그 결과 도나투스파 교회의 예배가 금

---

[38] 헨리 채드윅, 『초대교회사』,258. 도날드 K. 맥킴, 『교회의 역사를 바꾼 9가지 신학논쟁』,132. 후스토 L. 곤잘레스, 『초대교회사』,240-42.
[39] 후스토 L. 곤잘레스, 『초대교회사』,241-43, 337-38. 롤란드 베인톤, 『마틴루터의 생애』(서울: 생명의 말씀사, 1994),147.

지되면서 성직자들은 체포되거나 추방되었고 교회 재산은 압수되었다.[40]

도나투스 논쟁은 많은 점을 시사한다. 우상숭배를 하거나 동성연애자인 목사가 베푸는 성례전은 유효한가? 어거스틴과 정통교회의 입장에서는 유효하다. 입법기관인 국회는 국회위원에게 불리한 법을 결코 제정하려 하지 않고 자신들에게 이득이 되는 법안을 만들어 통과시킨다. 국회는 국회의원에게 면책권을 주며 그들의 권한을 지지한다. 교회 또한 감독직 및 고위 성직자직을 만든 이후 그 권위를 지지한다. 감독직이나 교권에 대항하면 교회의 통일성을 무너뜨리는 이단으로 몰아붙여 사장시킨다.

기독교 역사는 종종 '가재는 게 편'이라는 말을 증명했다. 감독의 권위가 흔들릴 때마다 감독들은 이구동성으로 고위 성직자의 특권과 권한, 주도권을 옹호했고 무지한 신자들은 영문도 모른 채 이들을 따랐다. 도나투스 논쟁을 통해 가톨릭교회가 승리를 거둔 결과 교회의 거룩성과 영성은 크게 퇴보했다.

---

[40] 도날드 K. 맥킴, 『교회의 역사를 바꾼 9가지 신학 논쟁』, 135-36. 헨리 채드윅, 『초대교회사』, 259. 후스토 L. 곤잘레스, 『초대교회사』, 241.

제2장: 중세교회 내의 주도권 경쟁

교황제의 등장

초대교회가 태동했을 때 예루살렘이나 안디옥, 알렉산드리아의 교회들이 로마교회보다 중요한 위치를 점했다. 그러나 특정 교부들이 로마교회의 우월성을 강조하기 시작했다. 이레니우스는 예수님의 수제자인 베드로와 이방인의 사도인 바울에 의해 세워진 로마교회의 권위가 가장 탁월하다고 주장했다. 시프리안 또한 그리스도는 천국 열쇠의 권세를 베드로에게 부여하셨고, 로마교회가 그 권세를 물려받았다고 주장했다. 그에 의하면, 베드로에게 세 가지 특권이 주어졌다: 첫째, 베드로라는 반석 위에 교회를 세우는 권리, 둘째, 천국의 열쇠, 셋째, 땅에서 매면 하늘에서도 매고 땅에서 풀면 하늘에서도 푸는 특권. 베드로의 세 가지 특권 전부는 로마 감독에게 승계되었다. 어거스틴도 교회의 통일성과 일치는 로마 감독에 근거한다고 기록했다. 여러 교부들의 주장은 로마 교회의 수위권과 교황제의 발전을

촉진시켰다.[41]

<베드로를 통치자로 묘사한 그림>

사도적 전승 개념을 따라가 보면 예수님의 열두 제자에 이르고, 그들 중 으뜸 제자인 베드로의 권위가 가장 크다. 베드로는 안디옥의 감독이자 알렉산드리아의 감독이었고, 이후 로마의 초대 교황(40년)이 되었고 그곳에서 순교했다. 사도 바울 또한 로마에서 순교했다. 그의 후임인 로마 감독은 자신의 직위를 옹호하기 위해 자신이 베드로의 수위권을 이어받은 유

---

[41] 도날드 K. 맥킴, 『교회의 역사를 바꾼 9가지 신학 논쟁』,139.

일한 전승자이며 베드로의 유해를 지키고 있다고 주장했다. 로마 감독은 천국과 교회 사이의 연결고리이며 천국의 문지기로 나타날 것이다. 교황을 통해 듣는 것은 베드로의 음성을 듣는 것이고 로마 감독에게 불복종하는 것은 곧 베드로에게 불순종하는 것이다.[42]

한국의 시장들 중 가장 힘이 센 것은 단연 한국의 수도이며 인구가 가장 많은 서울 시장이다. 마찬가지로 로마가 로마 제국의 수도라는 점도 로마교회의 위상을 높이는 데 유리하게 작용했다. 로마 감독이 다른 대도시의 감독들보다 우위의 영적 권위를 소유한다는 주장은 쉽사리 가라앉지 않았다.[43]

330년, 콘스탄틴 황제는 로마 제국의 수도를 로마에서 콘스탄티노플(오늘날 터키의 이스탄불)로 옮겼고, 새로운 수도가 된 콘스탄티노플 대주교의 위치는 매우 높았다. 어떤 의미로 보아 로마는 버림을 받았다. 4세기 말, 기독교의 중심 권력은 비잔틴 제국(Byzantium Empire 혹은 동방제국)의 수도인 콘스탄티노플 대주교에게 집중되는 현상이 나타났다.

반면 서방교회는 로마 감독을 중심으로 힘을 모았고 교황제를 신학적으로 옹호했다. 아를 공의회(Council of Arles, 314년)는 로마 주교에게 '가장 영광스러운'(most glorious) 이라는 수식어를 붙였는데, 이는 황제 가문에 버금가는 사람에게만 쓰이던 칭호였다. 아리우스 이단 논쟁은 중앙집권적 통제와 엄격한 권징이 필요하다는 인식을 불러일으켰다. 로마 교구는 이단과의 투쟁에서 중요한 역할을 수행했고, 그 결과 법적 권위의 중심지로 떠올랐

---

[42] R.W. 서던, 『중세교회사』 (서울: 크리스천다이제스트, 1999), 28-29.
[43] 헨리 채드윅, 『초대교회사』, 277-80. R.W. 서던, 『중세교회사』, 96-97.

다.[44]

로마 감독이었던 다마스쿠스(Damascus I, 366-384년 재위)는 자신이 베드로의 '매고 푸는' 권세의 법적 유산을 부여 받았다고 주장했다. 그는 로마를 사도 교구라 칭한 최초의 로마 감독이었다.[45] 로마 감독 이노센트 1세(Innocent I, 402-417년 재위)는 로마 교구로부터 복음이 서방 지역에 전파되고 있기에 로마교회가 서방교회의 머리이자 정점이라 주장했다.

당시의 정치적 상황은 로마 감독의 권위를 크게 고양시켰고, 결국 교황제가 태동되는 데 결정적으로 기여했다. 수도의 이전으로 인해 로마시는 행정적, 종교적, 군사적, 경제적 공백기를 맞이했고, 이를 틈타 북쪽의 야만족들이 로마를 침략하는 일이 벌어졌다. 로마는 자체 방어 병력조차 없는 무방비 상태였는데, 410년 비시고트족(Visigoths)은 로마를 점령했고, 452년 아틸라(Attila, 434-453년 재위)가 이끄는 훈족이 로마에 쳐들어 왔다. 당시 로마 황제는 콘스탄티노플에 거주하고 있었기 때문에 야만족의 침략에 효과적으로 대응하지 못했다.

이때 등장한 인물이 로마 감독 레오 1세(Leo I, 440-461년 재위)였다. 그는 아틸라를 직접 만나 로마를 위해 탄원함으로써 약탈을 면하게 했다. 455년 반달족이 로마에 쳐들어 왔을 때에도 그는 그들을 설득해 로마가 방화 되는 것과 무분별한 학살과 파괴를 모면했다. 물론 협상의 대가로 로마의 보물을 상납했고 많은 사람들이 노예로 끌려갔다.

이탈리아 지역의 무정부 상태 및 정치적 공백 속에 레오는 감독의 역할을 정치로 확장 시킬 수 있었다. 전쟁에서 중재 역할을 담당한 그는 로마

---

[44] 헨리 채드윅,『초대교회사』,277-78.
[45] 헨리 채드윅,『초대교회사』,279-80.

에서 막강한 정치적 권력을 손에 넣었다. 교황은 베드로의 성육신으로 모든 권한을 물려받은 법적 후계자로, 베드로를 대신해 설교하고 글을 쓴다. 그는 베드로의 열쇠에 대한 권세를 법률적으로 해석해 자신이 우주적 교회에 대한 영원하고 완전한 지도자임을 강조했다.[46] '교황 신학'을 확립한 공로로 인해 그는 현대적 의미에서 최초의 교황이라는 칭호를 받았다. 교황(pope)이란 용어는 '아버지'라는 뜻으로 존경받는 감독을 일컫는 용어였다.

476년 독일계 야만족의 공격으로 서로마 제국이 멸망하면서 이탈리아 각 지역은 장기간에 걸쳐 정치적 무정부 상태에 돌입했다. 서부 유럽은 작은 공국, 도시 국가, 연방 등으로 분열되었고 각 지역을 중심으로 한 봉건 제도가 자리 잡았다. 이런 혼돈의 상황 속에서 가톨릭교회는 로마의 법과 질서, 고대 문명의 유산을 이어받았고 정치적 질서를 떠안았다.[47] 로마 황제가 주도하던 서방교회의 주도권은 로마 감독에게 이전되면서, 교황청 상서국은 니케아 교회법 제6조에 로마교회가 모든 교회에 대한 수장권을 가진다는 문구를 삽입했다. 이는 교황이 교회 계급의 최상위에 앉아 모든 것을 판단하는 자임을 뜻했다. 초대교회의 감독권은 중세에 들어와 교황권으로 대체되었다.

그레고리 1세(Gregory I, 590-604년 재위)는 로마의 장관이라는 고위 관직을 버리고 수사가 되었으나, 그의 영성과 리더십을 인정받아 교황에 임명

---

[46] 헨리 채드윅, 『초대교회사』, 244.
[47] 헨리 채드윅, 『초대교회사』, 284-85. 유스토 L. 곤잘레스, 『중세교회사』 (서울: 은성, 1987), 14-15, 32-33.

되었다. 그는 로마를 침략한 롬바르드족과 협상을 벌여 평화 조약을 체결했다. 그는 교황직에 대한 신학을 발전시켰다. 예수님은 베드로에게 전체 교회에 대한 통치권과 함께 이 세상의 죄를 풀고 매는 권세를 부여하셨다. 성육신한 예수 그리스도의 대리자인 교황의 말씀은 예수님의 말씀과 동격을 이룬다. 그는 자신을 서방교회의 통치자로 여겼고, 이탈리아는 물론 남부 프랑스와 북부 아프리카에까지 교회령을 확장 시켰다.[48]

그레고리는 불신자와 전쟁을 일으킬 권한이 자신에게 있다고 주장하면서, 세속 군주와 충성을 맹세하는 기사, 자금을 대는 상인들의 도움을 받아 군대를 조직했다. 교회는 정부가 수행했던 기능들 중 많은 부분을 대행했는데, 그는 도시 행정 및 도시 방어망 구축, 양식 배급, 상하수도 설립 등을 지휘했다. 그는 군사력을 보강하기 위해 병기를 구입하고 용병을 고용했으며 성벽을 구축하고 수비대를 훈련시켰다.[49] 로마의 특이한 정치적 상황 속에서 교황은 점점 황제와 같은 역할을 감당하게 되었다.

중세를 걸쳐 최고의 신학자로 평가받는 토마스 아퀴나스(Thomas Aquinas, 1225-1274)는 가톨릭교회야 말로 하나님의 왕국을 계승한 유일한 기관임을 천명했다. 예수님은 베드로에게 천국 문을 열고 닫을 수 있는 열쇠(마 16:19)와 매고 푸는 권세의 법적 유산을 주셨다: "내가 네게 이르노니 너는 베드로(Petros)라. 내가 이 반석(petra, rock) 위에 내 교회를 세우리니, 음부의 권세가 이기지 못하리라"(마 16:18). 교회의 반석은 베드로이고 그의 권한은 로마 교구 감독에게 전수된다: "주교로서 베드로를 계승한 자

---

[48] Geoffrey Barraclough, *The Medieval Papacy* (Norwich, England: Harcourt, Brace & World, 1968).

[49] 유스토 L. 곤잘레스, 『중세교회사』,38. R.W. 서던, 『중세교회사』,16.

는 누구나 모든 교회에 대한 베드로의 수위권을 갖는다 … 로마의 주교가 수위권을 가진 후계자가 아니라고 주장하는 사람은 구원에서 배제될 것이다."[50] 가톨릭교회 밖에는 구원이 없기에 죄인이 구원을 받기 위해서는 교황이 인도하는 교회 공동체에 속해 있어야 하고 그의 명령을 절대적으로 따라야 한다. 교황에 대한 순종은 구원을 위해 전적으로 필요했다. 하나님의 대리자인 교황은 심판하고 처형할 수 있는 권한을 가진다. 영적 검을 지닌 교황은 세속적 통치자를 능가하는 권위를 가지기에 왕 또한 교황의 권위에 절대적으로 복종해야 한다.

그런데 과연 교황직은 성경적 용어인가? 종교개혁가들은 이구동성으로 교황직은 성경에 나오지 않는 비성경적 직분이며, 성경의 어떤 구절도 교회의 머리가 교황이라 말하지 않음을 지적했다. 베드로는 작은 조약돌(petros)인데 반해, 반석(petra)은 큰 바위를 뜻한다. 그러므로 반석이란 베드로가 아니라 "주는 그리스도시요, 살아 계신 하나님의 아들"이란 고백이다. '교황을 인정하지 않고 그의 말에 순종하지 않으면 구원받지 못한다'는 주장 또한 이단적이라 할 수 있다. 그렇다면 모든 개신교 신자들은 구원받지 못한다는 말이 되고 만다.

이런 점으로 보아 교황직에 대한 강조는 우주적 교회의 주도권을 잡고자 했던 로마 감독들의 작품이라 할 수 있다. 교회의 성직자가 권력욕에 사로잡혀 새로운 직분을 창출해 내고 높은 자리에 올라 주도권을 행사하

---

[50] 한스 큉, 『가톨릭 교회』 (서울: 을유문화사, 2003),156. J. N. D. Kelly, *Early Chrisitan Doctrines*, 406,417. 개신교, 교회는 베드로가 고백한 믿음 위에 세워졌다. 그리고 반석은 베드로가 아니라 그리스도이다.

려는 인간의 욕망이 담겨 있는 것이 교황 제도라 할 수 있다. 콘스탄틴이 로마의 4개 지역을 통합한 유일한 황제가 되려 했던 것처럼 로마 감독 또한 황제와 같은 유일한 독재자의 자리에 오르려 했다.

서방교회와 동방교회의 주도권 경쟁

교회의 수장이 된 콘스탄틴 황제는 330년 로마 제국의 수도를 로마에서 콘스탄티노플로 옮겼다. 수도의 이전으로 인해 서부 유럽과 동부 유럽은 분리되었다. 서로마 제국이 멸망(476년)한 후, 유럽의 중심지는 옛 로마의 특권과 권위를 이어받은 콘스탄티노플을 수도로 한 비잔틴 제국으로 이동했고, 동방 제국은 약 1,000년 동안 더 지속되었다.

교회 또한 로마를 중심으로 한 서방교회와 콘스탄티노플을 중심으로 한 동방교회로 양분되었다. 서로마 제국의 멸망 과정에서 교황은 종교 뿐만 아니라 정치적 권력을 행사했다. 서방교회가 교황을 중심으로 한 가톨릭교회가 득세한 반면, 비잔틴 제국은 황제를 수장으로 하는 동방정교회로 나눠졌다. 서방교회의 사도적 토대는 로마 교구에 있었고, 교황권을 강화하면서 그리스 지역(동방교구)의 총대주교가 따라올 수 없는 탁월한 영적 지위를 지닌다고 주장했다. 그러나 실상을 들여다 보면 서방교회는 동방교회에 비해 무기력하고 무능했다.

동방교회의 수장인 황제는 영적 문제에서도 권위를 지녔고, 콘스탄티노플의 대주교를 임명해 동방교회에서 가장 우월한 권위를 부여함으로써 동방교회의 영적 질서를 이끌었다.[51] 동방교회 또한 영적 우위권을 주장하기 위해 베드로보다 연장자인 앤드류의 권위를 내세웠다. 베드로의 형인 앤드류는 베드로보다 먼저 예수님의 제자가 되었고, 이후 베드로를 예수께로 데려왔다. 앤드류야말로 예수님의 첫 제자이자 비잔티움 교회의 창립자이다. 그리고 집사 빌립이 비잔티움에서 설교했다.[52]

비잔틴 황제는 서로마 지역에 대해 여전히 강력한 정치적 영향력을 발휘했고, 동방교회 뿐만 아니라 서방교회의 종교 지도자들을 엄격하게 통제했다. 교황 레오 또한 비잔틴 황제의 명령을 물리칠만큼 강하지 못했고, 황제의 눈치를 살펴야 했다. 종교회의(공의회)는 오직 비잔틴 황제의 주관 하에 열렸으며, 교황이나 서방교회의 참여 없이 이루어진 결정도 양쪽 교회의 규범으로 간주되었다.

비잔틴 제국이 낳은 가장 유능한 황제였던 유스티니안(Justinian, 527-565년 재위)은 이탈리아와 북아프리카 정복 전쟁에 나서면서 이탈리아를 점령하고 있던 오스트로고트 왕국을 멸망시켰다. 그 결과 비잔틴 황제는 로마를 비롯한 이탈리아를 지배하는 군주가 되었고 서방교회를 통제했다. 로마는 비잔틴 제국의 많은 도시들 중 하나에 불과했다. 교황은 황제의 압도적 권력에서 벗어날 수 없었고, 로마 감독으로 임명되기 전 황제의 재가를 받아야 했다. 로마 주교(교황)는 로마 공국 안에 있는 황제의 신민이자 허수아비, 세속 대리자에 불과했다.

---

[51] 헨리 채드윅, 『초대교회사』,193. Jaroslav Pelikan, *Christian Tradition: A History of the Development of Doctrine*, Vol. 2 (University of Chicago Press, 1975), 163.

[52] Jaroslav Pelikan, *Christian Tradition,* Vol. 2,169. 후스토 L. 곤잘레스, 『초대교회사』,51.

비잔틴 황제는 교황에게 자신의 신학적 입장을 지지하기를 강요했고, 이를 거부하던 교황 비길리우스(Vigilius, 537-555년 재위)는 비참한 죽음을 맞이했다. 황제의 명령에 불복종한 교황 마틴 1세(Martin I, 649-655년 재위)는 납치되어 콘스탄티노플로 이송되었다. 동방교회는 로마의 감독에 불과한 교황을 대수롭지 않게 여겼다. 이처럼 서방교회는 동방교회에 종속되었고, 서방교회의 독립은 요원하기만 했다.[53] 754년까지 콘스탄티노플 황제는 로마 공국을 다스렸고, 교황은 황제의 신하 노릇을 하며 자유를 박탈당했다.[54]

그런데 서방교회에 대한 도움은 뜻밖에도 외부에서 왔다. 이슬람 세력은 유럽을 공격하기 시작했고, 무슬림 군대는 기독교의 중심지였던 예루살렘, 안디옥, 다마스쿠스, 알렉산드리아, 카르타고 등을 차례로 점령했다. 근동 및 북아프리카 해안 지방에 이르는 광대한 영토를 자랑했던 비잔틴 제국은 이슬람 군대에 의해 궤멸되었다. 이슬람 세력이 크게 확장되면서 비잔틴 제국의 세력은 쇠락했고, 서방제국은 어부지리의 혜택을 누렸다. 비잔틴 제국은 더 이상 이탈리아에 군대를 주둔시킬 능력이 없었고, 이로 인해 로마에 대한 콘스탄티노플의 영향력은 급속히 감소되었다.

이 기회를 틈타 롬바르드족은 이탈리아를 점령했고, 로마의 교황은 야만족의 위협에 대항해 도시를 보존할 책임을 졌다. 롬바르드족이 로마를 포위하고 있던 중 교황 베네딕트 1세(Benedict I, 575-579년 재위)가 사망했고, 그를 계승한 교황 펠라기우스 2세(Pelagius II, 579-590년 재위)는 그들에게

---

[53] 헨리 채드윅, 『초대교회사』,287. 유스토 L. 곤잘레스, 『중세교회사』,34.
[54] 헨리 채드윅, 『초대교회사』,296. R.W. 서던, 『중세교회사』,53, 60. 유스토 L. 곤잘레스, 『중세교회사』,41.

막대한 뇌물을 주어 도시를 약탈에서 구원했다. 그는 전쟁으로 폐허가 된 도시의 위생 시설을 개선하고, 시체를 매장하고, 굶주린 주민에게 양식을 배급하는데 심혈을 기울였다.[55] 그의 노력은 로마의 안정을 되찾는 데 중요한 역할을 했으며, 그의 후임인 그레고리 1세(Gregory I, 590-604년 재위)는 이런 노력을 이어받아 더욱 발전시켰다. 그레고리는 롬바르드족과의 협상을 통해 평화 조약을 체결하고, 로마의 방어를 강화했으며, 도시 행정과 복지 사업을 지속적으로 추진했다. 이슬람의 침략으로 인해 비잔틴 제국의 통제력이 약화된 가운데, 서방교회는 정치적 독립과 교황권의 강화를 촉진하는 계기가 되었다.

그러던 중, 서부 유럽에서 프랑스가 강대국으로 등장했다. 732년 프랑스의 찰스 마르텔(Charles Martel, 718-741년 재위)은 스페인 남부 지역에 세력을 구축했던 무슬림을 대패 시켰다. 서방에서 기댈 수 있는 강대국이 없었던 교황 스테펀 2세(Stephen II, 752-757년 재위)는 가톨릭교회의 주권을 뒷받침해 줄 정치적 기반을 프랑크족 카롤링 왕가(Carolingian)에서 찾았다. 교황은 계속되는 롬바르드족의 침략에 대응하기 위해 프랑크족의 지원을 요청했다.

교황은 마르텔의 아들인 페핀(Pepin the Short, 751-768년 재위)과 동맹을 맺었고 프랑크 왕국은 교황청의 보호자 및 후견인이 되었다. 교황은 페핀의 즉위식에서 그에게 직접 왕관을 씌움으로 비잔틴 황제의 후임자로 공인했다. 페핀은 이탈리아 제국령을 자신의 뜻대로 처분함으로 자신의 정치적 입지를 부각시켰고, 교황은 프랑크 왕국의 권력을 인준하는 정치가로

---

[55] 유스토 L. 곤잘레스, 『중세교회사』, 35-37.

활동했다. 이 동맹으로 인해 이탈리아의 정치적 구조는 교황과 카롤링 왕조로 양분되었다.[56]

800년 페핀의 아들 샤를마뉴(Charlemagne, 800-814년 재위)가 왕권을 물려받았을 때, 교황 레오 3세(Leo III, 795-816년 재위)는 샤를마뉴의 신성로마제국 황제 대관식을 치러주었다. 왕권은 교황의 재가를 얻었고 샤를마뉴는 서방제국의 황제에 임명되었다. 샤를마뉴는 동방 제국에 대항해 서방 교회의 수호자로 등장하면서 '하나님의 대리자'라는 칭호를 받았다. 대관식 때 왕은 성직복에 해당하는 복장을 착용했고, 주교를 축성할 때 사용되는 성유가 부어졌다. 칼과 반지, 왕관에는 성직 임명 때나 어울리는 문구가 새겨졌다.

샤를마뉴의 황제 즉위식은 서방이 동방으로부터 정치적, 종교적 해방을 맞이한 상징적 사건이 되었다. 샤를마뉴의 강력한 통치 하에 서방 제국이 복고됨에 따라 교황은 더 이상 동방의 비잔틴 제국에 의존할 필요가 없게 되었다. 샤를마뉴와 교황은 비잔틴 제국의 항변을 묵살해 버릴 마음의 준비가 되어 있었다.[57]

750년대를 전후로, 교황은 비잔틴 황제와의 결별을 정당화할 속셈으로, 콘스탄틴 황제가 안디옥과 알렉산드리아, 예루살렘, 로마의 관할권을 성 베드로의 대리인에게 기증했다는 '콘스탄틴의 증여'(Donation of Constantine)를 내세웠다. 이 증서는 콘스탄틴이 315년 3월 30일자로 로마 감독 실베스터 1세(Sylvester I, 314-335년 재위)에게 보낸 편지 형식으로, 로마와 이탈리아, 서방의 속주들에 대한 제국의 권력을 교황에게 이양한다는 내용이

---

56 유스토 L. 곤잘레스, 『중세교회사』, 18.
57 유스토 L. 곤잘레스, 『중세교회사』, 45, 70, 73.

었다. 교황은 이 문서에 근거해 이탈리아 통치에 대한 법적 권한을 가지고 있음을 증명하려 했다. 그리고 콘스탄틴의 증여 문구에 따라 서방에서 자신의 뜻대로 황제를 위임할 수 있는 권한이 있음을 만천하에 과시했다.[58] 그러나 인문주의 학자 로렌조 발라(Lorenzo Valla, 1407-1457)는 라틴어 문체와 역사적 분석에 근거한 원문 비평을 통해 이 문서가 8세기 이후 작성된 위조 문서임을 밝혔다. 결국 '콘스탄틴의 증여'는 교황의 정치적 권위를 강화하려는 부정확한 문서였다. 이는 교회와 세속 권력 간의 복잡한 관계를 보여주는 사례로, 중세 유럽의 정치적, 종교적 역학 관계를 이해하는 데 중요한 의미를 갖는다.

동방교회와 서방교회는 정치적, 사회적, 문화적, 종교적으로 다른 방식으로 운영되었다. 서방교회는 교황이 주도권을 가졌지만, 동방교회에서는 비잔틴 황제가 직접 통치하는 황제 교황주의(Caesaropapism)가 득세했다.[59] 서방교회는 동방교회가 황제의 수중에서 놀아나는 꼭두각시로 비판했고, 동방교회는 서방교회의 교황이 그리스도의 대리자이자 교회의 머리라는 주장을 부정했다. 동방교회가 헬라어를 사용한 반면, 서방교회는 라틴어를 사용했다. 서방교회는 성직자의 독신주의를 채택한 반면, 동방교회는 사제의 결혼을 허용했다. 이처럼 서로가 갈라설 명분은 뚜렷했다.

서방교회는 '필리오케'(filioque, And from the Son, 그리고 아들로부터)라는 단어를 삽입했고 이로 인해 동방교회와의 갈등이 점화되었다. 867년 콘스탄티노플 총대주교 포티우스(Photius, 858-886년 재위)는 서방교회를 이단으로

---

[58] R.W. 서던, 『중세교회사』, 94-96.

[59] 롤란드 베인턴, 『종교개혁사』 (서울: 크리스천다이제스트, 2001), 13.

선언했다.[60] 1054년 교황의 특사들은 콘스탄티노플의 대주교를 이단으로 파문했다. 동방교회와 서방교회는 신학적 용어 및 해석의 차이로 인해 서로를 적대시했고, 이로 인해 그들 사이의 분리는 영구화 되었다.

이슬람 세력이 강해지면서 비잔틴 제국도 그들의 공격 속에 노출되었다. 비잔틴 황제는 서방에 도움을 청했고, 교황은 동방교회에 대한 우위권을 확보하기 위해 비잔틴 제국에 원군을 보내기로 결정했다. 그 결과 이슬람의 수중에 들어간 예루살렘 성지 탈환을 목표로 한 십자군 전쟁(1095-1291년)이 발발했다. 비잔틴 황제는 그리스 교회를 교황에게 복종시키는 대가로 군사적 지원을 받을 수 있었다. 교황 이노센트 3세(Innocent III, 1198-1216년 재위)는 성지 탈환을 목적으로 제4차 십자군을 구성했는데, 상상치도 못한 일이 발생했다. 서방 십자군은 성지 탈환이라는 본래의 목적을 상실한 채, 이슬람을 공격하는 대신 동방 제국의 콘스탄티노플을 공격하고 말았다. 십자군은 비잔틴 제국을 함락 시키고 라틴 제국을 건설했다. 이슬람이란 공동의 적을 눈앞에 두고 같은 기독교 형제끼리 살육이 벌어졌고 이 사건으로 인해 동방교회와 서방교회의 골은 회복할 수 없을 정도로 깊어졌다.

이후 비잔틴 제국은 1261년 콘스탄티노플을 재탈환했지만, 쇠약해진 비잔틴 제국은 이슬람의 터키족에 의해 함락(1453년)되었다. 이에 고무된 교황 피우스 2세(Pius II, 1458-1464년 재위)는 이슬람 정복자에게 축전을 보냈다. 비잔틴 제국의 멸망으로 인해 교황은 더 이상 종교적 경쟁자가 없게 되었고, 서방교회가 동방교회에 대해 최종 승리를 거둔 듯 보였다.[61] 서방

---

[60] 유스토 L. 곤잘레스, 『중세교회사』,47-48,71.
[61] R.W. 서던, 『중세교회사』,91-92.

교회의 관점에서 볼 때 교황은 통일의 근원이자 힘의 상징이었으나 유럽 전체의 관점에서 볼 때, 교황제는 분열을 조장한 거대한 세력으로 여겨졌다.

동방교회의 선교 활동들 중 가장 큰 성공은 러시아의 개종이었다. 950년 러시아 올가(Olga of Kyiv, 890-969) 여왕이 개종하면서 세례를 받았고, 그녀의 손자 블라드미르(Vladimir, 978-1015년 재위)가 국민을 개종 시켜 기독교 국가가 되었다. 터키에 의해 콘스탄티노플이 함락된 후, 러시아는 동방교회의 중심지가 되었고, 16세기에 이르러 러시아의 모스크바는 '제3의 로마'로 선언되었다.[62]

한국교회는 서방교회의 영향을 크게 받았으며, 따라서 서방 교회에 대해서는 익숙하지만 동방정교회에 대한 이해는 부족했다. 특히 반공 사상이 강했던 군부 독재 시대를 거치면서 러시아와 같은 공산주의 국가에 터를 잡고 있던 동방정교회에 대한 거부감을 드러냈다. 이로 인해 동방정교회의 전통은 한국에서 상대적으로 무시되는 경향이 강하다.

교황과 군주의 주도권 경쟁

5세기 로마제국은 야만인의 말발굽아래 멸망했고 서부 유럽은 동방의 비잔틴 제국의 영향 하에 있으면서 오랫동안 정치적 공백기를 맞이했다. 8세기에 접어들어 무슬림이 강성해지면서 비잔틴 제국이 쇠약해지자 교황은 비잔틴 황제에게 등을 돌리고 프랑크족과 동맹을 맺었다.

---

[62] 유스토 L. 곤잘레스, 『중세교회사』,70.

뛰어난 통치자였던 샤를마뉴는 교황청을 위협하던 롬바르드 왕국을 멸망시킴으로 서로마의 새로운 지배자로 등장했다. 유럽을 통일한 그는 신성로마제국을 건설하고 황제로 즉위했다. 그 결과 서로마는 비잔틴 제국의 지배권에서 벗어날 수 있었고, 프랑크 왕국은 서부 유럽의 중심지가 되었다.

교황이 샤를마뉴의 대관식을 거행했음에도 불구하고 교황청의 입장은 애매모호했다. 겉으로 보기에는 교황이 황제를 임명할 권리를 가지는 듯 보였다. 그러나 실상은 교황이 황제에 대해 갖는 수장권은 대관식이 끝나는 순간 함께 사장되었다. 750년부터 1050년에 이르는 3세기 동안 대관식을 거쳐 권좌에 오른 황제들은 자신들이 하나님으로부터 신성한 권위를 부여 받았다고 믿었다.[63]

샤를마뉴는 교황의 간섭을 배제하고 직접 교회를 통치하고자 했다. 그는 황제의 권위가 세속 정부 뿐만 아니라 종교 문제에도 영향을 미친다고 생각했다. 그는 장군을 임명하듯 감독을 임명했고 마음만 먹으면 그들을 승진시키거나 좌천시킬 수 있었다. 성직 임명권이 누구에게 있느냐는 '누가 교회의 주도권을 확보하느냐'가 달린 중차대한 문제였다. 일단 프랑스 왕이 주도권을 잡았다. 그는 주교의 역할과 의무를 규정했다. 주교는 자신의 교구에 상주하면서 교구민을 돌보고, 교구의 재산을 관리하고, 교회당 건축을 감독하고, 성직 후보자를 검증하고 임명해야 한다. 주교는 왕실의 수석 관리인으로 황제를 섬기며, 십일조 세금을 거둬들여 궁정을 지원해야 한다. 이런 의미로 보아 주교는 교황의 심복이 아니라 황제의 충실한 신하

[63] R.W. 서던, 『중세교회사』,29,102.

이자 정부의 대리인이었다. 강력한 황제 아래 성직자들은 그에게 절대적으로 복종해야 했다.[64] 주교는 황제에게 봉사한 대가로 승진을 기대했고 상당수의 주교들은 주교직을 유지하거나 더 높은 주교직을 얻기 위해 군주에게 돈을 바쳤다. 군주에게 있어 성직록은 신하들에게 지불할 급여를 확보할 수 있는 훌륭한 재원이었다. 황제는 주교로부터 자금과 환대, 충성, 군사 지원을 약속 받았다.[65]

신성로마제국 황제였던 오토 1세(Otto the Great, 962-973년 재위)는 교황 선출이 정당하고 적법하게 이루어지도록 감독할 권리가 있다고 믿었다. 황제는 교황 후보자를 지명할 수 있었고 교황 선출이 자신의 의사와 상반되지 않도록 통제했다. 교황은 황제의 지시 혹은 동의를 받아야만 주교를 임명할 수 있었다. 8세기부터 11세기까지 주교들 대부분은 군주에 의해 선출되었다. 비잔틴 황제가 콘스탄티노플 대주교를 임명하듯, 신성로마제국의 황제는 교황을 수하에 두고 통제하려 했다.[66]

중앙집권제가 비교적 확고했던 프랑스는 수백 년 동안 '고올인의 자유'(Gallican Liberties)에 근거하여 프랑스 교회에 대한 교황권의 간섭을 반대했고, 프랑스의 황금이 로마로 흘러가는 것을 막았다. 왕이나 영주들은 성직 임명권과 교회 재산 문제를 직접 관리함으로써 교황이 프랑스 교회 문제에 영향을 미치지 못하도록 차단했다. 스페인의 군주 또한 직접 교회 행정을 관장했고, 종교재판소가 교황청이 아닌 국가를 위해 봉사하도록 압

---

[64] R.W. 서던, 『중세교회사』,186-87. 유스토 L. 곤잘레스, 『중세교회사』,18-19,76.

[65] R.W. 서던, 『중세교회사』,191.

[66] R.W. 서던, 『중세교회사』,102-3,190.

력을 가했다.[67] 이처럼 중세의 교황청이 신성로마제국의 황제나 군주들로부터 자유로워진다는 것은 사회 특성적으로 맞지 않았다.

12세기 이전, 서부 유럽의 황제와 왕, 영주들은 여러 가지 이익을 확보하기 위해 성직자를 직접 임명하였다. 군주들은 교회와 수도원을 설립하고 주교와 수도원장을 임명했고, 주교와 함께 십일조법과 주일 성수법, 고해법 등을 제정했다. 군주는 성직자 계급을 장악함으로 신뢰할 수 있는 정부 대리인을, 전시에는 군대와 자금을, 성직이 공석이 된 경우에는 규칙적인 수입을, 여행할 때에는 다양한 숙박지를 확보할 수 있었다. 교황조차도 왕이나 영주가 교구의 주교를 임명하고 지역 교회들을 통제할 권한을 갖고 있음을 인정할 수 밖에 없었다.[68]

그러나 샤를마뉴의 사후, 카롤링거 왕조가 쇠퇴로 교회의 주도권 양상에 큰 변화가 일어났다. 교회의 주도권 문제는 군주와 교황 사이의 시소 게임이었다. 황제의 권력 및 제국의 권위는 서서히 약해져 가면, 교황은 어부지리로 정치적, 종교적 권위를 가진 존재로 위상이 떠올랐다. 로마제국의 뒤를 이어 신성로마제국(Holy Roman Empire, 800-1806년)이 탄생했지만, 이 제국은 수많은 작은 공국과 도시 국가들의 연방 결합체였으며, 황제는 제한된 통치권만 가졌고, 실제 통치권은 각 지역의 영주들이 행사했다. 정치적 세력들이 작은 지역들로 나눠진 봉건 제도가 고착되면서 제국과 황제의 힘은 약해져 갔다.

11세기 초에 이르러, 카롤링거 왕조는 신하들에게 보상하느라 거의 모든 사유지를 상실하였다. 그 결과 왕은 대가를 지불할 힘을 상실하였고,

---

[67] 롤란드 베인턴, 『종교개혁사』,132,148,169.
[68] R.W. 서던, 『중세교회사』,138,192.

더 이상 교회에 기부를 하거나 답례를 할 수 없었다. 나눠 줄 능력을 상실하면 통치를 할 수 없었다. 왕가의 재산이 줄어들면서 후원 액수에서 지역 영주만도 못한 경우도 발생하였다. 왕이나 영주가 필요한 지원을 제공하지 못하자, 서서히 감독 임명권을 상실하기 시작하였다.

이런 정치적, 경제적, 상황 속에서 교황은 서서히 황제나 영주에 대항할 수 있는 라이벌 관계를 형성했고, 서로 교회의 주도권을 잡기 위해 치열하게 경쟁했다. '누가 그 지역의 주교를 임명하느냐?'는 감독 임명권 문제는 누가 교회의 주도권을 확보하느냐가 달린 중대 차한 문제였다. 임명을 받은 사람은 임명권자에게 충성하기 마련이다. 만약 성직자를 임명하는 사람이 교황이라면 그들은 교황에게 충성을 맹세할 것이다. 봉건 제도 하에서 왕이나 영주들은 자신의 통치 지역에서 성직자 임명권을 놓고 교황과 힘겨루기에 들어갔다.

군주와 교황은 기득권을 차지하기 위해 서로 경쟁했고 때로는 성직 임명권을 공유하기도 했다. 설사 군주가 성직 임명권을 가진 경우에도, 고위 성직자들을 지나치게 억누르면 자신의 지위가 위태롭게 된다는 것을 인식했다.

교황 레오 9세(Leo IX, 1049-1054년 재위)는 교황의 세속 권세를 서부 유럽 정계에서 그 누구도 부인할 수 없는 절대 세력으로 만들고 싶어했다. 그래서 그는 교황권에 대한 신학을 발전시켰다. 성직 계급만이 초자연적 권위와 연결된다. 교황만이 영적 문제 뿐만 아니라 세속 문제에도 간섭하고 지도할 권한을 가진다. 그는 평신도 군주의 자연적 모습과 성직자의 초자연적 특성을 비교하면서 세속 군주를 뛰어넘는 교황의 우월성을 크게 부각시켰다. 초자연적 속성이 없는 황제나 군주는 평신도일 뿐이다. 서부

유럽의 영적, 세속적 권위를 장악하려 했던 그의 시도는 괄목할 만한 성공을 거두었다.[69]

주교 임명권을 교황의 권한으로 바꾸는데 성공한 인물은 교황 그레고리 7세(Gregory VII, 1073-1085년 재위)였다. 베드로의 공로에 힘입어 교황직을 맡음과 동시에 거룩하고 완전한 존재가 된다. 그리스도는 교황에게 친히 수장권을 선물로 부여하셨다. 하나님 자신의 의지를 부여 받은 교황은 아무에게도 판단을 받지 않는다. 교황은 성경에 비추어 오류를 범한 일이 없고 장래에도 잘못된 결정을 내릴 수 없다. 그는 콘스탄틴이 교황에게 황제나 왕을 지배할 수 있는 권위를 증여했다는 부분을 교회법에 포함시켰다. 교황은 국가와 사회의 완전한 주권을 가지기에 황제와 주교를 폐위하고 복권 시킬 수 있다. 평신도에 불과한 세속 군주가 주교와 수도원장을 임명하는 것은 외람된 행위로 중단되어야 한다.[70]

결국 세속적 권력을 손에 쥔 황제와 최고 권위를 주장하는 교황 사이에 공개적인 대결이 벌어졌다. 서방 제국의 계승자인 하인리히 4세(Heinrich IV, 1054-1105년 재위)는 날로 강성해지는 교황과 고위 성직자들의 영향력에 위협을 느꼈고, 정치적 생존을 위해 황제가 성직 임명권을 소유해야 한다고 생각했다. 그는 교황에 의해 임명된 주교를 파직 시키고 자신이 직접 택한 인물을 주교로 임명했다. 그러자 그레고리는 하인리히가 교회법을 어겼다며 로마로 출두하라는 명령을 내렸다. 그러나 하인리히가 이를 거절하자 그레고리는 종교회의를 열어 그의 파문을 결정하고 폐위를 선언했다. 이에 놀란 하인리히는 1077년 1월 알프스산을 넘어 교황이 거주하던 카

---

[69] R.W. 서던, 『중세교회사』,31-35,39,104.
[70] R.W. 서던, 『중세교회사』,104-6,193.

노사 성문 앞에 무릎을 꿇고 교황에게 빌며 탄원했다. 사흘 후 교황은 그의 면접을 허용했고 하인리히는 교황의 발에 입을 맞춤으로 용서를 빌었다. 역사는 이 사건을 '카노사의 굴욕'(Humiliation of Canossa)이라 칭한다. 그러나 이후 힘을 축적한 하인리히는 1081년 봄 알프스의 얼음이 녹자마자 로마로 진군했고 그레고리를 폐위 시키고 클레멘트 3세(Clement III, 1187-1191년 재위)를 교황으로 옹립했다.[71]

서방 제국 황제와 교황의 주도권 경쟁은 여기서 멈추지 않았다. 교황 파스칼 2세(Paschal II, 1099-1118)는 평신도에 불과한 왕이나 영주에 의한 성직 수임은 용인할 수 없고 이에 불복하는 자는 파문하겠다고 선언했다. 그러나 이에 반발한 신성로마제국 황제 하인리히 5세(Heinrich V, 1111-1125년 재위)는 이탈리아로 침입하여, 파스칼은 협상에 응할 수 밖에 없었다. 황제는 만약 주교가 영주와 동일한 세속 권력과 재산을 소유하지 않는다면, 주교 임명에 대한 일체의 권한을 교황에게 양도하겠다고 제안했다. 황제 측은 성직 수임권을 포기하는 대신 고위 성직자가 가지고 있던 봉건적 특권을 포기하라는 내용이었다. 그 계약 이후 황제는 성직자의 세속적 권력과 재산을 박탈하여 국가에 귀속시켰다.[72]

교황 겔라시우스 2세(Gelasius II, 1118-1119)는 교회의 재산이 그리스도와 가난한 자에게 속한다고 주장하면서 교회 재산을 세속 권력자에게 양보하지 않았다. 그러자 하인리히 5세는 교황이 계약을 위반했다며 군대를 거느리고 로마로 침공했고 교황은 도주했다. 웜스 종교회의(Concordat of Worms,

---

[71] 유스토 L. 곤잘레스, 『중세교회사』,106-9. R.W. 서턴, 『중세교회사』,105-6.
[72] 유스토 L. 곤잘레스, 『중세교회사』,110-11.

1122)는 성직자의 봉건적 권리, 특권, 재산 등을 세속 권력자의 수중에 두었다.[73]

이렇게 황제와 교황이 교회의 주도권을 갖기 위해 전쟁을 벌이던 상황에서 대부분의 주교들은 세속 정부와 교회 사이에서 줄타기를 했다. 독일 주교 베노 2세(Benno II, 1068-1088)는 왕의 요새를 건축하고 도로를 건설하며 도시를 수비하는 일을 감독했다. 동시에 그는 교구를 관리하며 교회당과 수도원을 건축했다. 작센에서 반란이 일어났을 때, 그는 끝까지 왕을 후원하며 교구에서 추방되는 수모를 겪었다.[74]

군주와 교황의 주도권을 쥐기 위한 줄다리기 혹은 시소 게임은 이후에도 멈추지 않았다. 교황은 늘 황제 및 군주, 영주들의 정치력을 판별하고 그들의 지지를 받는 것이 필요했다. 신성로마제국 황제가 사망하면서 그 자리가 공석이 되자, 교황 레오 10세(Leo X, 1513-1521년 재위)는 비교적 자신이 조정하기 쉬운 프레드릭 선거후를 새 황제로 선호했다. 그러나 그의 기대와는 달리, 프레드릭은 스페인의 찰스 5세(Charles V, 1519-1556년 재위)를 지지했고 1519년 찰스가 황제가 되었다. 그런데 프랑스의 군주 프랜시스 1세(Francis I, 1515-1547년 재위) 또한 만만한 상대가 아니었다.

신성로마제국의 황제이자 스페인 국왕인 찰스 5세와 프랑스 왕 프랜시스 1세는 라이벌 관계에 있었고, 교황은 그 사이에서 양쪽의 눈치를 살피고 있었다. 찰스 5세는 역량을 발휘해 자신의 개인 교사였던 아드리안(Adrian of Utrecht)을 교황 자리에 앉히기 위해 노력했고, 이탈리아를 프랑

---

[73] 유스토 L. 곤잘레스, 『중세교회사』,112-13.
[74] R.W. 서던, 『중세교회사』,193-96.

스 및 교황의 권한으로부터 보호하려 했다.[75] 그런데 찰스의 후원을 받아 교황이 된 클레멘트 7세(Clement VII, 1523-1534 재위) 교황은 메디치가 (Medici)의 이해 관계로 인해 스페인을 경계했고, 프랑시스와 이슬람의 터키인과 동맹을 맺고 찰스 5세에게 선전포고를 했다. 기독교의 수장인 교황이 이슬람과 손을 잡고 신성로마제국의 황제에게 대항한 전대미문의 사건이 발생했다. 이에 격분한 찰스는 1527년 2만 명의 용병들로 이루어진 별동대를 로마로 보내 약탈하고 교황을 가택연금해 버렸다.[76]

서부 유럽은 각 지역적 상황에 따라 주도권의 양상은 서로 다르게 나타났다. 강력한 군주가 등장하면 세속적 영향력이 강해지면서 교황권에 대한 고위 성직자들의 충성도도 쇠퇴했다. 이럴 경우에는 교황은 오히려 군주의 보호와 호의에 의존해야 했다. 반대로 군주의 권력이 약화되면 교황이 잽싸게 그 자리를 차지했다.

결국 교황의 세속적 권력에 대한 욕망에 종지부를 찍는 사건이 발생했다. 프랑스의 문화 혁명(1789년)이 일어나면서 공민헌장(Civil Constitution of the Clergy)에 의해 교회는 세속적 권위를 완전히 잃어버렸다. 수도원과 종교 단체는 해산되었고, 교회 재산은 국유화되었으며 사제들의 수입은 제한을 받았다. 비록 교황이 프랑스 세속사에 대한 권위를 내세웠으나 그것을 증명할 만한 적절한 이론적 토대가 부실했기에 교황의 세속 주권은 더 이상 효력을 발휘하지 못했다. 1870년 이탈리아의 통일을 꿈꾸던 피드몽 왕국의 대정치가 카부르(Camillo Benso di Cavour, 1810-1861)의 군대는 교황령

---

[75] 유스토 L. 곤잘레스, 『종교개혁사』,66-67.
[76] 롤란드 베인턴, 『종교개혁사』,136-37.

을 점령했고, 이를 계기로 교황청의 세속적 권력은 종지부를 찍었다. 이 전쟁을 계기로 서유럽 정계에 큰 영향을 미쳤던 로마 가톨릭교회는 종교 기관으로 돌아가고 교황도 정치적 권위를 박탈당하고 종교 지도자로 돌아가야 했다. 교황은 황제를 누르고 최대 권력자가 되어 세상을 통치하려 했다. 그야말로 예수님보다 높은 자리에 오르려 혈안이 되었다. 결국 교황의 꿈은 망상으로 끝나고 말았고 본연의 자리로 돌아갔다.

교황 정부

흔히 우리는 교회를 종교 기관으로 여기며, 종교적 사안 외 정치나 경제 등에는 관여하지 않는 것으로 알고 있다. 서방 수도원의 창시자인 베네딕트(Benedict of Norcia, 480-547)는 교회가 제국과 유착하는 것에 반대하면서 사제가 군주의 역할을 맡아 정치를 하는 것은 바람직하지 못하다고 지적했다.

그런데 중세 시대 가톨릭교회는 정치적, 사법적, 외교적, 군사적 조직을 갖춘 일종의 정부였다. 이런 현상은 로마 제국이 멸망한 이후 서부 유럽에서 나타났다. 가톨릭교회는 로마 제국의 정치 질서를 계승할 뿐만 아니라 그리스와 로마의 문화를 이어받아 예술과 문화, 지식과 사상 등을 전수하는 기능도 수행했다.

8세기 경에 이르자 가톨릭교회는 신뢰와 영향력을 가진 국제 정치의 중재자였으며, 실제로 이탈리아와 주변 국가들의 국제적 분쟁을 해결하는 데 결정적인 역할을 했다.[77] 교황은 세속 군주의 흉내를 내면서 세속 정권을 잡으려 노력했고, 교황청은 정치적 기관으로 변모했다. 교황은 종교인이 아닌 정치적 권모술수에 능하고, 외교에 능숙하며 법률 전문가가 되어야 했다.

교회가 부유하고 강성해짐에 따라 교황청은 입법, 사법, 행정, 군대 등 국가가 갖춰야 할 모든 조직을 구비한 지상권을 소유한 정부나 다름없었다. 이탈리아는 교황 정부가 유럽의 다른 지역보다 우선적으로 통치하는 곳이었다. 13세기 교황은 이탈리아 남부의 종속 왕을 관리했고 이탈리아 중부를 직접 통치했다. 교황청은 국가 행정 및 영지를 관리했고, 화폐를 주조하고 조세 징수관을 통해 세금을 거두어 들였다. 여느 정부와 마찬가지로 교황청은 군대를 보유하여 적에 대한 생사여탈권을 수중에 넣었다.[78]

중세 말기(1300-1500) 교황 정부는 서부 유럽과 서방교회에 통일성과 연속성을 제공했다. 13세기에 이르러 교황이 그리스도로부터 정치적 수장권을 위임 받았다는 이론은 교황권의 핵심 부분이 되었다. 14세기 초에 이르러 가톨릭교회는 유럽 전역의 군주와 긴밀히 연결된 정교한 정치 및 외교 체제를 갖추었고, 서부 유럽의 모든 곳에 소교구를 두고 정보를 수집하고 이를 교황청에 보고했다.[79] 이런 면에서 가톨릭교회는 중세 동안 서부 유럽에서 합리적이고 전통적인 국가라 해석될 수 있었다.[80] 가톨릭교회는 정부였고, 교황은 황제라 칭함을 받을 수 있는 정치가였다고 평가할 수 있

---

[77] R.W. 서던, 『중세교회사』,15,19.

[78] R.W. 서던, 『중세교회사』,15.

[79] R.W. 서던, 『중세교회사』,112,228.

[80] R.W. 서던, 『중세교회사』,23.

다.

교황권 지상주의

11세기부터 가톨릭교회는 교황의 수위성을 강조하는 교리를 본격적으로 발전시켰다. 교황은 베드로의 최고 권위를 물려받은 상속자이자 주님의 전권을 행사할 수 있는 그리스도의 대리자이다. 하나님의 권능을 소유한 교황에 의해 집행된 모든 일은 하나님의 권위에 의해 행해진 것이다. 교황을 머리로 하는 지배 계급이 확고히 자리를 잡았고, 전체 교회는 교황에게 절대적으로 순복해야 했다. 교황청은 어느 사회적, 정치적 세력보다 서방 세계의 독자적 존립에 크게 이바지했다. 1050년에 접어들면서 서부 유럽의 많은 지역에서 제국의 권위마저 교황의 단일 권위로 대체되면서 교황 군주제가 화려하게 부활했다.[81]

심지어 교황의 정치적 권위가 신성로마제국 황제의 권위보다 높아지는 일이 발생했다. 교황 이노센트 3세는 하나님께서 교황권이 그 어떤 군주보다도 우위의 권력을 부여하셨다는 '교황권 지상주의'(Ultramontane)를 강화했다. 사무엘이 다윗을 축복하는 권세를 가진 것처럼, 교황은 군주를 축복할 권세를 가진다. 영적 권위는 세속의 권위보다 우위에 있기에 낮은 직위의 사제라 할지라도 황제보다 큰 자라는 논리를 펼쳤다.

이노센트에 의하면, 교황은 하나님의 대리자이며 왕의 권세는 교황으로부터 나온다. 교황은 태양이고, 왕이나 영주는 태양을 비추는 달에 불과하

---

[81] George H. Tavard, Holy Writ or Holy Church: The Crisis of the Protestant Reformation (New York: Harper, 1959), 47-48.

다. 교황의 신하인 왕이나 군주는 교황의 권세로부터 위엄과 광채를 받아 반사한다. 그는 '작은 빛(국왕)은 큰 빛(교황)에 복종해야 한다,' '국가는 교회에 복종해야 한다'는 칙서(Sicut universitatis conditor, 1198년)를 내렸다. 모든 사람을 심판할 권리를 부여 받은 교황은 황제를 폐위하거나 보위에 앉힐 수 있다. 그는 교회 뿐만 아니라 정치에서도 절대 권력을 가진다는 치리 지상권을 확립했다. 그의 시기에 교황권은 막강한 정치적 권위를 휘둘렀고, 그에 버금갈 만한 정치력을 가진 세력은 서부 유럽에서 존재하지 않았다.[82]

<삼중관을 쓴 교황의 모습>

[82] Jane Sayers, *Innocent III: Leader of Europe, 1198-1216* (New York: Longman, 1994).
앨리스터 맥그래스, 『기독교, 그 위험한 사상의 역사』 (서울: 국제제자훈련원, 2009),36-37.
유스토 L. 곤잘레스, 『중세교회사』,143.

교황의 권위가 얼마나 막강했는지를 보여주는 수식어들이 이노센트에게 붙었다. '당신은 지상에 있는 또 하나의 하나님입니다,' '당신은 그리스도와 동일한 자요, 심판관입니다.' 드디어 교황의 지위는 하나님이나 예수님과 같은 수준으로 격상되었다. 그는 하나님에 대한 두려움도 없이 지상에서 그리스도를 밀어내고 대신 그 자리에 앉아 하나님 행세를 했다. 교황은 천상, 지상, 지하의 왕으로서 삼층으로 된 면류관(Tiara)을 썼다.

실제로 이노센트 3세는 폭넓은 정치적 영향력을 행사하며 유럽의 국가들을 통치했다. 이노센트는 자신이 원하는 사람이나 자신을 지원했던 사람을 황제나 군주, 고위 성직자로 세웠다. 교황은 자신의 뜻을 거스르는 황제를 폐위하고 자신에게 복종하는 사람을 황제의 자리에 앉힐 정도로 막강한 권력을 행사했다. 평신도인 군주는 더 이상 주교를 임명하거나 성직 취임세를 거둘 수 없었고, 교회 재산을 차지하거나 교회법에 간섭할 수 없었다.

이노센트에 의해 신성로마제국 황제에 옹립된 오토 4세(Otto IV, 1209-1218년 재위)는 통치권을 장악하자마자 자신을 후원했던 교황과 결별했다. 그러자 이노센트는 오토를 파문하고 그의 폐위를 선언하며, 오토의 조카였던 프레드릭 2세를 새로운 황제로 지목했다.[83] 영국 왕 존(John Lackland, 1199-1216년 재위)은 교황이 캔터베리 대주교로 임명했던 스테판 랭톤(Stephen Langton, 1207-1228년 재위)을 거부했다. 그러자 교황은 왕을 파문하고 그의 폐위를 선언했다. 결국 왕은 굴복했고, 150년 동안 영국은 교황의 영지에 속하게 되었다.

---

[83] R.W. 서던, 『중세교회사』, 153. 유스토 L. 곤잘레스, 『중세교회사』, 143-44.

이노센트는 포르투갈과 보헤미아, 헝가리, 덴마크, 아이슬란드, 불가리아, 아르메니아 지역의 정치에도 직접 개입했다. 황제는 교황에게 철저히 복종했고, 교황의 뜻에 위배되는 모든 관습은 사라졌다. 당시 사회의 배후에는 황제적 교황제(imperial papacy)라는 선명한 원칙이 자리 잡고 있었다.[84]

교황은 우주적 교회의 머리이자 아버지로서 공의회나 다른 감독들을 뛰어넘는 권위를 가졌다. 교황에 대한 복종은 곧 하나님에 대한 복종이었다.[85] 교황은 고위 성직록 뿐만 아니라 하급 성직록에 대해서도 직접 임명권을 행사했다. 고위 성직자들은 정치적으로 교황의 충실한 신하가 되었다. 그들은 교황청 말고는 지원을 기대할 만한 곳이 없다는 판단을 내리자 자신들의 역할이 교황의 대권 행사를 지원하는 것임을 알아차렸다.

교황 이노센트 4세(Innocent IV, 1243-1254년 재위)는 독일의 주교들을 황제의 진영에서 떼어내려는 의도로, 교황청의 동의 없이 황제가 독일 지역의 주교를 선출하지 못하도록 금지했다. 이 시기의 교황들은 세속 권력은 영적 권력에 비해 열등하다는 사상을 퍼뜨리며 영적 칼과 세속적 칼을 함께 휘둘렀다.[86]

- **교황 무류성(papal infallibility)**

결국 가톨릭교회는 교황권에 대한 지나친 강조로 인해 무리수를 두게 되었다. 베드로의 최고 권위의 상속자인 교황에 임명되는 순간, 그는 하나

---

[84] R.W. 서던, 『중세교회사』,21-22. 유스토 L. 곤잘레스, 『중세교회사』,145-46.

[85] Peter Chirico, *Infallibility: The Crossroads of Doctrine* (Wilmington, Del.: Michael Glazier, 1983), xxxix.

[86] R.W. 서던, 『중세교회사』,151-52. 유스토 L. 곤잘레스, 『중세교회사』,179-80.

님의 인격과 의지를 부여 받은 거룩한 존재가 된다. 교황청은 교황의 권위를 하나님의 권위와 동일시하면서 결국 교황이 아무런 죄를 짓지 않고 그 판단에 있어서도 무오하다는 '교황 무류성'을 주장하기에 이르렀다. 교황은 성령의 인도와 지시를 받아 움직이며, 신앙의 문제에 대해 가르칠 때 무오한 진실만을 말한다.

주님의 이름으로 모인 추기경의 모임이나 공의회가 열릴 때 성령께서 그곳에 임재 하신다. 불변의 진리를 소유한 가톨릭교회는 신앙과 윤리 등의 문제들을 결정할 때 오류를 범할 수 없다. 교황은 다른 사람을 판단할 수 있지만 자신은 어느 누구로부터도 판단 받지 않는다.[87]

제1차 바티칸 공의회(1870년)는 533대 2 라는 압도적인 투표로 교황이 직책을 받고 집행하는 업무에 있어 무류성의 은사를 가진다는 칙서를 반포했다. 이 칙서에 따르면, 교황만이 성경을 실수 없이 해석할 수 있으며, 믿음과 도덕적 교리를 선포할 때 그의 가르침은 무오하며, 그가 내리는 판단에는 어떤 오류나 실수가 없다.

이후 마틴 루터와 오캄은 교황이나 종교회의가 오류를 범했다고 주장했다. 그들은 교황의 절대적 권위를 거부하며, 신적 영감에 의해 쓰인 성경만이 무오하다고 주장했다. 교황은 하나님의 뜻을 거스르는 방해자이자 적그리스도이다. 죄를 짓지 않고 실수를 하지 않은 분은 예수님 밖에 없다. 그런데 가톨릭교회가 한 인간이자 죄인에 불과한 교황을 예수님의 수준에까지 올리는 것은 비성경적이자 이단 사상으로 간주할 수 있다.

---

[87] Jaroslav Pelikan, *Christian Tradition*, Vol. 4, 107. 도날드 K. 맥킴, 『교회의 역사를 바꾼 9 가지 신학 논쟁』,233-34. 롤란드 베인턴, 『종교개혁사』,45.

- **아비뇽 유수**

그러나 세속적 권력에서 영원한 것은 없었다. 곧 무소불위의 교황권이 위협을 받는 사건이 벌어졌다. 프랑스 왕 필립 4세(Philip IV, 1285-1314)는 교황 보니파스 8세의 숙적이었던 콜로나 가문에게 망명처를 제공하고 그들을 보호해 주었다. 그는 영국과의 전쟁을 준비하는 과정에서 자금이 필요하자 성직자에게 직접 세금을 부과했다. 그는 또한 프랑스 영지 내에서 왕이 주교를 직접 임명할 수 있는 권한을 교황청에 요구했다. 이로 인해 로마로 들어가는 금과 은의 유입이 끊겼고, 그 결과 교황청은 재정적으로 파산했다.[88]

이에 분노한 보니파스 8세는 교황권이 세속 권세보다 우위에 있음을 명시한 '우남 상탐'(Unam Sanctum, 1302년) 칙서를 반포하며 필립의 요구를 거절하고 그를 파문하려 했다. 이에 격분한 필립 왕은 보니파스를 이단이자 동성연애자이며 가짜 교황이라고 선포했고, 파문 선포 하루 전인 1303년 9월 7일 로마로 쳐들어갔다. 프랑스 귀족과 이탈리아 귀족의 공모에 의해 공격을 받은 보니파스는 사망했다.[89] 필립 4세의 이런 행동은 교황권에 대한 직접적인 도전이었으며, 이는 절정이었던 교황권이 쇠락하는 계기가 되었다. 세속 권력은 교황권 지상주의에 도전했고, 교황권이 더 이상 무소불위의 권력을 가지지 않게 되는 중요한 전환점이 되었다.

친불파는 음모를 통해 프랑스인 클레멘트 5세(Clement V, 1305-1314년 재위)를 교황에 선출했고, 그는 1309년 프랑스 국경 근처의 작은 소도시 아

---

[88] 롤란드 베인턴, 『종교개혁사』, 19.
[89] 유스토 L. 곤잘레스, 『중세교회사』, 180-82.

비뇽(Avignon)으로 교황청을 옮겨버렸으며, 다시는 로마를 방문하지 않았다. 그 결과, 교황이 프랑스 왕의 수하에 들어간 70년간에 걸친 '아비뇽 유수'(Avignon Papacy, 1309-1377년) 시대가 열렸다. 프랑스 왕은 교황청의 일에 정치적으로 간섭했으며, 이탈리아의 출신 추기경이 교황이 되던 풍습이 깨지고 프랑스 출신들이 교황에 선출되었다. 클레멘트는 재위 기간 중 24명의 추기경을 지명했는데, 그들 중 한 명을 제외하고는 모두 프랑스 출신이었다. 교황청은 이탈리아 출신에서 프랑스 출신으로 중심축이 이동했다.

아비뇽 유수 기간 동안 프랑스와 영국 사이에 백년전쟁(1337-1453년)이 벌어졌다. 교황청은 철저히 프랑스를 지원하는 도구로 사용되었다. 전쟁에는 많은 자금이 필요했는데, 프랑스 왕의 꼭두각시가 된 교황은 교황청의 금고를 채우기 위해 교회와 수도원, 신자들로부터 돈을 쥐어짜는 온갖 수단들을 만들어냈다. 프랑스 정부는 자금이 로마로 흘러 들어가는 것을 철저히 막으면서 교황청의 재산을 마음대로 운영했다.[90] 그 결과, 교황의 권위는 땅바닥에 떨어졌고, 교황청 내에서 프랑스 세력이 계속 증가함에 따라 이탈리아 출신들은 점점 힘을 잃어갔다.

아비뇽 유수는 교황권의 권위가 크게 손상된 시기로, 교황청이 프랑스 세속 권력에 의해 조종되고 있다는 인식이 널리 퍼졌다. 이는 서부 유럽에서 교황권의 영향력 감소와 종교개혁의 발단이 되는 중요한 사건으로 평가된다.

---

[90] 롤란드 베인턴, 『종교개혁사』,19-20.

● 서방교회 대분열

성녀로 추앙 받던 캐서린(Catherine of Siena, 1347-1380)은 교황의 로마로의 귀환을 강력히 요청했고 마침내 교황 그레고리 11세(Gregory XI, 1370-1378년 재위)가 1377년 로마로 돌아왔다. 그의 뒤를 이어 이탈리아 출신 어반 6세(Urban VI, 1378-1389년 재위)가 교황에 선출되었는데, 그는 가톨릭교회의 개혁을 부르짖으며 성직 매매와 궐석제를 종식시키고, 자신의 교구를 지키지 않는 주교들을 그리스도의 배반자이자 부정부패자로 선포했다.[91] 그러나 그도 가까운 친척들을 요직에 임명하는 족벌주의를 행함으로 그의 개혁은 빈 구호에 그치고 말았다.[92]

이탈리아 계인 어반 6세의 선출에 반발한 프랑스 추기경들은 프랑스 계인 클레멘스 7세(Clemence VII, 1378-94년 재위)를 대립 교황으로 선출했다. 이로써 이탈리아 출신 어반 6세와 프랑스 출신인 클레멘스 7세가 동시에 교황으로 활동하는 촌극이 벌어졌다. 어반은 로마에, 클레멘스는 아비뇽에 거주했다.

유럽은 두 라이벌 교황들을 중심으로 분열되었고, 자신의 정통성을 옹호하면서 상대방을 이단으로 파문했다. 각국은 자국의 정치적, 외교적 이해 관계에 따라 두 교황 중 하나를 지지했으며, 이는 유럽 내 정치적 갈등을 심화 시켰다. 프랑스와 스코틀랜드, 이탈리아 남부는 클레멘스 7세를 옹호했고, 프랑스와 전쟁 중인 잉글랜드와 독일, 헝가리, 이탈리아 북부, 폴란드 등은 어반 6세를 지지했다. 이로 인해 가톨릭교회는 한동안 내홍을 겪

---

[91] 유스토 L. 곤잘레스, 『중세교회사』,183.
[92] 유스토 L. 곤잘레스, 『중세교회사』,192.

으면서 혼란에 빠졌다. 이 혼란은 서방교회의 분열(Schism of the West)로 알려졌으며, 교회 역사상 가장 심각한 분열 중 하나로 평가된다.

● 교황과 공의회의 주도권 경쟁

4세기 경 콘스탄틴 황제는 아리우스 이단 논쟁으로 말미암아 교회가 분열될 위험에 처하자 니케아 공의회를 소집해 주요 현안들을 해결했다. 로마 황제 데오도시우스는 에베소 공의회(431년)를 소집했고, 유스티니안 황제는 콘스탄티노플 공의회(553년)를 소집했다. 비잔틴 황제들은 서방교회의 교황을 견제하기 위해 황제를 따르는 동방교회를 중심으로 종교회의를 소집했는데, 공의회의 결정은 마지막 보류였다.

반면 교황제를 중심으로 한 서방교회는 공의회의 기능을 중요하게 여기지 않았고 비잔틴 지역에서 열린 공의회에도 참석하지 않았다. 서부 유럽에서는 교황이 공의회보다 우위권을 소유하며, 공의회의 결정을 심의할 수 있는 권한을 가졌다. 교황권이 확립된 이후, 교황은 자신이 모든 것을 판단할 수 있기에 더 이상 공의회가 필요 없다고 여겼다. 그 결과 7세기부터 12세기 초에 이르는 기간에는 공의회가 거의 열리지 않았다. 그나마 열린 공의회도 교황이 의장직을 맡아 주요 안건을 처리하고 법령을 공포하는 바람에 종교회의는 교황의 정책을 수행하는 도구로 전락하고 말았다.

그런데 교황청의 아비뇽 유수와 2-3명의 교황들이 동시에 존재하는 대분열이 일어나자, 독일 왕 시기스문드(Sigismund, 1368-1437년 재위)의 제안에 의해 피사 공의회(1409년)가 소집되었다. 공의회는 두 교황들을 폐위시키고 알렉산더 5세(Alexander V, 1409-1410년 재위)를 새 교황으로 추대했다. 그러나 두 교황들은 공의회의 결정을 따르지 않았고, 자신의 정통성을 주장했다. 이런 복잡한 정치적 과정을 거쳐 한 시기에 3명의 교황들이 존재하는 촌극이 벌어졌다. 이 과정을 통해 교황의 권위는 크게 추락했고, 가톨릭교회는 풍전등화의 위기에 봉착했다.[93] 기독교 역사는 이 사건을 대분열(Great Schism, 1378-1417년)이라 부른다.[94]

교회가 민심을 잃게 되자, 교황을 대신해 공의회가 개혁의 수단으로 떠올랐다. 교회 권력이 한 사람에게 집중될 때 부정부패가 일어나기에, 교회 권력은 한 사람이 아닌 교회와 신자들을 대표하는 고위 성직자들의 모임인 공의회에 위임되어야 한다는 주장이 공감을 일으켰다. 추기경과 감독, 신학자들로 구성된 공의회는 공의회 운동(Conciliar Movement)을 주도하면서 교황과 주도권을 놓고 경쟁했다.

콘스탄스 공의회(Council of Constance, 1414-1418)는 분열된 교회를 통합시키는 동시에 성직 매매 및 족벌주의와 같은 부정부패를 개혁하고자 했다. 공의회는 교회의 무능과 부정부패, 성직자의 무식 등을 비판했고 이탈리아 명문 가문이 지지한 마틴(Martin V, 1417-1431년 재위)을 교황으로 세웠다. 공의회는 면죄부 판매 및 성직자의 겸임제를 폐지시키면서 주교에게 교구 교회에 거주할 것을 명했다. 공의회의 개혁은 어느 정도 진척을 보이는 듯했다.

그러나 그 밥에 나물이라 했던가? 공의회에 참석한 대부분의 고위 성직자들은 구시대 인물들로 성직 매매와 성직 겸임제, 궐석제 등을 통해 막대한 이익을 얻고 있었기 때문에 폐지 칙령을 반포하는 데 그쳤고 실행으로

---

[93] 유스토 L. 곤잘레스, 『중세교회사』, 199-201.
[94] 유스토 L. 곤잘레스, 『종교개혁사』, 12.

옮기지는 못했다. 공의회마저 온갖 부정부패와 타락에 젖어 있자 사람들은 공의회의 법정 기능을 더 이상 중요하게 여기지 않았다.

공의회 운동이 서서히 실패로 돌아가자 라테란 종교회의(Lateran Council, 1512)는 결국 교황의 절대적 권위를 재확인했고 공의회주의를 정죄했다. 교황이 다시 승리를 쟁취했고, 종교회의는 교황에게 종속된 조직이 되고 말았다. 종교개혁(1517년)에 대항하기 위해 열렸던 트렌트 종교회의(1545-1563)는 가톨릭 교리를 수정하는 대신 전통적 교리를 명확하게 재정의했고 교황의 권위와 가톨릭교회의 전통이 성경에 상응하는 권위를 지닌다고 공표했다.[95]

• 교황권 쟁취를 위한 암투

교황은 가톨릭교회의 머리이자 수장이다. 성직이란 하나님으로부터 위임받은 직분으로 기름부음을 받아야 한다. 이 자리는 종교적 직분으로 신앙적으로 흠이 없고 신자들의 존경받는 그리스도인이 앉아야 한다. 그런데 과연 거룩한 자들이 이 자리에 앉았을까?

안타깝게도 교황 자리는 뇌물과 음모, 살인, 폭력도 사양치 않고 높은 자리에 앉으려는 욕망에 사로잡힌 자들의 희생물이 되었다. 인간 군상들이 모이는 자리에는 늘 권력욕에 사로잡힌 자들이 있었고, 한 자리를 놓고 치열한 경쟁과 암투를 벌였다. 교황은 명목상 독신이었고 자녀가 없기에 세습을 할 수 없었다. 교황이 사망하면 새 교황을 선출해야 했다.

로마 감독 리베리우스(Liberius, 352-366년 치리)가 추방되자 이 자리를 놓

---

[95] 루이스 W. 스피츠, 『종교개혁사』 (서울, 기독교문서선교회, 1997),333,339. 유스토 L. 곤잘레스, 『종교개혁사』,199.

고 두 파벌들이 치열한 전쟁을 벌였다. 두 파벌은 각각 우르시누스(Ursinus)와 다마수스(Damasus I, 366-384년 치리)를 로마 주교로 선출했다. 두 명의 감독들이 동시에 뽑히자 두 파벌은 패싸움을 벌였고 137명이 목숨을 잃었다. 싸움에서 승리한 다마수스는 로마를 사도 교구라 칭한 최초의 교황이 되었다.[96] 또다른 대립 교황이었던 심마쿠스(Symmachus, 340-402)와 라우렌티우스(Laurentius)도 교황 자리를 차지하기 위해 폭력을 동원했다. 이런 모습은 마치 오늘날 조폭들이 구역을 차지하기 위해 칼이나 몽둥이를 들고 패싸움을 벌이는 모습을 연상시킨다.

교황 선출권은 로마의 성직자들과 교구민들의 손에 있었다. 여기서 성직자란 추기경을 뜻했고, 교구민은 평민이 포함되지 않는 로마의 귀족들을 의미했다. 그들은 교황 선출을 좌지우지하는 실세였고, 교황권은 로마의 왕가나 귀족의 입김으로부터 자유롭지 못했다. 로마에 거주하던 유력한 가문들은 교황좌를 차지하기 위해 온갖 정치적 음모와 뇌물수수, 잔학 행위를 자행했다. 본래 교황직은 사망할 때까지 유지할 수 있는 영구직 이었다. 그런데 힘이 약할 경우 재위 기간을 채우지 못한 채 강압적으로 퇴위되는 경우도 있었다. 교황에 선출되더라도 그 자리를 보존하기 위해 영력이나 인품보다는 가문의 배경과 통치 기술이 필요했다. 자연적으로 족벌주의, 뇌물 수수, 가문의 부를 위한 공금 횡령 등은 교황 통치술의 중요한 일부분이 되었다.[97] 속된 말로 종교 지도자라기보다 정치가가 교황직에 어울렸

---

[96] 헨리 채드윅, 『초대교회사』,187-88. 도날드 K. 맥킴, 『교회의 역사를 바꾼 9가지 신학 논쟁』,230-31.

[97] R.W. 서던, 『중세교회사』,163.

다.

교황직이나 고위 성직론은 영성이나 리더십이 아닌 명문 가문의 영향력과 재력, 권력 등에 의해 좌우되었고 왕실의 후견을 등에 얹은 귀족이나 정치가가 고위 성직자에 임명되기도 했다. 반면 정치적 능력이 없거나 강력한 후원자가 없는 교황은 목 졸려 살해당하거나 독살당했고, 유폐된 지하 감옥에서 굶어 죽는 경우도 있었다. 교황 요한 8세(John VIII, 872-882년 재위)는 그의 비서에 의해 독살을 당했는데, 교황이 빨리 죽지 않자 망치로 머리를 내리쳤다.[98]

이탈리아의 유력한 가문인 데오프랫(Theophlact) 부인에게는 두 딸이 있었는데, 작은 딸 마로지아(Marozia)의 남자 첩이었던 세르기우스 3세(Sergius III, 904-911)는 가문의 지원 아래 교황좌를 차지했다. 그는 교황직에 오르자 마자 그의 적수였던 레오 5세(Leo V)와 크리스토퍼 1세(Christopher I)를 유폐 시킨 후 살해했다. 그는 다른 귀족의 딸 사이에서 아들을 낳았고, 사생아인 그의 아들은 이후 요한 11세(John XI, 931-935년 재위)라는 칭호로 교황위에 올랐다. 교황 요한 10세(John X, 914-928)는 데오프랫 부인의 큰 딸 데오도라(Theodora)의 남자 첩이었다. 요한 14세(John XIV, 983-984년 재위)는 보니파스 8세에 의해 지하 감옥에 유폐된 채 굶어 죽었다. 악랄한 수법으로 교황직을 차지했던 보니파스 또한 독살당했다.[99]

각종 정치권과 귀족들의 개입으로 인해 교황의 선출이 갈수록 어려워지자 신성로마제국 황제 오토 3세(Otto III, 996-1002년 재위)는 자신의 23살

---

[98] 유스토 L. 곤잘레스, 『종교개혁사』,87-88.
[99] 유스토 L. 곤잘레스, 『종교개혁사』,88-89.

되는 조카를 교황직에 지명했으니 그가 그레고리 5세(Gregory V, 996-999년 재위)였다. 오토의 사망 후 테오필락트 가문 출신인 크레센티우스가 교황 청을 좌지우지했다. 이탈리아 세도 가문인 콜로나(Colonna)를 비롯해 명문 가문들은 교황권이나 고위 성직자직을 차지하기 위해 정치적, 재정적 지원을 아끼지 않았다. 투스클룸(Tusculum) 가문은 베네딕토 8세(Benedict VIII, 1012-1024년 재위)와 요한 19세(John XIX, 1024-1032년 재위), 베네딕토 9세(Benedict IX, 1032-1044년 재위) 등을 교황직에 올리는데 성공했다. 베네딕토 9세가 교황직에 올랐을 때 그의 나이는 15세에 불과했다. 그는 교황직에 오른지 12년 후 막대한 금액을 받고 교황직을 팔아버렸다. 이후 크레센티우스 가문은 실베스터 3세(Sylvester III, 1045-1063년 재위)를 교황직에 앉히는데 성공했다.[100]

1059년 이후 120년 동안 동시에 두 명 이상의 대립 교황들이 존재했는데, 이 기간 동안 단일 교황이 재위한 기간은 45년 밖에 되지 않았다. 75년 동안 두 명의 교황들이 추기경들 사이에서 지지자를 얻어 충성을 분할했다. 황제 바바로사(Frederick Barbarossa, 1152-1190)는 교황이 건재함에도 불구하고 또다른 라이벌 교황을 선출했다. 신성로마제국 황제 헨리 3세(Henry III, 1046-1056년 재위)는 대립 교황들을 모두 퇴위 시킨 후 자신이 추천한 클레멘트 2세(Clement II, 1046-1047년 재위)를 교황에 지명했다. 당시는 교황제 역사에서 가장 어두운 암흑기로, 교황은 정치가와 마찬가지로 갖가지 음모와 권력 투쟁에 연루되었다.

이처럼 황제나 이탈리아의 유력 가문들은 가문의 번영과 이익을 위해

---

[100] 유스토 L. 곤잘레스, 『종교개혁사』,89.

교황직을 노렸고 교회를 장악하기 위해 혈안이 되었다. 교황 보니파스 8세는 이탈리아에서 가장 강력한 정치적 적수였던 콜로나 가문에 대한 전투를 선포해 그들의 토지와 성을 몰수하고 유배를 보냈다.

이를 보다 못한 교황청은 황제와 귀족으로부터의 간섭에서 벗어나기 위해 추기경들의 비밀 선거를 통해 교황을 선출하는 법안을 통과시켰다. 1059년 교황 니콜라스 2세(Nicholas II)는 교령을 선포했고 라테란 공의회(1179년)는 모든 추기경들이 투표권을 가지며, 투표수의 2/3이상을 획득하면 교황이 될 수 있다고 규정했다.[101] 그러나 그럼에도 불구하고 정식 투표보다는 불법적으로 교황이 선출되었다.

프란체스칸 출신인 교황 셀레스틴 5세(Celestine V, July-December 1294년 재위)는 겸손한 성품을 소유함으로, 많은 사람들은 그야말로 요아킴이 예언했던 성령의 시대를 열 교황으로 보았다. 그러나 고결한 성품이었던 그는 교황직이 권력과 돈, 섹스의 노예가 된 것을 목격보고 견딜 수 없었고 주변 인물들의 음모와 권모술수를 이해하지 못했으며, 결국 주변의 압력에 의해 재위한 지 넉 달 만에 스스로 사임하고 말았다.[102]

로마가 위치한 지역적 특성상 교황들 대부분은 이탈리아인이었고, 추기경이나 주교들도 공통된 배경을 가졌다. 이탈리아 가문이 독차지했던 교황청은 아비뇽 유수를 통해 프랑스 출신 추기경이 득세했다. 이 기간 동안 프랑스 출신 추기경의 숫자는 이탈리아인을 능가했고 그 결과 프랑스 출신이 교황에 당선되었다.

이탈리아 보르지아(Borgia) 가문의 일원이었던 칼릭스투스 3세(Calixtus

---

[101] R.W. 서던, 『중세교회사』,164-65.
[102] 유스토 L. 곤잘레스, 『중세교회사』,178-79.

III, 1455-1458년 재위)는 가문에서 배출한 최초의 교황이었다. 그는 재위기간 동안 그의 가족이나 친척들을 고위 성직자에 등용하면서 족벌주의가 극치에 달했다. 이노센트 8세(Innocent VIII, 1484-1492년 재위)는 첩들을 통해 낳은 자신의 사생아들에게 고위 성직록과 재산을 하사했다. 그의 사후 칼릭스투스의 손자 보르지아(Rodrigo Borgia)는 엄청난 뇌물을 뿌려 알렉산더 6세(Alexander VI, 1492-1503 재위)라는 칭호로 교황의 자리에 올랐다. 탐욕과 정욕에 사로잡혔던 그는 몇 명의 첩들을 통해 사생아들을 낳았는데, 윤리성은 거의 문제가 되지 않았다.[103]

식스투스 4세(Sixtus IV, 1471-1484년 재위)는 추기경들에게 막대한 금품을 주고 교황직을 매수했다. 그는 이탈리아 도시국가의 독재자로 군림했고 교회를 사유화 하면서 조카들의 재산 증식에 심혈을 기울였다. 삼촌 식스투스에 의해 추기경에 임명되었던 줄리아노는 이후 줄리우스 2세(Julius II, 1503-1513년 재위)라는 이름으로 교황직에 올랐고 성 베드로 대성당을 착공했다. 로마 시민들이 가뭄으로 인해 굶주리고 있을 때 그는 시민들에게 막대한 세금을 부과했고 최상급의 곡식을 팔아 치부했다.[104] 식스투스의 또다른 조카 리아리오(Pietro Riario)는 26세의 나이에 추기경이자 콘스탄티노플 총대주교직과 플로렌스 대주교직을 차지했다.

르네상스 시대의 교황들도 교회나 신학적 문제보다는 이탈리아의 정치나 사회적 지위, 예술, 문학 등에 정신이 팔려 있었다. 르네상스 시대에 접어들면서 교황은 예수님이나 베드로보다는 주피터나 줄리어스 시저(Julius

---

[103] 유스토 L. 곤잘레스, 『중세교회사』,244.
[104] 유스토 L. 곤잘레스, 『중세교회사』,246.

Caesar) 등과 비교되기를 원했다. 로마의 말썽장이 지오바니(Giovanni de' Medici)는 교황 레오 10세에 선출되었다. 이탈리아 명문 가문인 메디치 가의 아들이었던 그는 동성연애자이자 사치, 식도락가로 유명했고 교황청의 재산을 축제, 전쟁, 노름, 사냥, 건축 등에 허비했다. 이후 자신의 조카를 교황으로 선포했으니, 그가 교황 클레멘트 7세(Clement VII, 1523-1534년 재위)였다.[105]

이처럼 교황직을 차지하기 위한 인간의 욕망은 끝이 없었다. 마키아벨리(Niccolò Machiavelli, 1469-1527)는 교황청의 권력 치부를 파헤친 〈군주론〉에서 교황 자리를 두고 치열한 경쟁을 벌이며 유혈극을 연출했던 교회를 비판했다. 그리스도의 사랑과 거룩성을 따라가야 할 교회는 정치계와 다름없는 논리로 움직였다. 교회는 권력과 돈, 족벌 등에 의해 오염되었고, 한 번 교황직을 차지한 가문은 그 주도권을 다른 가문들에게 뺏기지 않기 위해 온갖 음모와 권모술수에 가담했다.

누가 교황직을 거룩한 성직이라 했던가? 중세 시대 교황직 쟁취는 마치 마피아나 조폭의 형태를 연상시킨다. 교황청은 주도권을 쥐기 위한 도둑의 소굴이 되었고, 이런 교회적 상황은 결국 종교개혁의 빌미가 되었다. 종교개혁은 교회의 부정부패와 타락에 대한 반발이자 교황권의 남용에 대한 비판으로부터 비롯되었다.

사제 계급의 주도권

---

[105] 앨리스터 맥그래스, 『기독교, 그 위험한 사상의 역사』,42-43. 루이스 W. 스피츠, 『종교개혁사』,303.

사제(priest)라는 용어는 희생 제물을 바치던 구약의 종교적, 의례적 기원에서 비롯되었다. 초대교회는 이름도 빛도 없는 평신도들의 선교와 헌신에 의해 성장했으나, 2세기부터 교회가 통일성과 권위 문제를 해결하기 위해 지역 감독을 리더로 삼았다. 교회가 성장하고 조직이 확장되면서 사제가 중심이 되는 경향이 나타났다.

콘스탄틴 황제의 기독교 승인 이후 사제 계급 구조는 제국의 계급 제도와 유사한 형태를 띠게 되었다. 서방교회에 교황을 중심으로 한 위계적 직제가 자리를 잡았고, 교황의 지역 대리자인 대주교는 대도시의 감독직을 수행하면서 주변 소도시에 있는 주교들을 관리했다. 감독은 교회와 수도원의 행정 및 대성당의 재산을 관리하고 성례전을 집행했다.

로마제국에서 주교는 정부의 관리가 되어 황제의 세속적 업무를 지원했다.[106] 감독의 직분과 함께 황제로부터 막대한 토지와 노예들이 부여되었으므로, 감독은 영주나 대지주나 다름없었다. 영주의 역할을 대행하는 주교는 '주교 제후'(prince bishop)로 불리며 지역의 재산과 결혼, 상속, 범죄, 사회 질서 등을 관할했다. 어떤 지역에서는 귀족이나 부자들 중 세금을 면제받기 위해 고위 성직자가 되는 경우도 있었고, 영주 혹은 귀족이 주교의 권한을 대행하는 경우도 있었다.

로마 제국의 멸망 이후 성직자의 위상은 교황의 수위권에 의해 높아졌다. 교황은 고위 성직자들에게 세속 정부의 간섭을 받지 않을 권리, 재산세를 비롯한 세금을 면제받는 혜택, 법정에서 처벌이나 중형을 언도 받지 않을 특권, 정치적 폭력으로부터의 피난처, 법률적 분쟁을 해결할 수 있는

---

[106] R.W. 서던, 『중세교회사』, 184-85.

수단 등을 제공했다. 이처럼 고위 성직자는 다양한 특권을 누렸는데, 특히 교황이 베푼 시혜는 막대한 수입을 올릴 수 있게 해주었다.[107]

주교가 영적 자원과 함께 막강한 세속적 권위를 보유함에 따라 오히려 군주는 주교의 지원을 필요로 했다. 교황이 그러했듯이 감독도 세속 군주에 대한 수위권을 강조하기 시작했다. 사제 후보가 서품 예식을 받는 순간 고귀한 인격이 부여되면서 우월한 영권을 소유한다. 주교는 하나님의 신성한 사제이지만 영주는 평신도에 불과하다. 그러므로 감독의 권위는 왕이나 영주보다 크다.[108] 영주는 주교나 수도원장의 막강한 정치적, 경제적 세력을 두려워했고 그들의 환심을 얻기에 급급했다.[109]

가톨릭교회는 성직 계급과 세속 계급, 그리고 사제와 평신도를 엄격히 구별했다. 중세 중기(1050-1300)는 교황과 감독을 중심으로 한 사제 계급이 평신도의 신앙생활을 완전히 지배했던 시기였다. 사제는 죄인을 구원으로 인도하는 역할을 맡았다.[110] 교회의 정치적 및 행정적, 재정적 관리는 전적으로 성직자의 소관이었고, 설교와 성례전, 전도, 영적 지도 역시 사제의 책임이었다.

중세교회는 '한 목자 아래 한 양떼'라는 슬로건 아래 교황권을 강화시키고 교황 아래 추기경, 대주교, 주교, 사제, 수녀 등으로 구성된 계급 제도를 확립했다. 교황은 추기경이나 주교를 임명하고 권한을 제한하며, 그들의 직위를 박탈할 수 있었다. 추기경은 교회 행정의 내각으로 교황이

---

[107] 앨리스터 맥그래스, 『기독교, 그 위험한 사상의 역사』,44-47. R.W. 서던, 『중세교회사』,36-37.

[108] R.W. 서던, 『중세교회사』,187.

[109] 유스토 L. 곤잘레스, 『종교개혁사』,78,113.

[110] R.W. 서던, 『중세교회사』,34.

사망할 시, 추기경 가운데 한 사람이 교황으로 선출되었다. 12세기 이후 감독의 교황에 대한 복종은 엄격한 의무 사항이 되었고 그들은 교황의 충실한 신하가 되었다. 가톨릭교회 조직의 핵심적 하부 멤버인 일반 사제는 작은 지역 교회나 수도원을 섬겼다.

중세 말, 서부 유럽에는 약 500여 명의 대주교와 주교들이 있었는데, 그들이 교회의 주요 꿀보직을 독차지했다. 그 자리는 누구나 오를 수 있는 것이 아니었다. 그들은 유럽에서 가장 부유하고 강력한 성직자 계층으로, 귀족들의 재산과 권위에 뒤지지 않았으며 유력한 가문과 연줄을 맺고 있었다. 그들은 토지의 대지주일 뿐만 아니라 정치인, 판사, 입법자의 역할도 수행했다. 지역 성직자단의 수장인 주교는 왕이나 영주의 세속 정부와 교황 정부 모두에게 있어서 중요한 공직자였다.

고위 성직자와 대조적으로, 일반 사제와 평신도의 지위와 역할은 강등되었다. 평신도들에게는 교회 사역이나 신학, 행정, 재정 관리 등에 참여할 수 있는 기회가 박탈되었다. 성직자와 평신도 사이의 계급화는 고착되었고, 평신도는 줄곧 멸시와 배척, 학대, 지배의 대상이었다.[111] 사제들의 주장에 따르면 모든 성직은 하나님으로부터 주어진 것이기 때문에, 평신도들은 감히 성직자들의 권위에 맞서기 어려웠다.

1) 성직의 독점

조선시대를 생각해보자. 농민이나 상인은 양반의 권위에 눌려 크게 숨 한 번 제대로 쉴 수 없었다. 중세의 세계관 또한 정적이었고, 봉건 제도에

---

111 후스토 L. 곤잘레스, 『초대교회사』,215. 롤란드 베인톤, 『마틴루터의 생애』,232.

근거한 엄격한 신분 사회였다. 한 사람의 지위는 출생과 가문에 의해 결정되었다. 왕이나 영주, 귀족 등의 전통적 권위는 굳건했고, 평민이나 농민, 상인, 노예들과 엄격히 구분되었다. 계급의 힘은 상위층의 기득권을 보장했고, 중하위층 세력의 등장을 가로막았다. 전통적 권위에 도전하는 것은 있을 수 없는 일이었고, 낮은 신분 출신이 높은 신분으로 상승하는 것은 거의 불가능에 가까왔다. 이런 현상은 교회에도 영향을 미쳐 고위 성직자는 귀족처럼 대우를 받았다. 고위 성직자들이 교회에서 주도권을 잡았고, 가족이나 친척들이 금수저를 물려받았다. 일반 사제의 경우, 교육을 받을 기회가 적었고, 적은 사례로 인해 생활을 유지하는 것조차 힘들었다.

8세기경 감독에 임명됨과 동시에 막대한 토지가 부여되면서 감독은 대토지의 지주가 되었다. 게다가 감독은 영주의 업무를 병행하며 정부 관리직도 겸하고 있었다. 당연히 감독직에는 큰 권세와 수입이 보장되었다. 성직록에 지원하는 사람들이 많은 반면, 성직록은 턱없이 부족했다. 이런 좋은 자리는 아무에게나 주어지지 않았다. 결국 왕이나 귀족, 영주의 자녀나 친척, 혹은 그들의 후원을 받는 사람이 잽싸게 그 자리를 독차지했다. 대부분의 주교직은 가문이 좋거나, 세속 정부에서 탁월한 행정적 역량을 발휘한 자들에게 주어졌다. 특히 세속 정부에서 경력을 쌓고 성직에 입문한 사람은 탁월한 정치적 역량의 소유자로 만만한 사람이 아니었다. 어떤 대주교와 주교들은 교황도 어쩌지 못할 정도로 강력한 권력을 가지고 있었다.

감독직은 종교 귀족층이나 다름없었다. 영국 왕 헨리 8세의 주치의였던 토마스 리나크르(Thomas Linacre, 1460-1524)는 안수를 받지 않은 평신도였음에도 불구하고 3개 성당의 참사회 의원직, 4개 교구의 목사직, 요크 성당의 성가대 선창자 직을 보유했고 직위에 걸맞은 보수를 받았다. 영국의 윌리엄(William of St. Calais, 1080-1096)은 왕의 신하로 지내다가 더럼의 주교직을 얻었다.[112]

1344년 링컨 주교좌 성당에는 55명의 수급 성직자들이 있었는데, 왕의 배려에 의해 23명의 참사회원들이 성직록을 차지했고, 20명은 교황의 추천으로 성직록을 차지했다. 왕과 교황에 의해 대부분의 성직록이 분배되었고 그나마 남은 수급 성직자 자리도 정부 관리들이 꿰찼다.[113] 이처럼 감독직은 가문과 재력, 연줄 등에 의해 좌우되었고, 금수저가 아니고서는 그 자리에 오르는 것이 요원했다.

한번 주교로 임명되면 죽을 때까지 영구직이었고 교황조차도 폐위하기가 쉽지 않았다. 성직자에 임명되면 공짜나 다름없던 수입원이 확보되었고 이를 발판으로 정치적 야망을 펼칠 수 있었다. 세속적 욕망에 사로잡힌 성직자는 교회와 신자들의 영적 유익보다는 자신들의 특권과 이익, 면책권을 누리기에 바빴다.[114] 성직에 수반되는 특혜가 컸기에 귀족들은 성직이 공석이 되기 전에 미리 예약금을 내고 성직을 선매했다. 사제들도 높은 성직에 오르겠다는 야망을 품고 돈을 모아 고위 성직록을 구입했다. 성직 매매(Simony)의 성행은 오직 권력자 내지 부자만이 교회의 고위직을 차지하도록 부추겼다.

14세기에 이르러 성직 매매가 널리 퍼지면서 한 사람이 여러 성직을 소

---

[112] R.W. 서던, 『중세교회사』, 196.
[113] R.W. 서던, 『중세교회사』, 176-78.
[114] 루이스 W. 스피츠, 『종교개혁사』, 259-60.

유하는 성직 겸임의 사례가 증거했다. 한 자리보다는 두 자리를 맡는 것이 수입이 배가 되었다. 이로 인해 여러 도시의 성직을 동시에 맡은 감독이 교구 내에 거주하지 않는 궐석제도(absenteeism)가 발생했다. 이탈리아 테스테 추기경은 밀란의 대주교였으나 30년 동안 한 번도 밀란 성당을 방문하지 않았다. 프랑스 셍스의 대주교 앙트완느(Antoine Duprat, 1463-1535)는 정치에 정신이 팔려 자기 교구 성당에서 열린 예배에 한 차례도 참석하지 못했고 사망해 장례식을 지낼 때 처음으로 자신이 맡은 성당에 들어갔다.

만약 성직자의 결혼이 공개적으로 허락되었다면, 그들은 자녀에게 그 지위를 물려주고자 했을 것이다. 사제의 독신 제도가 교회의 공식적인 규칙이었으나, 일부 성직자들은 자택에 '영적 자매들'을 두고 성행위를 이어나갔다. 교황 아마데오 8세(Amadeo VIII, 1439-1451년 재위)는 자신의 여덟 살 아들을 제네바시 주교에 임명했다. 16세기 보고에 따르면, 네덜란드 성직자의 4분의 1, 라인 지방 성직자의 3분의 1일 첩과 동거하며 사생아를 두었다. 한 주교에게는 14명의 서자들이 있었는데, 그들에게 성직록이 하사 되었다.[115] 자식이 없는 경우에는 친인척, 조카, 사촌 등이 대신 주교가 되었다. 피사의 대주교는 조카에게 그 자리를 물려주었다.

세상의 것을 버리고 영생을 바라보겠다고 다짐한 그들이었지만, 실상은 현세의 것을 강하게 움켜잡았다. 영국의 월시(Thomas Wolsey, 1473-1530) 추기경은 요크 대주교, 더함 및 맨체스터 주교, 웰체스터와 세일스버리, 랜다프의 주재 주교직, 알반의 수도원 원장, 교황의 특사, 영국의 대법관 등을 겸직했다. 그가 낳은 사생아 아들은 소년임에도 불구하고 웰스 부감독,

---

[115] 루이스 W. 스피츠, 『종교개혁사』,33.

93

요크와 리치몬드의 대집사로서 2개의 영지와 6개의 성직자 봉토를 소유했고, 여기에 더불어 1개의 고문직에 임명되었다. 그의 또 다른 아들은 웰스의 학장이자 요코 및 리치몬드의 대집사로 임명되었고, 2개의 교장직, 6개의 은급지, 1개의 학장직이 수여되었다. 교황 바울 3세는 그의 사생아를 고위 관리직에, 10대 소년이었던 손자 2명을 추기경에 임명했다.[116]

독일의 알버트(Albert of Brandenburg, 1513-1521)는 마그데부르크와 브란덴부르크 두 개의 대주교직을 차지하고 있었지만, 마인츠 대주교직을 수중에 넣을 야심을 품었다. 그는 탐욕스럽고 사치와 향락에 젖어 있던 교황 레오 10세와 교섭해 10,000 두카(ducats)을 주고 대주교직을 매수했다. 교황은 그 댓가로 알버트에게 8년 동안 독일에서 면죄부를 판매할 권한을 주었고, 알버트는 면죄부 판매를 통해 얻어진 이익의 절반을 교황청에 헌납했다.[117]

드물기는 했지만, 수도원의 수사에서 시작해 교황직까지 오른 인물도 있었다. 그러나 대부분의 경우 영성이 뛰어나고 지도력이 있는 일반 사제가 자신의 힘만으로 고위 성직자가 되는 것은 거의 불가능했다. 정치력과 경제력을 소유한 금수저의 배경을 가진 자가 고위 성직자에 임명될 가능성이 훨씬 높았다. 이는 기울어진 운동장이었고, 일반 사제나 평신도는 넘볼 수 없는 그들만의 리그였다. 중세 말, 일반 사제들과 신자들은 이런 상황을 교회가 부패한 결과로 해석했으나 그들이 할 수 있는 것은 아무것도

---

[116] 루이스 W. 스피츠, 『종교개혁사』, 257, 303-5.
[117] 루이스 W. 스피츠, 『종교개혁사』, 32-33. 유스토 L. 곤잘레스, 『종교개혁사』, 35-36. 롤란드 베인턴, 『종교개혁사』, 41-42. 롤란드 베인톤, 『마틴루터의 생애』, 77-78.

없었다.[118] 그들은 대주교의 악행과 비리에 대해 반(反) 성직자 감정을 쏟아내면서 분노할 뿐이었다.

2) 재산권의 독점

헌물은 물질이 자신의 것이 아니라 하나님께 속한 것이라는 믿음으로 드리는 것이다. 헌물은 거룩한 것이기 때문에 함부로 사용하거나 남용해서는 안 된다. 구약에서 헌금은 성막이나 성전을 짓고, 하나님께 제사를 드리고, 제사장과 레위인의 생활을 돕기 위해 사용되었다. 또한 과부나 고아, 가난한 사람을 구제하는 것은 하나님의 뜻이자 명령이었다. 그런데 물질을 받는 분은 하나님이시지만, 실제로 물질을 사용하는 것은 제사장이나 성직자였다.

초대교회는 교회 재산의 공용화와 투명한 분배를 원칙으로 삼았고, 가난한 자를 구제하는 데 앞장섰다. 초대교회에서 예배당을 화려하게 치장하거나 사치스러운 감독은 비난을 받았다. 250년경, 로마교회는 재산 증여로 인해 거대한 토지 소유주가 되었고, 감독과 46명의 장로(사제), 7명의 집사(사제), 7명의 부집사, 42명의 복사, 52명의 축귀사, 독경사, 문지기 등을 고용할 정도로 그 규모가 방대했다. 또한 교회는 헌금으로 1,500명 이상의 과부와 가난한 사람들을 부양했다.[119]

특히 핍박 받고 가난했던 교회는 콘스탄틴 황제 이후 권력자와 부자들의 교회로 변질되기 시작했다. 교인들이 헌신적으로 헌금하면서 교회의 재산은 기하급수적으로 불어났고, 이로 인해 여러 가지 문제점들이 표출되었

---

[118] 후스토 L. 곤잘레스, 『초대교회사』,245.
[119] 헨리 채드윅, 『초대교회사』,64-65.

다. '만악의 근원이 돈'이라는 성경 말씀이 진리임이 증명되었다. 5세기경에 이르러 국교 제도 하에 모든 국민은 십일조를 세금으로 납부했는데, 주교가 교회 수입의 4분의 1, 참사회원들이 4분의 1을 차지했다. 감독은 세속 정부와 교회 양쪽으로부터 급여와 토지를 받으면서 대지주이자 재산가가 되었다. 한 사람이 교회 헌금의 25퍼센트를 독차지함으로 재벌이 되는 상황을 생각해 보라! 일부가 교회 헌금을 독차지 하면서 구제 목록에 올라있는 병들고 가난한 자들에게 돌아가는 것은 거의 없었다. 점점 특정인에게 부가 쏠리는 현상이 심화되었고, 자선과 구제를 위한 비용은 점점 줄어들었다.

서부 유럽의 봉건 제도는 토지의 소유와 관리에 기초한 엄격한 계급 제도를 양성했다. 왕과 영주는 교구 교회에 토지를 하사하고 예배당을 설립하며 십일조를 바치고 교회를 지원하는 것을 당연히 여겼다. 8세기경에 이르러 군주의 주요 관리가 된 감독은 직분과 함께 막대한 토지를 부여 받았다. 황제 오토 1세(Otto I, 962-973년 재위)는 마그데부르크 대 주교구를 설립하면서 토지와 자금을 기부했다. 정부와 신자들의 기부로 인해 교구 및 수도원은 광대한 토지를 소유했고, 대주교는 토지 귀족들 틈에서도 한 자리를 차지할 정도로 넓은 사유지를 소유했다. 게다가 영주와 감독은 함께 십일조 세금을 부과할 권한을 부여 받았다. 하위 성직자는 고위 성직자에게 정기적으로 상납을 해야 했다. 소도시의 주교들은 자신의 수입에서 일정 비율을 대주교에게 축성 수임료로 지불했고, 새로 임명된 주교의 첫 해 수입은 교황에게 바쳐야 했다. 감독직이 공석일 경우, 교황이 그 기간 동안 모든 수입을 대신 차지했다. 임명을 미룰수록 교황의 수입은 증가했

기에 일부러 공석으로 두거나 비싼 값으로 팔기도 했다.[120]

이처럼 교황을 비롯한 고위 성직자들은 종교적, 영적 분야 뿐만 아니라 경제적 특권을 누렸다. 황제나 영주들이 지속적으로 토지를 교회나 수도원에 헌납하면서 서부 유럽 토지의 3분의 1은 교회에 속해 있었고, 프랑스와 독일에서는 그 비율이 더 높아 국토의 절반을 차지했다.[121] 막대한 토지를 소유했던 주교는 토지를 농민에게 대여해 주고 소작료를 거둬들여 배를 채웠다. 독일 주교 베노 2세는 폭력을 써서라도 소작인에게 정해진 액수를 받아냈다. 물론 수입의 일부분은 일반 사제의 사례로 지급되었고, 교회 건물을 세우거나 보수 및 유지비로 사용되었다.

교회에 쏟아진 헌금은 어디에 사용되었을까? 갑부이자 대지주인 대주교나 주교는 교회와 사택을 궁궐 같이 화려하게 치장하고, 광채나는 옷을 입고, 수많은 하인을 부렸다. 대도시의 대주교는 궁궐보다 화려한 궁전에 거주했는데, 간혹 왕이나 영주가 대주교의 저택에서 행정 업무를 보기도 했다. 프랑스 루앙의 대주교 오도 리고(Odo Rigaud, 1247-1276)는 세 개의 궁전들과 방대한 식솔, 폭넓은 권위를 지닌 영주였다. 프랑스 왕 루이 9세(Louis IX, 1226-1270년 재위)는 자신의 궁궐보다는 대주교의 궁전에서 지낼 정도였다.[122]

영국 캔터베리 대주교 존 페컴(John Peckham, 1279-1292)은 11년간 치핑노턴 교회를 감독하면서 많은 재산을 모았는데, 그의 집에는 도금한 식기류, 보석, 말과 가축, 돈놀이를 통한 채권 등이 넘쳐났다. 그의 개인 동산

[120] 롤란드 베인턴, 『종교개혁사』,19.
[121] 롤란드 베인턴, 『종교개혁사』,14.
[122] R.W. 서던, 『중세교회사』,203.

규모는 300파운드에 달했는데, 이는 한 도시의 영주 수준에 해당하는 금액이었다.[123] 이는 봉건 제도 하에 있는 한 도시에서 대주교가 제일 갑부임을 뜻했다.

사정이 이렇다 보니 누구나 감독 자리에 오르기 위해 안달이 났다. 황실의 후견을 등에 업은 귀족은 주교에 임용되기 위해 뇌물과 아첨을 떨었고, 고위 성직자에 임명되면 공짜나 다름없던 수입원을 발판으로 삼아 정치적 야망을 펼쳐 나갔다. 고위 성직자는 직위에 따르는 권리와 특권, 재산을 유지하고 극대화하기 위해 안간힘을 썼고, 더 높은 성직에 오르겠다는 야망을 품었다.[124] 그들은 재산과 건물, 토지 등에 집착하며 돈 모우기에 바빴고 성직 매매를 통해 더 높은 자리를 꿰찼다. 중세 시대 고위 성직자 그룹은 가장 규모가 크고 자금이 많은 막강한 길드 혹은 직업 조합이었다. 그들은 성직자 길드 조직 혹은 카르텔을 형성해 자신들의 이권을 철저히 지켰다.[125]

고위 성직자의 수입은 막대했으나, 일반 사제는 생계를 꾸려 나가기 힘들 정도의 급여를 받았다. 위에서 다 가져가니 밑에 있는 사람에게 떨어지는 것은 극히 적었다. 16세기 밀라노의 경우, 일반 사제의 월급은 미숙련 노동자의 수입보다 적었다. 그들 대부분은 문맹이었고, 말이나 가축 거래에 종사하며 생계를 이어가야 했다. 그 결과, 그들의 사기는 땅바닥에 떨

---

[123] R.W. 서던, 『중세교회사』, 206-11.
[124] R.W. 서던, 『중세교회사』, 182.
[125] R.W. 서던, 『중세교회사』, 35-36,134.

어져 있었다.[126] 이처럼 빈익빈 부익부 현상이 심했다.

불행히도 중세 말기 교회의 실상은 강도의 소굴이었고, 사제들은 사치와 쾌락, 정욕, 사기, 협잡 등에 능수능란했다. 르네상스에 접어들면서 이탈리아 상인의 상권이 급성장하자, 교황은 주교에게 상인들로부터 돈을 거둬들여 교황청에 보내라고 압력을 가했다. 가톨릭교회는 기부나 헌금으로만 만족하지 않았고, 다른 돈벌이에 혈안이 되었다. 이단 정죄 혹은 마녀 사냥은 가톨릭교회의 교권을 수호하는 동시에 좋은 수입원이었다. 이단자의 재산을 분배함에 있어 성직자의 몫이 가장 컸고, 세속 권력자가 나머지를 가져갔다.

물질이 있는 곳에 마음이 있다. 많은 돈은 사람을 타락시킨다. 성경에 나오는 부자는 안락하고 풍족한 삶을 살았으나, 지옥에 들어갔다. 물론 성직자도 먹고 살아야 한다. 그러나 그 정도가 지나칠 때 문제가 된다. 교회 주도권을 가진 자들은 권력을 유지하기 위해 돈이 필요했고, 자신들의 권력을 이용해 돈벌이에 나섰다. 헌금이나 기부는 결국 성직자의 호주머니에 들어갔다. 이로 인해 종교는 철저히 상업화 및 기업화 되었다. 교회가 '예수 팔아 돈 버는 곳'이라는 개념은 어제나 오늘이나 동일한 듯하다.

- ● **사죄와 구원의 독점권: 면죄부 팔이**

인간은 천국에 들어가기 위해 하나님께 돈을 지불해야 할까? 이는 어처구니 없는 질문이라 할 수 있다. 구원은 하나님의 선물이다. 선물이란 말 그대로 돈이나 대가를 지불하지 않고 공짜로 받는 것이다. 하나님은 아들

---

[126] 앨리스터 맥그래스, 『기독교, 그 위험한 사상의 역사』,44. 루이스 W. 스피츠, 『종교개혁사』,31.

을 희생하심으로 인간에게 구원을 값없이 주셨다.

그런데 교회의 역사를 돌아보면, 구원에 대한 독점권을 소유하고 이를 판매했다는 놀라운 사실을 발견할 수 있다. 베드로의 수위권을 물려 받은 교황은 천국문을 열고 닫을 수 있는 권한이 있다. 그리고 사제가 베푸는 성례전을 받지 못하면 용서와 구원을 누릴 수 없다.

특히 교황은 자신의 특권으로 처벌의 감축이나 면죄의 은혜를 베풀 수 있는 권한을 가졌다며 면죄부를 발행하기 시작했다. 면죄부를 받은 사람은 연옥의 형벌에서 면제 혹은 단축을 받고 천국에 들어갈 수 있고 선행에 대한 보상을 약속 받았다. 초기의 면죄부는 주로 십자군이나 이단을 제거하는 거룩한 전쟁 등에 참여한 데 대한 보상으로 발급되었다. 교황 어반 2세는 십자군에 참가한 모든 사람들에게 완전한 면죄를 약속했다. 교황 이노센트 3세는 '예수는 죄인의 영혼을 연옥에 버려 두었지만 나는 연옥에 있는 영혼을 건져냈다,' '나는 예수 그리스도보다 더 자비롭다'는 과감한 발언을 했다. 그는 전투에 참여한 사람 뿐만 아니라 자금이나 조언으로 이바지한 사람에게도 면죄부를 발행했다.[127]

면죄부는 교황이 자신의 권력과 권한을 과시할 수 있는 좋은 수단이었다. 1300년에는 교황 보니파스 8세가 백 년이 되는 기념으로 로마를 방문하는 모든 사람에게 완전 면죄부를 발행했다. 1344년 교황 클레멘트 6세 (Clement VI, 1342-1352년 재위)는 면죄부 값을 지불할 능력이 있는 영국의 이백 명 이상에게 면죄의 특권을 부여했다. 칼릭스투스 교황(Callixtus III, 1455-1458년 재위)은 면죄부를 구입함으로 연옥에서 고통받고 있는 자의 형

---

[127] R.W. 서딘, 『중세교회사』,144. 롤란드 베인톤, 『마틴루터의 생애』,48, 75.

기를 삭감내지 면제하는 것이 가능하다고 선포하면서 면죄부를 판매했다. 면죄부 판매는 매우 수지맞는 장사로 교황청은 막대한 돈을 벌 수 있었다.[128] 교황에 이어 주교도 교회에 재산을 기부한 사람이나 성지 순례자에게 면죄부를 부여했다. 14세기 말에 이르러, 교황청은 임종을 앞두고 고해신부에게 고해성사를 한 신자에게 완전한 사면을 베풀 수 있는 특권을 부여했다. 죄의 징벌을 경감시켜 주는 속죄의 표인 면죄부 판매는 교황 뿐만 아니라 대주교에게도 중요한 수입원이었다.

가톨릭교회는 면죄 혹은 구원을 빙자해 검은 돈을 모으기에 혈안이 되었다. 하나님께 돈을 내면 누구나 죄를 면제받거나 천국으로 직행한다고 주장했다. 면죄부 판매를 통해 돈벌이가 너무 잘되는 바람에 성당이나 수도원, 병원, 대학, 교량 등의 공공 건축을 위한 기금 모집을 위해서도 면죄부가 발행되었다. 교황 레오 10세는 성 베드로 성당을 거대하고 화려하게 짓기 위해 엄청난 건축자금이 필요했고, 그 비용을 면죄부를 판매해 충당할 계획을 세웠다.[129]

독일 대주교 알버트는 교황에게 거금을 바치고 독일 내에서 면죄부를 팔 수 있는 총판권을 획득했다. 그는 독일인 신자에게 베드로 성당 건축비를 헌금하라고 독려하면서 연옥에서의 고통을 피하기 위해 면죄부를 사라고 독촉했다. 면죄부 판매원이 된 도미니칸 수도사 테첼(Johann Tetzel, 1465 -1519)은 '죄인을 세례보다 더 깨끗하게 만들며, 타락 이전의 아담보다 순결하게 만든다,' '헌금함 바닥에 동전이 짤랑하고 떨어지는 순간 연옥에

---

[128] 루이스 W. 스피츠, 『종교개혁사』,67. 롤란드 베인턴, 『종교개혁사』,19-20. R.W. 서던, 『중세교회사』,145-46.
[129] 롤란드 베인톤, 『마틴루터의 생애』,75.

갇혀 있던 영혼은 화살처럼 솟아 오른다'고 광고하며 면죄부 판매에 혈안이 되었다.[130]

그런데 면죄부 판매를 통해 얻어진 수입은 독일 교회를 위해 사용되지 않았고 총 수입의 5분의 2가 로마로 유출되어 교황과 교황청의 배를 불렸다. 이런 이유로 인해 독일은 '교황의 개인용 암소'라는 별명을 얻었다. 면죄부 판매는 교황청의 독일인에 대한 자본 수탈 및 경제적 착취의 본보기였다. 로마에 거주하는 교황은 독일 국민의 무지와 무식을 이용해 자신의 사치와 방탕에 사용할 막대한 자금을 마련할 수 있었다. 그러나 면죄부 판매는 옳지 않은 일이었고, 결국 누군가 나서서 비판을 가했다. 독일의 마틴 루터가 면죄부 판매에 비판을 가하자 교황은 면죄부를 반대하는 이단자를 화형에 처하라는 칙령을 내렸다.

면죄부 판매는 교황이나 주교의 세력을 확장하고 재정을 확충하려는 욕구에서 비롯되었다. 교회는 확실한 구원을 보장받고 싶어하는 일반인의 보편적 욕구를 이용해 면죄 혹은 구원을 팔아 치부했다.[131] 이처럼 중세시대의 가톨릭교회는 구원에 대한 독점권을 손에 쥐고 이를 근거로 평신도를 가스라이팅 해 장사 수단으로 사용했다. 영원한 저주와 지옥을 두려워 했던 일반인들은 교황의 주장에 이의를 제기하지 못하고 순종해야 했다.

3) 성경의 독점
초대교회에서 성경은 교회에서 최고의 권위를 가졌다. 당시에는 종이와

---

[130] 유스토 L. 곤잘레스, 『종교개혁사』,36. 롤란드 베인톤, 『마틴루터의 생애』,81, 92, 97.
[131] R.W. 서던, 『중세교회사』,148-49.

책이 귀했기 때문에 성경의 책들 중 한 권을 소유하고 있다는 것은 부를 과시하는 것이었다. 초대교회 말경에 이르러 성직자가 성경을 독점함으로 교리와 신앙, 신학 사역에서 주도권을 잡았다. 성경을 읽고 해석하고 설교하는 것은 성직자의 고유 권한이 되었고, 평신도는 성경을 소지하거나 읽을 수 없었다. 그 논리는 돼지에게 진주를 던져줄 수 없고 어린 자녀에게 칼을 장난감으로 줄 수 없듯이 거룩하고 귀한 하나님의 말씀을 평신도에게 함부로 맡길 수 없다는 이유에서 였다.

4세기경, 아빌라의 감독 프리스실레인(Priscillian, 340-385)은 당시 사제만이 성경 소지 및 읽기가 허용된 것에 반발해 평신도도 성경을 읽을 권리가 있다고 주장했다. 그런데 그의 주장에 격분한 스페인 성직자들은 그를 이단으로 정죄해 교수형에 처했다. 평신도가 성경을 읽는다는 이유로 이단이 되었던 것이다.

구약 성경은 히브리어로, 신약은 헬라어로 기록되었다. 제롬(Jerome, 342-420)은 성경을 라틴어로 번역한 벌게이트(Vulgate) 개역본을 펴냈는데, 라틴어 성경이 처음 나왔을 때 큰 반대에 봉착했다. 그러나 이후 서방교회는 라틴어를 하나님의 거룩한 언어로 지정했고 서부 유럽의 국가나 대학은 라틴어를 공식어로 사용했다. 그제서야 서방교회는 벌게이트 성경 이야말로 정경이며 신성하고 무오한 하나님의 계시를 담고 있다며 라틴어 성경을 표준역으로 받아들였다. 교회와 법률, 외교, 학문 등의 공식어였던 라틴어는 20세기 후반 제2차 바티칸 공의회에서 변화를 시도하기 전까지 공식어의 지위를 유지했다.

중세의 가톨릭교회는 평신도가 라틴어 성경을 소지하거나 읽는 것을 허용하지 않았고, 다른 언어로 성경을 번역하는 것을 법으로 금지시켰다. 36

0년과 382년 사이 라틴어 예배가 도입되면서 자국어로 드려지는 예배는 허용되지 않았다. 사제들은 예배를 집전하면서 라틴어로 기도하고 설교했으나 프랑스나 스페인, 영국 등의 평신도들은 외국어인 라틴어를 알아듣지 못했다. 사제는 라틴어 미사 경본을 회중들이 알아들을 수 없을 정도의 낮은 소리로 낭송했고, 신자들이 멍하니 예배를 구경할 수 밖에 없었다.[132] 한국교회에서 라틴어로 예배를 드린다고 상상해보라. 신자들 중 누가 라틴어를 이해할 수 있겠는가? 이런 어처구니 없는 일이 중세에서는 상식처럼 받아들여졌다.

특히 가톨릭교회는 교회가 성경의 책들을 취사 선택했다는 이유로 교회의 권위 및 전통이 성경의 권위보다 우위에 있다고 주장했다. 교회에서는 성경을 소유하고 읽고 해석하고 설교하는 자가 주도권을 가진다. 성경은 어렵고 신비한 진리를 담고 있기에 하나님은 무오성의 은사를 소유한 교황에게 성경을 해석할 수 있는 권한을 주셨다. 만약 교회의 가르침이 성경과 다를 경우, 전적으로 그의 가르침을 따라야 한다.[133]

툴루스 공의회(1229년)는 사제가 아닌 일반인은 프랑스어로 번역된 성경을 소유하거나 읽지 못한다는 법안을 통과시켰다. 영국도 사정은 마찬가지여서 영어로 성경을 번역하거나 영어 성경을 읽는 평신도는 하나님께는 이단이요, 국가에는 반역자로 규정되었고, 재산과 목숨을 잃을 수 있었다. 심지어 라틴어로 된 사도신경이나 주기도문, 십계명의 내용을 이해하기 위

---

[132] 레이몬드 E. 브라운, 『신약개론』,30-31.

[133] Heiko A. Oberman, *The Harvest of Medieval Theology: Gabriel Biel and Late Medieval Nominalism* (Cambridge: Harvard University Press, 1963),367-69. 존 딜렌버거, 클라우드 웰취, 『프로테스탄트 교회의 역사와 신학』 (한신대학교출판부, 2004),42.

해 영어로 번역해 가르쳤다는 이유만으로도 이단으로 정죄 되어 화형에 처해졌다. 어떤 의미에서 가톨릭교회는 성경을 금서로 지정한 것이나 다름 없었다. 성경 읽기를 금한다는 것은 오늘날의 입장에서는 도저히 이해할 수 없는 처사라 할 수 있다.

이후 인문주의자 에라스무스(Desiderius Erasmus, 1466-1536)는 기독교의 궁극적 원천 및 권위는 성경에 있음을 확신했다. 그는 라틴어 벌게이트 성 경을 구약 히브리어본 및 신약 헬라어 본과 비교해 연구했고, 벌게이트 성 경에서 헬라어 원문을 임의로 바꾼 번역 오류들을 발견했다. 벌게이트 성 경은 "고해하라, 천국이 가까이 왔느니라"(마 4:17)로 번역함으로 고해성사 를 지지했는데, 그는 이 구절을 "회개하라, 천국이 가까이 왔느니라"로 번 역함으로 개인의 회개를 강조했다. 그는 히브리어로 된 구약과 헬라어로 된 성경을 라틴어로 번역함에 있어 교권과 제도를 강화 시키기 위해 오역 을 한 부분들을 지적했다. 그는 가톨릭교회에 충격을 줄 수 있는 헬라어 신약성경을 출간(1516년)했다.[134]

종교개혁기에 접어들어 인쇄술의 발전으로 인해 성경책의 가격이 이전 에 비해 20분의 1로 떨어져 평신도들은 부담 없이 성경을 구입할 수 있게 되었다. 모든 신자는 자국어로 된 성경을 읽고 해석할 권리가 있다고 믿은 루터는 헬라어 성경을 독일어로 성경을 번역해 출판했다. 독일 신자들은 자국어로 된 성경을 손에 쥐게 되었고 읽고 이해하게 되었다. 성직자만이 소유하고 해석했던 성경은 양지로 나와 평신도의 손에 주어짐으로 종교개

---

[134] 앨리스터 맥그래스, 『기독교, 그 위험한 사상의 역사』,58-60. 레이몬드 E. 브라운, 『신약개론』,113. 롤란드 베인턴, 『종교개혁사』,179.

혁이 들불처럼 번져 나갈 수 있었다.[135] 성경 번역과 자국어 사용은 평신도들이 성경에 접근할 수 있게 되면서 성직자와 신학자만이 신학과 신앙의 문제를 다루던 독점적 상황이 무너지고 신앙의 민주화를 촉진하는 전기를 마련했다.[136]

4) 사법권의 독점

로마제국의 멸망 이후, 서부 유럽에서 고대 법률과 전승이 잊혀 가던 시기에 가톨릭교회가 법 체계의 요소들을 전수받았다.[137] 교황청의 법원은 교회의 현안 뿐만 아니라 일상적인 문제와 관련된 각종 재판과 민원, 법률소송 등을 도맡았다. 교황청은 각종 청원과 민원을 들어주고, 판결을 기록하고, 판결을 집행하는데 필요한 문서를 작성했고 발송된 서신의 사본을 보관하는 조직을 따로 두었다. 교황청은 법원을 보유함으로 정부의 형태를 갖추었고, 큰 도시의 대주교 또한 법정을 소유한 권력가였다. 상당수의 주교들은 사법 체제의 전문가들로 지역 교구에서 일어나는 법적 문제를 처리하기 위해 법률가로 구성된 막료들을 구성했다.

중세 초기에는 왕의 후원에 의해 성직록을 차지한 사람들이 법적 투쟁에서 이기는 비율이 높았다. 이는 왕의 사법 체계가 교황청의 법원보다 우위를 선점했음을 뜻한다. 그런데 12세기 이후, 이런 상황이 역전되었다. 교황청의 법원이 체계적이고 전문적으로 구성됨에 따라 세속 군주의 사법

---

[135] 루이스 W. 스피츠, 『종교개혁사』,22-23, 73. 유스토 L. 곤잘레스, 『종교개혁사』,64.
[136] 알리스터 맥그라스, 『그들은 어떻게 이단이 되었는가』,310-11.
[137] R.W. 서던, 『중세교회사』,139.

권보다 우월성을 보이는 경우가 나타났다. 교황청에는 유럽의 어떤 집단보다 많은 법률과 협상 전문가들이 포진해 있었는데, 소송 당사자들은 주교 법원 혹은 대주교 법원의 판결을 무시한 채 교황청 법원으로 직행했다. 교황청에 법률 소송이 쇄도하면서 유럽의 일상에서 교황의 사법권은 공고히 받아졌다.[138] 주교들은 로마 교황청 말고는 지원을 기대할 만한 곳이 없게 되자 자신들의 역할이 교황의 대권 및 법률 행정을 지원하는 것임을 알아챘다.

교황제 전성기 때 서양사에서 가장 복잡한 법률과 행정 제도가 발전했다. 13세기에 이르러 교황청은 법을 제정하고 집행하는 최고 법원의 일을 수행하기에 이르렀다. 교황은 최고의 입법 기관인 교황청 법원에 권한을 행사했고, 법률 소송에 대한 지침을 내렸다. 1159-1303년에 재위했던 유력한 교황 대부분은 종교 전문가라 기보다 법률가에 가까웠다. 교황청은 각종 법적 업무가 복잡해지자 많은 관리들을 뽑아 법률 문제들을 처리했다. 입법과 판결 업무가 폭주함으로 교황청의 종교적 기능까지 마비될 정도였다. 교황청이 사법권마저 손에 넣게 되자 이는 세속 군주에 대한 통치 우월권으로 연결되었다.

5) 교육의 독점

학문을 선점한 자가 세상에서도 기득권을 가지는 현상은 교회에서도 나타났다. 결국 누가 성경을 읽고 해석하고 신학화 하느냐에 따라 교회의 주도권 및 특성이 결정되었다. 이런 일을 주도한 것은 가진 자와 배운 자였

---

[138] R.W. 서던, 『중세교회사』, 121-23.

다. 서방교회는 라틴 벌게이트를 정경으로 받아들였는데, 시골 대부분의 지역에서 평신도들은 글을 모르는 문맹으로 남아 있었다. 심지어 일부 영주들도 통치와 학문의 매개체인 라틴어를 알지 못했다. 교회가 좋은 교육을 받을 수 있는 장소를 제공하면서 성직자와 수도사들은 지적 우월성을 보였다. 그들은 신학 뿐만 아니라 국가와 사회의 구조를 결정하고 통치 수단을 제공하는 학문을 독점했다.

베네딕트 수도원은 학문의 연구를 수도사의 주된 일과로 삼았다. 공공교육이 전무하던 시대에 수도원은 학문의 중심지가 되었고 수도사들은 지역사회에서 가장 높은 수준의 교육을 받은 자로 존경을 받았다.[139] 8세기에 이르러, 고등 교육을 받은 성직자는 학문 증진의 고유 업무를 감당하면서 동시에 군주의 세속적 업무를 지원하는 공직자로도 활동했다.[140]

12세기 경 아리스토텔레스의 가르침이 서부 유럽에 소개되었고 이에 근거해 중세 스콜라 신학이 탄생했다. 신학 활동의 중심지가 된 성당과 수도원의 부속 학교들은 13세기에 들어서 대학교로 대체되었다. 교수 조직은 길드와 같은 형태를 띠었고 고등 교육을 받은 사제들이 교육계를 장악했다. 도미니칸 수도원은 이단에 대항하는 수단으로 학문적 탐구를 강조했고, 알버트(Albert the Great, 1200-1280)와 토마스 아퀴나스(Thomas Aquinas, 1225-1274) 같은 대 신학자들이 나타났다. 지식인들은 권력을 가진 자들의 하수인이 될 가능성이 높았고 기존 권력과 제도를 지지하는 어용 신학을 발전시켰다. 아퀴나스는 교황제에 대한 신학적 지지를 표명했고 가톨릭교회

---

[139] R.W. 서던, 『중세교회사』,35-36.
[140] R.W. 서던, 『중세교회사』,184-85.

의 전통과 신학을 체계화함으로 가톨릭교회의 주도권에 힘을 실어주었다. 교황을 주군으로 모신 도미니칸 수도사와 프란체스코 수도사들은 파리와 옥스포드 대학을 비롯한 유수 대학교에서 교수진으로 자리잡았다.[141] 예수회는 인문주의 교육 철학을 받아들인 커리큘럼에 근거해 유럽 전역에 백여개에 달하는 대학과 신학교를 설립했는데, 대부분 명문 학교로 성장했다.

그러나 최상위의 교육은 고위 성직자나 수도사들에 한정되었고, 지방에 거주하는 사제들의 교육 수준은 최저 상태에 머물렀다. 지방 성직자의 교육은 거의 부재 상태에 가까웠기에 대부분의 사제들은 무식했고, 신약 한 번 읽어 보지 않은 자들도 많았다. 지방 사제가 되기 위해서는 초급 라틴어와 기초적인 요리문답, 미사를 올리는데 필요한 제례 의식을 외우는 것으로 충분했다. 소교구의 일반 사제들은 사회적 계급이 낮고, 문맹자가 많았으며, 형편없는 자질을 가졌고, 사례는 극히 적었다.[142] 그럼에도 불구하고 일반인의 문맹율이 매우 높았기 때문에 지방의 사제가 그 지역에서 유일하게 교육받은 사람인 경우가 많았다.

왕가나 귀족, 고위 성직자의 자제에게만 성당이나 수도원에 부속된 학교에서 배울 수 있는 특권이 주어졌고, 사제들 중 극히 일부만이 대학에서 신학을 공부할 기회를 얻었다. 학위를 소유한 지식층은 불세출의 학자와 같은 대우를 받았다.[143] 학교와 대학은 교황과 가톨릭교회에 대한 경외심을 주입하도록 수업을 짰다. 결국 상위 그룹이 고등 교육을 받고 교회 권력과

[141] 유스토 L. 곤잘레스, 『중세교회사』,138-39.
[142] 앨리스터 맥그래스, 『기독교, 그 위험한 사상의 역사』,44. 루이스 W. 스피츠, 『종교개혁사』,31.
[143] 루이스 W. 스피츠, 『종교개혁사』,31. 유스토 L. 곤잘레스, 『종교개혁사』,79.

권위를 구축함으로써 자신들의 기득권을 유지할 수 있었다. 권력과 재산을 가진 자들이 교육마저 접수하는 바람에 중하위층에 있던 사람들은 사다리를 타고 올라가는 것이 더욱 어려워졌다.

6) 성례전 중심

초대교회에서는 새로운 신자가 교회에 출석하면 세례 교육과 세례식을 통해 멤버로 받아들였다. 매 주일마다 성찬식이 거행되었는데, 세례를 받은 사람만이 성찬에 참여할 수 있었다. 사회자는 떡과 포도주를 놓고 감사의 기도를 드렸고, 집사들은 축성된 떡과 포도주를 투옥되거나 병든 형제들에게 가져다 주었다. 주로 감독이 성만찬을 집례했는데, 2-3세기에는 감독의 부족과 부재로 인해 집사(목사)가 성만찬을 집전하는 경우도 많았다.[144]

그러나 니케아 공의회는 집사의 성례전 집행을 금지시키고 사도의 계승권을 받은 감독만이 베풀 수 있게 했다. 400년경에는 주요 도시에서 매일 성찬을 거행하는 것이 관습으로 굳어졌는데, 주중에 베푸는 성찬 예배는 주로 설교 없이 진행되었다.[145]

성례전 신학의 토대를 놓은 어거스틴에 의하면, 세례를 받는 순간 성령의 역사에 의해 원죄와 함께 과거에 지었던 자범죄가 씻김을 받는다. 세례를 통해 영적 인을 받은 신자는 의로워지고 교회의 일원이 된다. 유아 또

---

[144] 헨리 채드윅,『초대교회사』,54. 후스토 L. 곤잘레스, 『초대교회사』,158-59.
[145] 헨리 채드윅, 『초대교회사』,46-47,54-55, 315. 도날드 K. 맥킴, 『교회의 역사를 바꾼 9가지 신학 논쟁』,226-27.

한 원죄를 용서받기 위해 반드시 유아세례를 받아야만 구원받을 수 있다. 사제가 집행하는 유아세례는 구원에 필수적인 요소이다. 유아세례를 받지 않고 죽은 유아는 천국에 들어갈 수 없고 중간 단계인 림보에 거한다. 성찬의 떡은 그리스도 몸의 통일성을 상징하며, 떡을 먹을 때 그리스도의 몸과 연합한다.

어거스틴은 세례와 성만찬 외에도 결혼 예식과 신품식, 축귀 의식, 할례 등을 성례전에 포함시켰다. 예수님은 세례와 성만찬을 제정하셨고, 이후 사도와 교부들에 의해 나머지 성례들이 고안되었다. 12세기에 들어 병자에게 기름을 바르며 치유를 위해 기도하던 도유 행위는 죽어가는 사람의 임종을 준비하는 '죽은 자를 성별 하는 성례전'으로 변질되었다.[146]

이탈리아 신학자인 피터 롬바르드(Peter Lombard, 1100-1160)는 『강론』(Four Books of the Sentences, 1150년)에서 유아세례와 성만찬, 견진(견신례), 서품(사제 안수), 혼인, 고해성사, 종부 성사(extreme unction)를 칠성례로 규정했다. 성례전은 하나님의 은총을 전달하고 구원을 중개해주는 유일한 통로이다.

교황 이노센트 3세는 라테란 공의회(Lateran IV, 1215)를 통해 사제가 "이것은 내 몸이니라," "이것은 내 피니라"고 선언할 때 떡과 포도주가 하나님의 몸과 피로 변한다는 화체설을 선포했다. 토마스 아퀴나스는 성례전을 죄인을 의롭게 만드는 의례이자 하나님의 은혜를 전달하는 도구로 해석했다. 사제는 빵과 포도주를 주님의 살과 피로 만드는 기적을 행할 수 있고 성례전을 집행함으로 예수 그리스도의 공로를 전달할 수 있다. 사제

---

[146] 제임스 F. 화이트, 『기독교 예배학 입문』 (서울: 예배와 설교아카데미, 2000), 316.

에 의해 수행되는 성례전을 통해 구원을 받는다.[147] 그런데 평신도에게 빵만 제공되었고 포도주는 제공되지 않았다. 그 이유는 포도주를 바닥에 쏟는 실수와 알코올 중독에 대한 우려 때문이었다. 이로 인해 사제만 포도주를 마셨다.

가톨릭교회는 성례전을 통해 신정정치를 펼칠 수 있었다. 아기가 태어나면 유아 세례를 받아야 했고, 청소년이 되면 견진 교육을 받고 성만찬에 참여했으며, 성찬을 받기 전에 고해성사를 하고, 성인이 되어 혼인을 하고, 삶의 마지막에 이르렀을 때 종부 성사를 드렸다. 중세교회는 전 과정을 통해 신자의 출생부터 사망까지 통제할 수 있었다. 말 그대로 교회는 요람에서 무덤까지 신자의 평생을 관리했다. 성직자의 성례 및 중재가 없으면 신자는 용서와 위로를 누릴 수 없었다. 또한 교회는 신앙 교육과 유언과 유서, 장례, 묘지 등을 관리했다.

가톨릭교회는 신자가 죄 용서와 구원을 받기 위해 고행을 해야 함을 강조했다. 주교는 전쟁이 끝나면 군인들에게 각자 죽인 사람을 위해 고행을 하도록 명했다. 만약 고행을 채우지 못하거나 채울 방도를 마련하지 않은 채 죽게 되면 영원한 저주를 받는다. 고행의 전통적인 방식으로 자신의 몸을 채찍으로 때리거나 무릎으로 계단을 올라가는 등의 고행 행습이 행해졌다. 자신이 고행을 행할 수 없을 경우, 돈을 주고 대리 고행하는 제도가 확산되었는데, 특히 수도사는 대리 고행을 대행해 주는 사람으로 신뢰를

---

[147] 도날드 K. 맥킴, 『교회의 역사를 바꾼 9가지 신학 논쟁』,260-61,268. 롤란드 베인톤, 『마틴루터의 생애』, 40.

받았다.[148]

가톨릭교회는 어거스틴의 림보 이론과 외경인 <제2의 마카베오> 12장 [149]에 근거해 천국과 지옥의 중간에 연옥이 있다고 주장했다. 성인은 죽어서 천국에 들어가고 죄인과 이단은 지옥에 떨어진다. 그러나 사망한 대부분의 사람들은 죄나 결점을 정화시키는 장소인 연옥에 들어가 불 가운데 고통을 당한다. 그런데 연옥에 거하는 기간은 이 세상에 있는 후손의 공덕 여하에 따라 조정될 수 있다. 자녀가 무릎을 꿇고 계단을 하나씩 기어 오를 때마다 주기도문을 외우면 연옥에 있는 부모를 구원 시킬 수 있다. 지상의 후손이 연옥에 있는 조상을 위해 미사를 드리면 그들이 고통받는 시간이 단축된다. 교회는 고의적으로 지옥과 연옥의 공포심을 유발시켜 사람들이 성례에 매달리게 했다.[150]

장례식 이후 죽은 자를 위한 기도와 미사가 병행되었다. 후손은 조상의 사망 이후 30일 동안 진혼 미사를 드렸고, 매년 망자의 기일에 추도 미사를 드렸다. 미사를 드릴 때마다 많은 경비가 들었고 이를 위해 돈을 빌려야 할 정도였다. 부유했던 작센 가문은 25명의 사제들을 고용해 조상의 영혼을 위해 미사를 올렸다. 성례전은 사제들에게 부수입을 안겨주었다. 가톨릭교회는 제3차 라테란 공의회(1179년)에서 죽은 자를 위한 희생 예배이자 은혜의 수단인 미사를 칠성례에 포함시켰다.[151]

---

[148] R.W. 서던, 『중세교회사』,242-43.
[149] 그가 죽은 자들을 위해 속죄의 제물을 바친 것은 그 죽은 자들이 죄에서 벗어날 수 있게 하려는 것이다.
[150] 롤란드 베인톤, 『마틴루터의 생애』,28, 49.
[151] 제임스 F. 화이트, 『기독교 예배학 입문』,146-47, 353. 유스토 L. 곤잘레스, 『중세교회사』,39-40. 롤란드 베인톤, 『마틴루터의 생애』,266.

- **고해성사**

우리가 죄를 지으면 어떻게 해야 하는가? 신자는 하나님께 죄를 고백하고 하나님은 이를 용서하신다. 그런데 가톨릭교회는 베드로의 권한을 물려받은 교황이 땅에서 매고 푸는 특권을 부여 받았다고 주장한다. 여기서 '푼다'는 의미는 사람들의 죄를 용서한다는 뜻이다. 교황이나 주교, 사제는 하나님과 신자 사이를 중재하는 자들로 하나님을 대신해 중죄와 간음, 불신앙 등과 같은 죄의 고백을 듣고 사해줄 수 있는 권한이 있다. 신도의 죄 고백을 들은 사제는 '성부와 성자와 성령의 이름으로' 사죄를 선포했다.

고해성사는 아일랜드와 스코틀랜드 수도사들이 서로의 죄와 비밀을 귀에 대고 속삭이던 참회 제도에서 유래되었다. 가톨릭교회는 이 제도를 받아들여 구원을 받기 위해서는 각자의 죄를 사제에게 고백해야 함을 의무화했다. 고해성사는 칠성례에 포함되었고 죽음을 앞둔 신자는 사제에게 죄를 고백함으로 일생에 걸친 모든 죄를 사면 받을 수 있었다. 심지어 이런 특권을 이용해 고해성사를 제공하는 대가로 돈을 받거나 성 관계를 요구하는 일도 있었다.[152]

오직 예수만이 인간의 죄를 용서할 수 있다. 죄인에 불과한 사제가 다른 사람의 죄를 듣고 용서해 줄 수 있는 권한은 없다. 그러나 가톨릭교회는 평신도를 통제하기 위해 고해성사를 의무로 도입하여 사제들의 권한을 강화했다. 이후 종교개혁가들은 고해성사를 폐지시켰다.

서방교회는 매주 성찬 중심의 예배를 드리면서 성례를 예배의 중심에

---

[152] 롤란드 베인턴, 『종교개혁사』, 178. 유스토 L. 곤잘레스, 『종교개혁사』, 29. R.W. 서던, 『중세교회사』, 146-47.

두었다. 예배당 중앙에는 미사를 드리는 제단(altar)이 놓였다. 미사가 거행될 때마다 그리스도는 하늘 보좌에서 내려와 제단 위에서 다시 돌아가신다. 플로렌스 공의회(1439년)는 아르메니안 법령(Decree for the Armenians)을 통해 성례전이 하나님의 은혜와 용서, 영적 자양분을 전달한다고 선포했다. 종교개혁에 대항하기 위해 열린 트렌트 공의회(1545-1563)는 구원을 얻기 위해서는 일곱 가지 성례전을 필수적으로 받아야 함을 재확인했다. 성례전의 숫자가 일곱보다 많거나 적다면 이단으로 파문 되었다.[153]

어거스틴은 도나투스파와의 논쟁을 통해 세례를 베푸는 사람은 사제가 아닌 하나님이라 주장했다. 사제만이 은혜와 구원의 통로인 성례전을 집전할 수 있는 배타적 권한을 소유하며, 성직자가 베푸는 성례전을 받지 않으면 죄 용서와 구원을 받을 수 없다. 성례전에 대한 강조로 인해 성례전을 주관하는 사제와 피수혜자인 평신도 사이의 구별이 엄격해 졌다.[154] 사제는 신비에 싸인 영체를 배분함으로 하나님이 실체화 하는 것을 허락할 수 있다. 그러므로 사제는 천사나 영주보다 높은 위치에 있다. 사제들은 성례전을 통해 교회 사역에서 주도권을 확보하면서 평신도의 신앙생활을 통제할 수 있었다.

그런데 종교개혁가들은 가톨릭교회의 성례전 중심 예배에 비판적이었다. 루터는 일생 동안 가톨릭교회의 잘못된 구원관과 싸웠다. 그는 『바벨론 포로』(The Babylonian Captivity, 1520)라는 저서에게 가톨릭교회가 성례를 이용해 신자들을 포로로 사로잡고 있던 상황을 빗대어 비판했다. 그는 회개 및

---

[153] 제임스 F. 화이트, 『기독교 예배학 입문』,208.

[154] 알리스터 맥그라스, 『그들은 어떻게 이단이 되었는가』,304. 도날드 K. 맥킴, 『교회의 역사를 바꾼 9가지 신학 논쟁』,258-59, 275-77. 유스토 L. 곤잘레스, 『중세교회사』,164.

용서는 살아있는 동안에만 유효하기에 사망자를 위해 드리는 미사는 무효라고 선언했다. 미사를 통해 사망자가 연옥에서 나와 천국에 들어간다는 것은 무식의 소치이다. 성례전에 참예함으로 죄 사함을 받고 구원받는다는 주장은 거짓 교리이다. 의인은 '오직 믿음'으로 산다. 그는 가톨릭의 칠성례에서 견진, 혼인, 성직 수임, 고해성사, 종부성사 등을 삭제하고 둘로 줄였다.[155] 츠빙글리는 성례전을 그리스도의 은혜를 기념하는 의례로 해석하면서 성례전에 특별한 위치와 의미를 부여하지 않았다.

세례나 성만찬을 받지 않았다고 해서 구원을 받지 못하는 것은 아니다. 그럼에도 불구하고 가톨릭교회는 세례를 받을 때 성령의 역사에 의해 죄인의 부패성이 제거되고 구원받는다고 가르쳤다. 청교도는 세례에 중생 시키는 능력이 없으며 참된 신자의 표시는 외적인 데 있지 않고 내면적인 회심의 체험에 있음을 강조했다.[156] 성례전을 받음으로 구원받는 것이 아니라 믿고 거듭났기 때문에 성례전에 참예한다. 성례전이 중요한 것은 사실이지만, 이를 구원과 관련시키는 것은 이단 사상에 가깝다.

7) 예배당과 복장

교회가 핍박 받던 상황에 있던 초대교회 신자들은 비밀리에 가정집이나 지하 묘지 등에 숨어 예배를 드렸다. 로마의 남쪽 아피아(Appian Way)에 위치한 카타쿰바스(Catacumbas)는 신자를 위한 지하 공동 묘지였는데, 신

---

[155] 롤란드 베인톤, 『마틴루터의 생애』,145.
[156] 제임스 F. 화이트, 『기독교 예배학 입문』,173. 박명수, 『근대 복음주의의 주요 흐름』 (서울: 대한기독교서회, 1998),32,46.

자들은 여기 모여 예배를 드리며 카타콤(catacomb)에 묻힌 순교자에게 존경을 표했다.

그러나 콘스탄틴의 회심 이후 예배당은 양지로 나왔고, 정부의 비용으로 예배당을 건축했다. 초대교회 예배당은 로마네스크, 즉 로마식의 공공 건축물 양식을 띄었고 공중에서 볼 때 라틴 십자가의 모습을 갖추었다. 교회 내벽은 색깔 있는 돌 조각, 유리 조각, 도자기 등으로 그림이나 조각들을 새겼다.[157]

당시 서적은 귀했고, 그것을 읽을 수 있는 사람은 극소수에 불과했다. 이런 상황에서 예배당은 일종의 신앙 교육의 역할을 담당했다. 예배당 내부는 문맹자를 위한 일종의 교과서 역할을 했는데, 주로 그리스도의 공생애나 기독교의 상징, 복음의 주제, 최후의 심판 등을 미술적으로 표현했다. 글을 모르는 신자들은 벽화나 조각을 통해 복음의 내용을 쉽게 이해할 수 있었다. 4세기 이후 주교의 사회적, 정치적 신분이 상승하면서 일반 신자들이 제단을 볼 수 없도록 칸막이를 했다. 이 칸막이는 사제가 평신도와는 동떨어진 위치에 있는 존재임을 암시했다.[158]

12세기 중반, 방원형인 로마네스크 대신 뾰족한 모습의 고딕 양식이 유행했다. 예배당의 구조가 수직적으로 뻗어올라 마치 하늘을 향해 솟아오르는 듯한 인상을 주었다. 치솟는 교회 건물은 교회 권력을 상징했다. 이는 건축학에 교회 정치가 투입된 산물로 해석할 수 있다. 예배당 벽에는 신비스러운 빛의 효과를 낼 수 있는 스테인드글라스 창문을 달았고, 이를 통해

[157] 후스토 L. 곤잘레스, 『초대교회사』, 201.
[158] 헨리 채드윅, 『초대교회사』, 325, 332.

예배당 안은 신이 임재한 것과 같은 신비스러운 모습을 연출했다.[159]

독재적 황제일수록 자신의 궁전을 크고 화려하게 짓듯이 교황이나 주교 또한 자신의 직장인 성당과 사택을 궁궐과 같이 크고 화려하게 짓고자 하는 욕망에 빠졌다. 중세 말 교황청은 로마의 성 베드로 대성당을 증축하기로 결정했고, 교황 줄리우스 2세(Julius II, 1503-1513년 재위)는 베드로 성당 건축 기금을 조달하기 위해 면죄부를 발행하는 무리수를 두기에 이르렀다. 그리고 평신도와 구별되는 화려하고 광채 나는 옷과 모자를 썼고 권위를 상징하는 지팡이를 들었다. 오늘날에도 교회는 위상을 드러내기 위해 크고 웅장하고 화려한 예배당을 짓는다. 이는 초대교회의 소박한 예배당과는 거리가 멀다. 결국 예배당 또한 권력과 탐욕이 드러나는 장소로 변질되었다.

미국교회는 자유와 평등의 정신 하에 민주적인 제도를 가진 교회가 두각을 나타낸다. 목사도 청바지에 티셔츠를 입고 강단에 서고 신자들도 평상복 차림으로 예배를 드린다. 이를 통해 목사와 평신도의 구분을 없애고 모두가 평등하게 대우받는 문화를 지지한다.

8) 전통의 강조

신약은 거의 400년경에 이르러야 완성되었다. 그렇다면 그동안 교회의 최고 권위로 자리잡은 것은 무엇일까? 감독의 직분과 함께 초대 교부들의 가르침과 저작은 상당한 권위를 가지기 시작했다. 영지주의 이단에 대항해 이레니우스는 교회의 관습과 전통을 강조했고, 터툴리안 또한 초대교회가 실행해 온 것은 시대를 뛰어넘는다고 주장했다. 그 결과, 구전 혹은 기록

---

[159] 유스토 L. 곤잘레스, 『중세교회사』,163-66.

으로 전해져 내려온 전통은 성경과 동등한 권위를 가지는 것으로 여겨졌다.

기록된 책인 성경에서 진리를 발견할 수 있으나 성경의 기록에서 발견할 수 없는 부분도 많다: "예수께서 제자들 앞에서 이 책에 기록되지 아니한 다른 표적도 많이 행하셨으나"(요 20:30). 복음의 진리는 성경에 부분적으로 나타나지만 기록되지 않은 부분도 있다. 성령은 사도나 교부들에게도 계시를 주셨기에 그들의 가르침도 진리에 속한다. 기록되지 않고 구두로 교회에 전달된 전통은 성경의 부족한 점을 보완 설명하는 계시의 이차적 근원이 된다. 일반 역사서나 연대기를 통해 내려온 전통에서도 복음의 진리를 발견할 수 있다.

가톨릭교회 내에 성경의 기록에 나오지 않은 여러 가지 행습들이 자리잡기 시작했다. 세례식에서 세 번 물에 담그는 것, 새벽에 성찬식을 거행하는 것, 십자가 성호를 긋는 행위, 예배당에 촛불과 향을 켜는 것 등과 같은 관습이 성례전의 일부로 받아들여졌다.

정경이 선정되는 과정에서 교회가 전적으로 참여했기 때문에 교회의 권위는 성경보다 높았다. 가톨릭교회는 교황의 권위를 성경과 같은 위치에 두었고, 교회의 전통 또한 성경과 같은 수준으로 격상되었다. 그리고 그동안 발전을 거듭한 성경 주석은 신뢰할만한 해석으로 받아들여졌다. 교회와 신자는 구원을 받기 위해 전통에도 순종해야 한다.[160]

가톨릭교회는 교회의 전통을 중요시했고, 여기에는 사도적 전통과 교황의 가르침, 공의회의 결정, 외경, 교황과 고위 성직자들의 법안, 역사를 통

---

[160] Heiko A. Oberman, *The Harvest of Medieval Theology*,369-71. Robert Gnuse, *The Authority of the Bible* (New York: Paulist, 1985), 115.

해 나타난 진리 등을 포함시켜 성경과 동일한 위치에 두었다.[161] 결국 가톨릭교회가 말하는 전통은 다름 아닌 주도권을 손에 쥔 사람들의 주장이나 해석이었고, 이는 기득권을 옹호하는 강력한 수단이 되었다. 반면 루터와 종교개혁가들은 '오직 성경'을 권위의 유일한 토대에 두었고 가톨릭교회의 전통을 부정했다.

9) 성령론 억제

구약에는 성령의 감동을 받은 선지자들이 활발하게 활동했다. 그들에게는 하나님의 영이 임했고, 하나님의 계시를 이스라엘에게 선포했다. 타락하고 죄악에 물든 왕과 백성에게 회개하고 하나님께로 돌아오라는 선포를 하다가 죽임을 당한 선지자도 있었다. 선지자의 예언 한마디는 어둠이 가득한 곳에 한줄기 빛이었고, '하나님은 말씀하신다' 라고 외칠 때마다 이스라엘 왕과 백성은 두려움에 떨었다.

오순절 성령의 강림으로 교회가 탄생했고, 교회는 성령이 강력하게 역사하는 곳이었다. 베드로와 바울은 성령의 능력으로 복음을 전했고, 기적을 베풀고 병을 고치며 귀신을 쫓아냈다. 초대교회는 성령의 은사와 열매를 동시에 강조했고, 수많은 표적과 기사들로 넘쳐났다. 비록 초대교회는 조직이나 제도면에서는 느슨했을 지 모르나 성령의 역사에 의해 성장을 거듭했다. 하나님의 영은 중개자 없이 믿는 자에게 임재하셨다. 성령의 사귐 안에는 지배나 종속적인 관계가 존재하지 않았다.

그런데 감독을 중심으로 한 교권주의, 교리주의, 제도가 자리 잡으면서

---

[161] Jaroslav Pelikan, *Christian Tradition*, Vol. 4, 277.

교회는 영적 권능이나 성령의 인도하심보다 인간의 지도력에 의존하는 조직이나 계급을 발전시켰다. 어떤 면으로 보아 성령의 역사는 주관적이었고, 이에 비해 교회 제도는 객관적이었다. 점차 교회는 주관적인 것보다는 객관적인 것을 중요시했다.

이레니우스는 삼위일체론을 설명하면서 성부는 모든 것 위에 계시는 분, 성자는 모든 것을 관통하시는 분, 성령은 모든 것 안에 내재하시는 분으로 정의했다. 그런데 그는 성령이 아버지께 종속적이며 열등하다는 결론을 내렸다. 오리겐 또한 성부가 가장 우월하며 성령은 성자에 비해 열등하다고 해석했다.[162] 성령에 대한 이러한 비하는 성령의 역사와 은사, 영의 감동, 환상, 예언 등에 대한 불신을 증폭시켰고, 교회 공동체는 점차 성령의 은사와 기적을 무시하는 방향으로 나아갔다.

특히 콘스탄틴 황제 이후 제도권 교회가 들어서면서 성령의 역사는 더욱 제약을 받았다. 서방교회의 단일신론적 삼위일체는 '한 하나님, 한 황제, 한 제국, 한 교황, 한 교회'라는 군주론적 지배 체제를 구축하는데 크게 기여했다. 황제의 절대 군주제는 권위적이고 계급적인 위계질서를 조장했다. 신론 및 기독론을 강조하고 성령론을 무시할 때 교회의 정치 구조는 중앙집권화 되는 경향이 높았다.[163]

서방교회는 신론과 삼위일체론, 기독론, 교회론 등을 발전시켰지만, 상대적으로 성령 하나님을 소홀히 다루면서 성령론을 다른 신학적 주제들에 종속 시켰다. 성부에 중심을 둔 군주론적 삼위일체론은 성부를 신성의 전 실체(the whole substance of deity)로 절대적 주권을 가진 존재로 이해했다. 세

---

[162] 도날드 K. 맥킴, 『교회의 역사를 바꾼 9가지 신학 논쟁』,40-41,44-45.
[163] 벨리-마띠 캘캐이넨, 『21세기 성령론』 (서울: 프라미스, 2005),134,140.

위격의 동등성과 상호 구별성을 제대로 설명하지 못하면서 성자와 성령은 성부로부터 파생된 성부의 한 부분으로 해석되었고, 성부의 뜻을 수행하는 종속론적 경향이 강했다.

니케아 신조나 사도신경을 보면, 성부와 성자에 대해서는 많은 부분을 할애하나 성령에 대해서는 각주 정도로만 취급했다. 어거스틴의 삼위일체론 또한 하나님의 일체성에 근거를 둔다. 성부는 성자를 사랑하시며, 성자는 성부의 사랑받는 자다. 반면 성령은 아버지와 아들 사이의 사랑을 연결시키는 고리 혹은 끈의 역할을 한다. 그는 성령에 대해서 비인격적, 수동적인 객체로 언급했다. 그의 성령에 대한 접근은 성령의 위격성을 소홀히 취급했다는 비판을 받았다.[164] 게다가 그는 사도 시대의 종말과 더불어 성령의 은사 및 계시는 중지되었다는 결론을 내렸다.

7세기에 접어들면서 서방교회는 필리오케 라는 단어를 덧붙임으로 성령은 성부와 성자 모두로부터 보냄을 받았다고 설명했다. 결국 이 용어는 성령의 성자에 대한 종속성을 부각시켰다. 성자는 성부에게 복종하며 성령은 철저히 성자에게 종속적이다.[165] 성령의 본질은 아버지와 아들의 관계를 통해서만 규정되며 성령은 자신을 감추는 은폐적 특성을 지닌다. 이처럼 서방교회는 성령론을 무시하거나 경시하는 경향이 높았다.

동방정교회의 요아킴(Joachim of Fiore, 1135-1202)은 역사적 종말론에 근거하여 삼위일체의 위격과 역사의 시기를 세 시대(성부 시대, 성자 시대, 성

---

[164] 곽미숙, 『삼위일체론 전통과 실천적 삶』 (서울: 대한기독교서회, 2009), 89. 김균진, 『기독교 조직신학 Ⅲ』 (서울: 연세대출판부, 1987), 7. 도날드 K. 맥킴, 『교회의 역사를 바꾼 9가지 신학 논쟁』, 60-61.
[165] 벨리-마띠 캘캐이넨, 『21 세기 성령론』, 25.

령 시대)로 나누었다. 그는 성자의 시대는 1260년에 끝나고 그 이후 교황권과 성례전을 중심으로 한 교권 시대가 저물고 성령께서 인도하는 성령의 시대가 도래할 것으로 예언했다.[166] 엄격한 위계 질서를 강조했던 가톨릭교회는 라테란 공의회(1215년)에서 그의 주장이 삼위일체의 셋 됨을 강조하는 삼신론 이단으로 정죄해 버렸다.

교황을 중심으로 계급화, 제도화, 교리화 된 가톨릭교회는 역동적 성령론과 공존할 수 없었다. 성령의 계시 및 능력을 강조하는 성령 운동은 감독의 권한과 전통, 교권, 교리, 의례 등과 상충되었기에 성직자 중심의 계급적 교회에게는 위협적인 존재였다. 교회 지도자들은 은사와 예언 운동이 교회에 혼돈과 무질서를 불러온다는 이유를 표면적으로 내세우며 성령 운동을 억제하고 통제했다. 그 결과 성령의 역사를 강조한 대부분의 그룹은 교권을 비판하고 통일성을 파괴한다는 이유 등으로 이단으로 정죄되어 교회의 주된 흐름에 편입하지 못했다.[167] 교황과 감독의 권위와 지도력에 문제를 제기했던 성령 운동은 늘 기독교 역사에서 핍박을 받는 미운 오리새끼였다.

수도원

2-3세기 로마 제국의 핍박을 피해 일부 그리스도인들은 사막으로 이주했다. 4세기 초 기독교가 공인된 후 교회가 제국과 유착하면서 세력 있는 자들의 독무대로 변모하자 일부 그리스도인들은 이 현상을 교회의 배교이

---

[166] 로저 올슨, 크리스터퍼 홀, 『삼위일체』 (서울: 대한기독교서회, 2004),89-90.
[167] 박명수, 『근대 복음주의의 주요 흐름』,318-19.

자 타락으로 해석했고 이집트의 사막으로 피신했다. 그들은 사막 수도승 (monk)으로 불렸는데, 그 어원은 '고독'이란 의미이다.[168] 어떤 수도사들은 감독 혹은 사제에 임명되는 것을 악운이라 여겨 세상과 단절해 평생을 은둔하며 수도 생활을 이어 나갔다.

베네딕트는 단순, 소박, 검소의 정신에 근거한 공동체 수도원의 기본적 골격을 완성했다. 공동체적 경건 생활을 추구한 서방 수도원은 중세에 접어들어 가톨릭교회와 더불어 교회를 이끌어 가는 쌍두마차였다. 현재의 삶은 내세를 준비하는 기간이라 여긴 경건한 사람들은 자신의 영혼을 구원하기 위해 재산을 포기하고 세속을 떠나 수도사가 되어 사회로부터 격리된 삶을 살았다. 그들은 소속 수도원에 종신 서약을 했고 수도원장과 상관 수도사에게 절대 복종을 다짐했다. 수도원 서약은 모든 부수적 죄악을 도말하는 제2의 세례로 간주되었고, 천국으로 직통하는 지름길로 여겨졌다.[169] 수도사의 삶은 큰 도시에 거주하면서 온갖 특권과 권력, 사치, 쾌락을 누리던 고위 성직자들과 크게 대조되었다.

로마 군인이었던 투르의 마틴(Martin of Tours, 316-397)는 헐벗고 병든 거지를 만나자 자신의 외투를 반으로 잘라 그에게 주었다. 이후 그에게 엄청난 신유의 은사가 나타났고 그는 수도사가 되었다. 투르의 감독직이 공석이 되자 감독들은 마틴이 더럽고 누추한 의복에 궁핍한 생활을 하는 것을 보고 그가 감독이 되는 것은 감독의 명예를 훼손시키는 것이라며 그의 감독 임명을 반대했다. 그러나 그를 존경하던 신자들의 열렬한 지지 속에 감

---

[168] 후스토 L. 곤잘레스, 『초대교회사』,198, 217-21.
[169] 롤란드 베인톤, 『마틴루터의 생애』,33,146. 후스토 L. 곤잘레스, 『초대교회사』,229-30.

독에 선출되었다.[170]

그러나 역시 돈이나 재산이 문제였다. 수도원의 회칙과 헌장에 나타난 정신은 수도사와 토지, 기부금을 받아들이는 방식에서 문제가 발생하면서 무너지기 시작했다. 영주나 귀족은 가문의 재산을 분할하는 것에 엄격한 규율이 있었는데, 충분한 유산을 물려받지 못한 자녀에게도 안전하고 충족한 직위를 제공해야 했는데, 수도원이 제격이었다. 특히 왕실과 영주, 귀족, 고위 성직자들은 첩에게서 낳은 자녀에게 토지를 상속해 줄 수 없었다. 그래서 사생아들이 고결하고 품위 있게 살 수 있는 환경을 제공해 주려 했다. 수도원은 귀족 가문의 서자들에게 귀족 생활을 품위 있게 유지하고 교육 및 출세의 기회를 제공하는 훌륭한 장소가 되었다. 10세기에 접어들면서 귀족이나 영주가 사생아를 수도원에 보내 수사가 되게 하는 것은 평범한 일이었다.

역시 사람은 먹고 사는 문제가 컸다. 생산 수단이 많지 않았던 수도원은 기부금에 크게 의지했는데, 특히 대형 수도원의 경우, 기부가 없으면 생존할 수 없었다. 부모가 수도원에 자녀를 맡길 때 선물 혹은 토지를 기증받기 시작했다. 물론 기부자에게는 개인적인 의도가 있었는데, 수도사들이 기부자를 위해 기도하거나 고행함으로 천국에 곧장 들어가거나 연옥에서의 고통을 피하는 것만으로도 충분한 보상이 된다고 생각했다. 영주는 수도원 설립을 지원했고, 귀족과 부자들은 사유지와 재산 일부를 수도원에 바쳤다. 그 결과 연간 수입이 상당한 수도원들이 탄생했다.

그 결과 귀족 자녀들이 수도원 구성원의 다수를 점하면서 어떤 수도원

---

[170] 후스토 L. 곤잘레스, 『초대교회사』,234-37.

은 높은 신분을 자랑하기에 이르렀다. 특정 수녀원은 명망 높은 가문의 여성만 받아들였다. 수도원은 학교를 세워 그들을 교육시켰다. 수도원이 적극적으로 기부금을 받으면서 부모가 재산이 없으면 수사로 받아주지 않는 고질적인 악폐가 자리잡았고 그 결과 평민 수도사의 수는 현저히 줄어들었다. 청빈을 이상으로 삼은 프란체스코 수도원은 기부금을 받아들이면서 귀족 수사를 받아들이는 대신 평신도 수사들을 쫓아냈다. 수도원은 귀족과 평민이 질적으로 다른 부류임을 증명하는 곳으로 변질되고 말았다.

감독의 세속성과 사치에 대한 저항으로 생겨난 수도원은 갈수록 귀족화 및 상업화되어 갔고, 외적 사업을 추진하는데 정열을 쏟다 보니 본래의 목적인 신앙적 경건은 점점 뒷전으로 밀려났다. 막강한 가문의 세력을 등에 업고 수도원에 들어온 귀족 수사가 불법을 자행해도 제재를 가하기 힘들었고 수도 회칙의 준수나 성무를 강요하기도 어려웠다. 수도원은 귀족이나 고위 성직자의 자녀들이 사치와 여가, 향락을 즐기는 무대로 변모했다. 수도원의 규모가 커지면서 왕과 고관, 귀족들이 자주 방문했고 수도원장은 그들의 접대해야 했다. 수도원에 기부한 귀족은 수도원이 호화로운 식사 대접과 함께 수도사들이 음유시와 연극으로 자신들을 즐겁게 해주기를 기대했다.[171]

수도원은 고해 신부를 고용해 고해성사를 베풀었고, 죽은 자에게 좋은 묘지를 제공했고 추모 행사와 미사를 드렸다. 영생과 영원의 보상을 간절히 원했던 사람들은 수도원에 많은 기부를 했고 이로 인해 수도원의 재산

---

[171] 롤란드 베인턴, 『종교개혁사』,178. R.W. 서던, 『중세교회사』,252-53. 유스토 L. 곤잘레스, 『종교개혁사』,182.

은 걷잡을 수 없이 불어났다. 심한 경우에는 수도원의 토지가 전 국토의 절반을 차지하는 경우까지 생겼다. 수도원은 막대한 재산을 소유했고, 수도원장은 직위를 이용해 수도원 재산을 사유화 했다. 수도원은 일종의 기업이 되고 말았다. 수도원에 물질이 넘치면서 탐욕에 가득 찬 수도원장과 고위 성직자의 개인 소유로 넘어가는 경우가 발생했다. 경건과는 거리가 먼 첩의 자녀들이 수도원장이 되기도 했다. 어떤 자는 돈을 지불하거나 혹은 전임 수도원장을 살해하고 그 자리를 차지했다. 수도원은 정부나 영주의 사업에 적극 협력했고, 전쟁 발생 시 병력과 자금을 제공했다. 군주가 필요로 하는 것을 제공해 주는 댓가로 수도원장은 사회적 지위를 얻을 수 있었다.[172]

물질이나 돈 앞에 장사는 없었다. 세속을 등지고 들어왔으나 수도원에 물질이 들어오자 수도사 조차도 돈과 권력에 대한 탐욕에 일그러졌다. 베네딕트 수도사는 세상을 등지고 떠났으나 정치적, 사회적, 종교적 주도권의 도구가 되었다. 시토 수도원은 광야로 나갔으나 가장 큰 경제적 집단으로 변질되었다. 프란체스코 수도사들은 생애를 가난에 헌신하겠다고 맹세했으나 대도시에서 풍족한 삶을 살았다. 땀을 흘리며 노동하고 기도하던 수도사들이 노동을 멈추고 고등 교육을 받으며 높은 자리에 올라 풍족한 삶을 누렸다.

윌리엄 3세(Duke William III of Aquitaine, 915-963)는 자신이 가장 아끼던 사냥터 클루니(Cluny)를 수도원 부지로 제공했고, 수도원장으로 베르노(Berno of Cluny, 850-927)를 초빙했다. 수도원 개혁에 열정이 넘쳤던 베르노

---

[172] R.W. 서던, 『중세교회사』,244-45. 유스토 L. 곤잘레스, 『종교개혁사』,12,92.

는 베네딕트의 규율에 근거해 기도와 성경 강독으로 구성된 경건회를 열었고 검소한 삶을 강조했다. 이후 레오 9세로 교황에 즉위한 베르노는 황제나 왕, 귀족에 의해 감독이나 수도원장이 임명되는 것을 막았고 성직매매를 철폐했다.[173] 그러나 클루니의 이상도 그리 오래 가지 못했다. 클루니도 거대한 재산에 파묻히면서 타락과 부패에 빠졌다.

11-12세기에 걸쳐 교황제가 성공을 거둘 수 있었던 요인 중 하나는 수도원의 지원 때문이었다. 수도원이 정식 등록되기 위해서는 교황의 허가가 필요했고 수도원은 교황의 눈치를 봐야 했다. 수도원은 적극적으로 교황과 고위 성직자의 권위와 이익을 대변했고 교황을 지키는 군사이자 감독과 고위 성직자의 오른팔 역할을 수행했다. 교황청과 감독들은 수도원을 개인적 출세와 영달의 도구로 사용했다.

로욜라(Ignatius of Loyola, 1491-1556)가 세운 예수회(Jesuit)는 교황에게 절대 순종을 맹세하는 자만이 정식 회원이 될 수 있었고 교황권과 가톨릭교회를 수호하기 위해 목숨을 내어 놓았다. 그들은 각종 도전과 기회를 포착해 신속하게 대응할 수 있는 체계를 갖추었고 이후 종교개혁에 대항하는 가톨릭 측의 중요한 공격 무기가 되었다.[174]

이후 인문주의자와 종교개혁가들은 수도원 이야말로 온갖 권력욕과 부조리가 난무하고, 사제와 평신도를 이분화한 원흉으로 보아 수도원 폐쇄를 주장했다. 영국 왕 헨리 8세(Henry VIII, 1509-1547년 재위)는 가톨릭을 떠나 영국국교회를 세우면서 교황의 오른팔인 수도원을 폐쇄하고 영국의 자금

---

[173] 유스토 L. 곤잘레스, 『중세교회사』,92-95.
[174] 유스토 L. 곤잘레스, 『종교개혁사』,194.

이 로마로 흘러 들어가는 것을 봉쇄했다.

국가 교회와 이단 정죄

성경에 기록된 이단이란 용어는 '같은 견해를 가진 사람들의 무리'를 지칭하는 중립적 용어로, 이전의 정통과는 다른 신앙이나 교리를 가진 종교적 분파나 철학 학파를 가리켰다. 유대교 내에는 바리새파나 사두개파, 질롯파(혁명파), 에센파 등과 같은 종파들이 있었는데, 이들은 믿음을 이해하는 방식과 세계관, 교리 등에서 뚜렷한 차이가 있었다. 바리새인은 죽은 자의 부활과 천사의 실존을 믿은 데 반해, 사두개인은 사후 세계 및 영적 존재를 부정했다.[175] 이들은 구별된 견해를 가졌기 때문에 서로를 이단이라 불렀다.

유대인은 유대교를 정통에 두고 이와 다른 주장을 하는 기독교를 이단으로 정죄했다. 당시 이스라엘에서 기득권을 가진 종교는 유대교였고, 소수파 였던 기독교는 이단이었다. 바리새파의 입장에서 예수님의 가르침을 분석해 보면, 예수님은 안식일에 치유를 행함으로 안식일을 깨뜨렸고, 하나님을 친아버지라 부름으로 신성모독죄를 범했다. 결국 바리새인들은 유대교의 교리와 전통에 근거해 다른 견해를 주장했던 예수를 이단자 혹은 불법자로 정죄해 십자가에 못 박아 죽였다. 유대교는 85년 공식적으로 기독교를 이단으로 정죄했고, 극심한 박해를 가했다: "나사렛파와 이단들은 갑작스럽게 멸망 당하게 하시고, 생명책에서 지워지게 하소서."[176]

---

[175] 헨리 채드윅, 『초대교회사』,12-14. 레이몬드 E. 브라운, 『신약개론』,143-46.
[176] 헨리 채드윅, 『초대교회사』,22.

초대교회는 감독을 중심으로 한 교권을 형성해 각종 교리 및 신조들을 만들었다. 시프리안은 감독이 인도하는 교회의 울타리 밖으로 나가는 것은 구원을 상실한 것이라 주장했고, 감독의 권위에 도전하거나 반대하는 자를 이단으로 정죄해 제거했다. 노바티안(Novatian, 200-258)이 불법적인 성직 수여에 대해 비판을 가하자, 시프리안은 그가 교회의 통일성을 깨뜨린다며 이단 정죄를 내렸다.[177]

콘스탄틴 황제는 기독교를 공인했고, 데오도시우스 황제는 기독교를 로마 제국의 공식 종교로 삼았다. 그러자 핍박 받던 교회는 국가 공권력의 지원 하에 타 종교 및 소수파를 핍박하는 곳으로 변모했다. 비기독교 이방인에 대해 미신적 종교 행위를 지속하면 사형에 처한다는 칙령이 내려졌다. 4세기 말에 이르러 이방 종교의 사원은 폐쇄되었고 제사는 전면적으로 중단되었다. 그 결과 할례를 행하던 유대인은 기독교로부터 엄청난 박해를 받고 학살당했다.[178]

국가 교회는 정치와의 연계를 당연시했고, 교회는 여러모로 제국을 닮아 갔다. 국가는 종교와 세속, 교회와 국가를 하나로 묶어 버림으로써 신학은 정치적으로 중요한 사안이 되었고, 신학적 차이는 처벌과 이단 정죄로 이어졌다. 정치가 교회의 신학적 문제에 개입하면서 정통과 이단에 대한 심각한 혼란을 초래했다.[179] 기독교 공인 이전, 교회가 이단에 대해 내릴 수

---

[177] E. H. 브로우드벤트, 『순례하는 교회』,34. 도날드 K. 맥킴, 『교회의 역사를 바꾼 9 가지 신학 논쟁』,126.
[178] 후스토 L. 곤잘레스, 『초대교회사』,58.
[179] 앨리스터 맥그래스, 『기독교, 그 위험한 사상의 역사』,172. 후스토 L. 곤잘레스, 『초대교회사』,262.

있는 처벌은 기껏해야 견책이나 면직 정도였고, 최악의 경우라 하더라도 출교의 처벌이 전부였다. 그러나 콘스탄틴 이후 교리적 불화는 국가의 질서와 권위의 문제와 연결되면서 국가 공권력에 의해 이단이나 분파주의를 정죄하고 박해를 가했다. 이단 정죄에 정치적 처벌이 가미되면서 이단으로 정죄 되면 벌금이 부과되거나 추방되었고, 체포되어 극형에 처해지는 경우도 발생했다.

중세에는 로마 가톨릭교회가 유일한 정통 교단으로 존재했고, 가톨릭 밖에는 구원이나 죄 사함이 없었다. 그리고 가톨릭 신앙을 받아들인 신자만이 시민권의 혜택을 누릴 수 있었다.[180] 그레고리 교황은 신앙심이 없는 사람이나 이단자를 합법적으로 강제 개종 시켜도 된다고 공표했다. 가톨릭교회는 자신의 권위와 교리, 전통을 비판하거나 대항하는 개혁적 주장을 편 인물이나 소수파를 이단으로 정죄하고 박해를 가했다.

이단 정죄는 기득권을 가진 교회의 수호와 통제의 수단으로 사용되었다. 다수파는 자신의 신학과 교권, 교리, 전통을 절대적 진리라 단정하고 이에 반대하는 소수파를 이단으로 정죄해 사형에 처했다. 그러므로 이단 정죄는 다수파가 소수파를 핍박하고 제거하기 위한 훌륭한 정치적 수단이었다. 개혁파는 정통적 교회가 조직화, 교권화, 세속화되면서 성령의 생명력을 상실하고 타락했다는 비판을 가하면서 교회는 성경과 성령으로 돌아가야 한다는 주장을 폈다. 그러면 정통교회는 개혁안을 받아들이기보다 주도권을 지속시키기 위해 교권으로 이를 누르며 이단 정죄를 했다. 흔히 '역사란 승자의 기록'이라는 말을 한다. 당시의 이단이란 가톨릭교회의 권위 및 전

---

[180] R.W. 서던, 『중세교회사』, 13.

통에 대항해 싸우다 종교 권력에 의해 패배한 사람이었다. 서방교회의 일치는 교황의 권위에 의존했고 이를 비판하거나 도전하는 행위는 용납될 수 없었다.

교황 이노센트 3세는 교회의 변증에 열정적이던 도미니크 수도사를 정규 재판관에 임명해 교회의 부패나 교리, 전통에 비판적인 사람들을 체포해 심문했다. 특히 국가 정체성을 가톨릭에 둔 스페인은 종교재판소를 설치해 개신교도나 이교도들을 잡아들여 화형에 처했다. 종교재판소의 대법관인 토마스 토케마다(Tomas de Torquemada, 1420-1498)는 유대인과 이슬람 무어인들을 혹심하게 다루었고, 가차 없는 탄압으로 인해 악명을 떨쳤다. 그의 주재 아래 9천 번에 달하는 이단 화형식이 거행되었고, 공포에 질린 이방인들은 가톨릭으로 개종하거나 유배를 가야 했다.[181]

이단일지도 모른다는 소문이나 익명의 편지조차도 충분한 증거로 간주되었고, 심지어 죄를 뒤집어씌우기 위해 거짓 맹세자와 증인들이 고용되었다. 피고는 구금 상태에서 음식이 거의 제공되지 않는 독방에 수감되었고 고문을 받았다. 교회 당국에 의해 정죄 된 이단자는 세속 판사에게 넘겨졌고, 유죄 선고를 받은 사람의 재산은 몰수되었다. 이단자의 재산은 성직자가 큰 몫을 차지했고, 세속 권력자는 1/3을, 나머지는 밀고자에게 주어졌다. 이단 정죄 혹은 마녀 사냥은 가톨릭교회의 권위를 수호하는 훌륭한 도구이자 동시에 좋은 수익원이기도 했다.[182]

종교개혁 이전부터 많은 그리스도인들이 가톨릭교회의 신학과 부패에

---

181 유스토 L. 곤잘레스, 『종교개혁사』,185-86.
182 조찬선, 『기독교 죄악사』(하) (서울: 평단, 2006),69.

이의를 제기했고, 그들은 이단으로 정죄되어 형장에서 이슬로 사라졌다. 보헤미아의 개혁을 주도한 얀 후스(Jan Huss, 1369-1415)는 콘스탄스 공의회(1414-1418)에서 이단으로 정죄 되어 사형을 당했다. 가톨릭교회는 마틴 루터를 이단으로 정죄했고, 개신교의 확산을 막기 위해 금서 목록을 편찬하고 성경의 자국어 번역을 금지시켰다. 이처럼 단일 교회의 통일성과 순수성을 유지해야 한다는 명분 하에 교권에 도전하는 자들은 이단으로 처단되었다.

그런데 무엇이 정통이고 누가 이단인가? 종교재판소란 하나님의 자리에 앉아 누가 천국에 들어가고 누가 지옥에 들어갈 이단인지를 판별하는 것이다. 문제는 하나님의 심판대에서 형벌을 받아야 할 자들이 오히려 재판석에 앉아 참 교회와 성도를 핍박했다는 점이다. 힘의 우위를 선점한 다수파는 기득권을 유지하기 위해 안간힘을 썼고, 그들의 권위에 도전하거나 반대하는 그룹을 힘으로 억누르고 제거했다. 그 결과 참 신앙을 소유한 소수파는 이단으로 몰리기 십상이었다. 이런 의미에서 이단 정죄는 주도권을 가진 자가 자신의 권위를 유지할 수 있는 훌륭한 수단이었다.

성전(Holy War)

어거스틴은 "사람을 강권하여 데려다가 내 집을 채우라"(눅 14:23)는 말씀을 해석하면서 전도 및 선교의 강제성에 대한 신학적 토대를 제공했다. 그의 강제 개종 이론에 의하면, 복음 전파에 있어서 교회 밖에 있는 사람을 단순히 초청하는데 그쳐서는 안 되고, 강요 혹은 폭력을 사용해서라도 개종 시켜야 함을 정당화했다. 질서를 유지하기 위해 칼을 사용할 수밖에 없고, 전쟁은 더 큰 불행을 막는 정당한 수단이다. 전쟁의 목적이 타당하고 합법적인 권위에 의해 수행되고 사랑이라는 동기 하에 이루어진다면 정당화될 수 있다. 그의 '정당한 전쟁'(Just War) 이론은 영적 목적을 달성하거나 복음 확장을 위한 폭력 사용을 옹호했고 이단에 대한 전쟁을 지지했다. 그러나 불행히도 정당한 전쟁 이론은 강자가 약자를 정복하거나 섬멸하는 전쟁 혹은 폭력을 정당화시켰다.[183]

교황청은 어거스틴의 호전적 교화론에 정당성을 부여하며 지지했다. 교황 그레고리 1세는 신앙심이 없는 사람이나 이단자에게 폭력을 사용해서라도 기독교로 개종 시켜야 한다고 공표했다. 신앙을 거부하는 자는 어차피 지옥에 갈 하나님의 원수요, 이 세상에서 사라져야 할 적이기에 처단해도 무방하다. 가톨릭교회는 '하나님의 이름'이라는 명목 하에 타인종과 타문화, 타종교를 말살하기 위한 전쟁을 성전(聖戰, Holy War)이라 불렀다. 가톨릭교회는 강요와 협박, 고문, 폭력 등에 의한 이교도나 이단자의 개종을 합리화했고 적이나 이단으로 간주된 집단과 수많은 종교 전쟁을 일으켰다. 믿음을 위해서라면 기꺼이 순교하겠다는 각오 하에 잔인한 전쟁을 벌였다.

대표적인 것이 '예루살렘 성지 탈환'이라는 목표 아래 일어난 십자군 전쟁(1095-1261)이었다. 비잔틴 제국의 알렉시우스 1세(Alexius Comnenus, 1048-1118) 황제는 무슬림 제국으로부터 군사적 위협을 받자 이를 자력으로 물리칠 수 없음을 깨달았다. 그는 서방의 교황 어반 2세(Urban II, 1088-1099)에게 도움을 요청했고 교황은 동방교회를 흡수하여 가톨릭교회의 통치 하에 두고자 하는 의도 하에 예루살렘 성전 탈환을 호소했다.

---

[183] 후스토 L. 곤잘레스, 『초대교회사』,338. 롤란드 베인톤, 『마틴루터의 생애』,257.

어반 2세는 십자군에 가담하는 자에게 면죄부를 발행하면서 전장에서 죽게 되면 연옥을 거치지 않고 즉각 천국에 들어간다고 설명했다. 십자군 전쟁은 단기간이 아닌 장기전으로 흘렀다. 교황 이노센트 3세는 개종을 강요하는 전쟁, 이방 종교에 대한 전쟁, 이단을 처벌하기 위한 전쟁을 성전으로 여겼다. 그가 소집했던 제4차 십자군 원정(1202-1204)은 이집트에 주둔하고 있던 이슬람의 본부를 공격하는 대신 같은 기독교 형제국인 동방제국의 수도였던 콘스탄티노플을 함락 시켰다. 기독교 형제를 돕자던 표면상의 동기는 같은 믿음의 형제를 침략해 비잔틴 제국을 무너뜨리고 라틴 제국을 건설하는 것으로 결말이 났다.

십자군은 그리스도의 이름으로 콘스탄티노플의 같은 기독교인을 살해하고 금은보화와 미녀를 찾는 강도로 돌변했고, 성 소피아 대성당을 약탈했다. 동방 기독교인들은 '어깨에 십자가를 짊어진 이들보다 무슬림이 더 자비롭다'고 말할 정도로 십자군의 악행과 잔혹성은 치를 떨었다. 십자군은 여인들을 강간하고 임신부의 배를 가르며 아이들을 잡아먹었다. 이를 통해 동방교회를 통치하겠다는 교황의 야심이 이루어졌다. 동방교회 신자들은 가톨릭의 지배보다 이슬람 터키의 통치를 받기를 원할 정도였다. 터키는 종교 문제에 있어 중립적이었으나 합스부르크가는 광적으로 가톨릭 신앙을 강요했기 때문이었다.[184]

가톨릭 군대는 신앙의 순수성을 지킨다는 명분 하에 수많은 기독교인과 이교도들을 죽이는 것을 영광스럽게 여겼다. 그들은 유대인 회당을 불태워 유대인들을 산채로 죽였다. 회교도가 보물을 뱃속에 감춘다는 소문이 퍼지

---

[184] 롤란드 베인턴, 『종교개혁사』, 208.

자 회교도의 배를 톱으로 갈랐다. 결국 십자군 전쟁은 목적을 달성하지 못하고 교황의 위신은 땅에 떨어졌다. 오늘날 가톨릭교회와 동방정교회, 기독교와 이슬람, 가톨릭교회와 유대교 간의 갈등은 우연이 아니다. 그 외에도 성전이라는 명목 아래 성경적 신앙을 고백한 수많은 개신교도들이 살해되었고, 이후 신대륙의 원주민들이 학살되었다.

성전에 대한 악몽은 오늘날에도 계속되고 있다. 조지 부시 대통령은 이라크의 사담 후세인 대통령을 악으로 규정하고 성전을 선포했으며 결국 암살했다. 현재 벌어지고 있는 이스라엘과 팔레스타인의 전쟁도 종교적 요인이 있다고 할 수 있다. 하나님의 이름으로 얼마나 많은 사람들이 죽었는지 생각해 보아야 한다.

가톨릭교회의 남미 식민지 지배

15세기 말, 지리상의 대발견으로 인해 남미 식민지 시대가 열렸다. 가톨릭 국가인 스페인과 포르투갈은 인도와 중국으로의 직항로를 발견하기 위해 탐험에 나섰는데, 특히 해상권을 장악한 스페인은 신세계 탐험 및 식민지 개척에 가장 먼저 뛰어들었다. 이사벨라 여왕은 중국으로 가는 수로를 발견해 교역을 독점하고 새로운 영토에서 금을 채취하여 스페인을 부유한 국가로 만들고자 하는 야심을 품었다. 콜럼버스(Christopher Columbus, 1451-1506)는 일확천금과 부귀영화를 꿈꾸며 그녀에게 자신을 총지휘관인 제독으로 임명할 것과 수익금의 10%를 줄 것을 요구했다. 1492년, 그는 세 척의 범선을 이끌고 항로 개척에 나섰고 남아메리카의 바하마 섬에 도착했다. 새로운 대륙이 발견된 것이었다. 그의 발견 이후, 포르투갈과 프랑스 등도 국가적 차원에서 경쟁적으로 아메리카 대륙에 진출했다.

이때 가톨릭 국가들에게 땅을 분배해 준 사람은 교황이었다. 남미에도 엄연히 잉카 문명, 마야 문명 및 아즈텍 문명 등과 같은 국가 형태가 존재했으나, 교황은 남미를 점령해도 되는 가톨릭교회의 땅으로 여겼다. 교황 알렉산더 6세는 모든 피정복자의 땅이 교황에게 소속된다고 공표했다. 그는 1494년 비기독교 세계를 스페인과 포르투갈에게 분배해 주었다. 대서양 아조레스 제도(Azores Island)를 중심으로 서쪽은 스페인에게 독점권을 부여하고 동쪽은 포르투갈에게 양도했다. 그 결과 스페인은 브라질을 제외한 남미의 소유권을 허락 받아 식민지를 건설했다. 포르투갈은 1500년 브라질을 발견했고, 이는 포르투갈의 소유가 되었다. 필리핀과 일본을 제외한 극동과 아프리카 대륙은 포르투갈의 몫으로 돌아갔다. 그러나 포르투갈은 곧 중국이나 인도 등을 포함한 아시아를 무력으로 점령할 수 없는 강국임을 깨닫게 되었다.

공식적으로 남미 인디언을 노예로 삼는 것은 법으로 금지되었지만, 스페인은 일종의 신탁 제도라 할 수 있는 엔코미엔다(Encomienda) 제도를 만들어 정글에 살면서 채취나 사냥을 하던 원주민을 개화시키고 기독교화 한다는 미명 하에 집단 농장에 가두었다. 스페인은 원주민 남성들에게 금을 채굴하도록 강요했고, 여자들은 땅을 개간하여 농사를 짓도록 했다. 스페인은 원주민의 토착 종교를 말살했고, 정복자의 언어를 사용하도록 강요했으며, 말을 듣지 않을 경우 살해했다. 오랫동안의 식민지화 끝에 라틴 아메리카 대부분의 국가들은 자국어를 잊어버리고 스페인어, 즉 스패니쉬를 국용어로 사용하게 되었고, 가톨릭을 국교로 채택했다.[185]

---

[185] Frances Gardiner Davenport, ed., *European Treatise Bearing on the History of the United States and Its dependencies to 1648* (Washington DC: Carnegie Institution of Washington,

서부 유럽의 입장에서 볼 때 남미는 새로운 신세계였지만, 원주민의 입장에서 본다면 멸망의 서막이었다. 정복자들은 유럽의 병균(천연두, 홍역, 매독)을 의도적으로 원주민에게 전염시켰고, 그 결과 원주민의 1/3 이상이 전염병으로 몰살되었다. 카리브해 지역의 경우, 강제 노동과 각종 질병에 걸린 원주민들 대부분이 멸종했다. 1492년 히스파뇰라 섬(Island of Hispaniola)에 수백만 명의 원주민들이 살고 있었으나, 유럽인에 의해 정복당한 지 50년 후에는 대부분의 인구가 소멸되었다. 콜럼버스가 중남미에 도착했을 때, 중남미 인구는 약 2,500만 명으로 추정되었지만, 100년 후에는 그 인구가 100만명으로 줄어들었다. 그야말로 천인공노할 집단 학살이라 할 수 있다. 원주민의 수가 급감하자 스페인은 노동력을 확보하기 위해 아프리카 흑인을 노예로 붙잡아 남미의 농업 지역에 투입했다.[186] 이처럼 남미에 아프리카인들이 정착하게 된 배경에는 제국주의가 자리잡고 있다.

스페인 왕은 신세계의 주교 및 고위 성직자를 임명할 권한을 가졌고, 왕실은 교회의 십일조 및 기타 헌금을 관리했다. 중남미 교회는 스페인 국왕의 지도 아래 국가교회의 형태를 띠었으며, 제국주의에 편승한 교회는 사랑과 용서의 복음을 전하는 대신 정복과 착취를 지원했다.[187]

가톨릭교회는 1500년부터 1800년 사이 남미에 15,000여명의 가톨릭 사제들을 선교사로 파송해 가톨릭 복음을 전파했다. 그러나 선교사들은 원주

1967), 85, 171. 루이스 W. 스피츠, 『종교개혁사』,348. 유스토 L. 곤잘레스, 『중세교회사』, 257.

[186] 유스토 L. 곤잘레스, 『중세교회사』,261. 마크 놀, 『미국 캐나다 기독교 역사』 (서울: 기독교문서선교회, 2005),36-37.

[187] 유스토 L. 곤잘레스, 『중세교회사』,255,280,292.

민을 개종 시킨다는 명목 하에 무자비한 폭력을 휘둘렀다. 강제적 개종에 의해 가톨릭을 받아들인 원주민은 살리고, 토착 종교를 고집하는 사람들을 죽이는 잔인한 폭력적 선교가 자행되었다. 교회는 인디언이 읽고 쓰는 것을 배운다면 의사 소통을 시도할 수 있다는 위험성을 감지해 이를 사전에 차단했다. 이런 이유로 수 세대에 걸쳐 원주민에게 제대로 된 교육을 시행하지 않고, 성직에 임명하지도 않았다. 원주민들은 지도자를 직접 선출하려 했으나 선교사가 이를 차단했다. 선교사의 명령과 지시는 종교 및 도덕, 공동체의 제반 문제에 걸쳐 최종적 권위를 지녔다.[188] 가톨릭 신자가 된 원주민들은 자신의 언어가 아닌 라틴어로 미사를 드렸고, 그 결과 지명을 라틴 아메리카로 부르게 되었다.

흔히 기독교가 이슬람을 비판할 때, 사용하는 문장이 있다: '한 손에는 코란을, 다른 손에는 칼을.' 그런데 기독교 역사를 공부해 보면, 비단 이 문장은 이슬람을 단정짓는 것만이 아님을 알 수 있다. 기독교 또한 '한 손에는 성경을, 다른 손에는 총을' 이라는 표현을 하기에 부족함이 없을 정도로 엄청난 폭력과 살상을 저질렀다. 선교 복음화라는 미명 하에 가톨릭교회는 중남미 대륙에서 침략과 약탈, 살인과 파괴를 일삼은 정복자이자 파괴자였다.

유럽은 콜럼버스를 새 대륙을 발견한 개척자로 평가하지만, 15세기 지리상의 대발견은 남미의 원주민들에게는 대재앙이었다. 콜럼버스는 유럽의 제국주의와 식민주의를 남미로 불러들인 원흉이다. 가톨릭교회의 도착은 그들에게 '좋은 소식'(Good News)이 아니라 정복 전쟁과 인종 말살의 서막

---

[188] 유스토 L. 곤잘레스, 『중세교회사』,265, 283.

이었다. 선교는 정복자의 이익과 만족을 대변했지 원주민의 구원을 위한 것이 아니었다. 가톨릭교회는 하나님의 이름을 지구촌에 전하자고 강조했지만, 실제로는 제국주의적 정책 하에 타종교와 비기독교인들을 무력으로 개종 시키거나, 이를 거절할 경우 집단 학살을 자행했다.

우리는 중세교회의 주도권 경쟁을 살펴보았다. 소수의 권력자와 고위 성직자들이 오랫동안 서부 유럽의 교회를 독점했고, 그들은 자신들의 주도권을 사수하고 고양시키기 위해 분투했다. 그들은 한 번 거머쥔 주도권을 내놓을 생각이 없었다. 그들은 악랄한 방법과 수단을 동원해 자신들의 권위를 옹호했고 성경과 신학, 교리, 성직, 재산, 사법권, 교육 등을 독점함으로써 신자들이 맹목적으로 그들을 추종하도록 가스라이팅 했다. 그들의 작전은 오랫동안 유효하게 먹혀 들었다.

1500년경 유럽 대륙에는 약 6천 5백만에서 8천만 명의 인구가 있었다. 그런데 약 60명에 불과한 왕, 영주, 대주교들이 주요 권력을 장악했다.[189] 성직자는 영혼을 낚는 어부가 아니라 영지와 권력, 돈, 쾌락을 낚는 어부로 전락했다. 교회 내에는 족벌주의, 성직 매매, 궐석 제도, 뇌물 수수, 비도덕적 생활 등이 넘쳐났다. 이런 현상에 대해 프란체스코 수도사 출신 교황 아드리안 6세(Adrian VI, 1522-1523년 재위)은 "하나님께서 인간들의 잘못, 특히 사제들과 고위 성직자들의 죄악 때문에 교회가 이처럼 큰 환난을 당하도록 허용하셨다"고 한탄했다.

---

[189] 루이스 W. 스피츠, 『종교개혁사』, 26.

종교 카르텔의 독점권과 부정부패로 인해 신자들의 실망과 원망은 쌓였고, 교황과 주교에 대한 울분과 분노는 하늘을 찔렀다. 그 분노는 결국 종교개혁으로 분출되었다.

제3장: 개신교 내의 주도권 경쟁

　서부 유럽에서 가톨릭교회는 15세기 말까지 천 년 이상 종교 독점권을 유지하며 구원을 빌미로 신자들을 가스라이팅 했다. 교회에서 종교적, 영적 목적은 점점 희미해져 갔고, 세속적 동기가 윗자리를 차지하면서 세속 권력자와 종교 권력자의 음모 집단으로 변모했다. 하나님의 대리자라 여겼던 교황이 실제로는 적그리스도라는 주장이 제기되기 시작했다.[190]

　요지 부동했던 가톨릭교회의 주도권에 도전장을 내민 것은 마틴 루터, 존 칼뱅, 츠빙글리(Huldrych Zwingli, 1484-1531) 등과 같은 종교개혁가들이었다. 그들은 기존의 권위 및 주도권에 부정부패가 있음을 지적했고, 가톨릭교회의 가르침이 우월하다는 사상을 거절했다. 그들은 무엇인가 잘못 돌아가고 있다는 것을 인식했고, 허위에 가득 찬 교회의 전통과 교황의 가르

---

[190] 롤란드 베인톤, 『마틴루터의 생애』,169-73.

침에 이의를 제기했다.[191]

루터는 마태복음 16장 18절을 해석하면서, 교회는 베드로 위에 세워진 것이 아니라 '주는 그리스도시요, 살아 계신 하나님의 아들이니이다'는 고백 위에 있음을 강조했다. 그는 교회의 권위에 대항해 '오직 하나님의 말씀'을 최고의 권위로 내세웠다. 성경은 하나님의 입에서 나온 신적 계시로, 신앙의 출발점이자 교회의 최종적인 권위이다. 교회는 전통이나 교황권이 아닌 하나님의 말씀에 기초해야 한다.[192] 교회와 신자는 교황이나 성직자에게 복종할 것이 아니라 교회의 머리이신 그리스도와 말씀에 순종해야 한다.[193] 그는 그리스도를 영접하고 세례를 받은 신자는 하나님의 제사장이라는 만인제사장설을 주장했다. 성직자와 평신도 사이에는 계급적 구분이 없고 평신도도 성경을 읽고 해석할 수 있는 권리를 가진다: "성서는 평범한 사람의 책이다. 성서는 보통 사람도 이해할 수 있다. 그리고 그들은 그럴 권리를 가지고 있으며 그것을 읽고 스스로 해석한다. 따라서 그들의 신앙은 성서의 증거에 의존하며 교회의 증거에 의존하지 말아야 한다."[194]

종교개혁가들은 이구동성으로 교황권이 비성서적이라 해석했다. 칼뱅 또한 그리스도는 베드로에게 다른 사람을 뛰어넘는 권한을 주지 않으셨다고 주장했다. 그는 교황이 그리스도의 대리자임을 부정했다. 앤드류는 베드로

---

[191] Eric W. Gritsch, *Martin- God's Court Jester* (Philadelphia: Fortress, 1983), 107.

[192] Jaroslav Pelikan, *Christian Tradition*, Vol. 4, 128. Eric W. Gritsch, Martin- God's Court Jester, 93. Paul Althaus, *The Theology of Martin Luther* (Philadelphia: Fortress, 1966), 338.

[193] Eric W. Gritsch, Martin- God's Court Jester, 93. Paul Althaus, *The Theology of Martin Luther* (Philadelphia: Fortress, 1966), 338-39.

[194] George Marsden, *Fundamentalism and American Culture: The Shaping of Twentieth Century Evangelicalism, 1870-1925* (New York: Oxford University, 1980), 111. 롤란드 베인턴, 『종교개혁사』, 195.

보다 먼저 예수님을 뵈었고 베드로를 주님께로 안내했다. 그러나 그런 이유로 앤드류가 베드로나 다른 제자들보다 우위에 있다고 추론할 수 없다.[195] 교회의 머리는 교황이 아니라 예수 그리스도이며, 성경은 교회의 신앙과 신학의 주요 토대가 된다. 다른 인간적 권위(신앙고백, 공의회, 전통) 등은 부차적인 권위에 불과하다. 츠빙글리도 교황직을 비성경적 직분으로 해석하면서 교황을 악한 죄를 짓는 적그리스도로 규정했다. 열렬한 애국자였던 그는 스위스 전역이 교황의 멍에로부터 벗어나기를 바랐다.

이처럼 종교개혁가들은 가톨릭교회의 주도권에 도전했고, 교황이나 전통의 권위를 부정하며 예수 그리스도와 성경의 권위를 내세웠다. 성례전과 고행, 선행을 통해 구원받는 것이 아니라 각자 예수를 믿음으로 구원받는다. 그들에 의해 중세교회의 주도권을 쥐었던 교황은 졸지에 적그리스도로 여겨졌다. 이 얼마나 아이러니한 일인가! 구원과 진리의 동아줄이라 믿었던 것이 썩은 동아줄에 불과하다니. 그들은 교황을 중심으로 한 가톨릭교회를 부정하고 개신교를 세웠다.

개신교에는 가톨릭교회의 교황이나 바티칸, 신앙 교리성과 같은 단체가 존재하지 않는다. 그런데 기존의 주도권을 깨고 새로운 조직이 탄생하면, 다시 그 조직을 이끌어갈 새로운 리더가 나타나기 마련이다. 종교개혁가를 중심으로 사람들이 모이면서 새로운 개신교 교단이 탄생했고, 그들은 새로 생성된 교단에서 주도권을 쥔 자들이 되었다. 그리고 그 조직을 이끌어가기 위해 소수의 주도자들을 중심으로 교단이라는 조직이 생겼다. 결국 교단을 이끌어가는 자가 새로운 권력자로 등장했다. 중세의 교황권은 종교개

---

[195] John Calvin, *Institutes of the Christian Religion*, IV.6.3, IV.6.5.

혁가들에 이양되었고, 중세의 고위 성직자의 권한은 교단 임원들에게 위임되었다. 그러면 다시 정교한 제도 및 계급 체계를 만들어 조직의 통일성을 도모한다. 그러나 특정 인물이나 조직이 주도권을 독점하면 부정부패가 생긴다. 이를 타파하기 위해 새로운 저항 조직이 기존 권위를 비판하고 개혁을 시도한다.

그래서 종교개혁은 다시 개혁되어야 한다는 말이 나온다. 중세에는 가톨릭교회가 주도권을 가졌고 개신교가 탄생하면서 또 다른 교권이 탄생하고 말았다. 이렇듯 역사는 끊임없이 새로운 주도권에 의해 바뀌는 쳇바퀴를 돌고 있다.

종교개혁가와 영주 그리고 시의회

중세 말기 상인과 중산층, 은행가를 중심으로 한 부르주아 계급은 봉건영주와 귀족, 고위성직자의 계급에 도전했다. 부르주아의 입장에서 볼 때, 교역이 보호받고 산적이나 해적이 퇴치되고, 화폐 제도가 통괄되고 귀족들 간의 전쟁이 종식되기 위해서는 봉건 제도보다는 강력한 중앙집권적 정부가 필요했다. 상업 및 지역 간의 교역이 활발해지면서 중세의 전통적 권위 및 체제에 균열이 생겼고, 봉건 제도는 서서히 몰락해 갔으며, 봉건 제도를 떠받혔던 기사는 쓸모없는 존재가 되었다.[196]

아랍권과의 십자군 전쟁의 패배로 인해 교황의 권위는 점점 수위에 몰리기 시작했고, 14세기 초에 이르러 교황청은 과거에 지녔던 강력한 권력

---

[196] 유스토 L. 곤잘레스, 『중세교회사』, 170.

대부분을 상실했다. 국가와 도시들은 교황청의 간섭에서 벗어나 자신의 목소리를 내면서 독립성을 확보해 나갔다.[197] 특히 도시 국가가 발전하면서 시 정부가 공무원을 임용하고 급여를 주면서 시의회가 고위 성직자의 자리를 대신했다. 주교의 지위는 점점 내려갔고 사람들은 더 이상 주교를 실세로 여기지 않았으며 대신 군주나 시의회에 호소하기 시작했다. 부르주아는 국왕을 물심양면으로 지원했고 왕은 그들 로부터 군자금을 얻어 중앙 집권 군주제를 확립해 나갔다.[198]

15-16세기에 접어들어 서부 유럽의 각국은 자국어를 강조했고, 언어의 발달은 민족주의 정신을 배가 시켰다. 스페인의 찰스 5세와 프랑스의 프랜시스 1세, 영국의 헨리 8세 등과 같은 강력한 군주들이 출현하면서 중앙 집권적 국가를 세웠고 주민들은 점차 자신을 한 마을의 주민보다는 한 나라의 국민이라는 의식을 가졌다. 프랑스에서는 국왕이 통치한다는 사상이 강했으며, 통치자는 입법권과 사법권을 가지며 모든 문제를 판결할 수 있는 권한을 가졌다.[199] 고대 로마에서 황제가 대사제직을 겸임했던 것처럼 군주가 종교 문제를 통솔해야 한다는 주장이 강했다.

국가주의는 종교개혁과 함께 우주 전체에 대한 권위를 내세우던 교황권을 무력화시킬 정도였다. 커져가는 국왕의 위세에 반비례해 교황은 군주들의 눈치를 보는 신세로 전락했다. 교황 레오 10세는 자신이 조정할 수 있는 약한 후보를 신성로마제국의 황제로 세우기를 원했으나, 그의 기대와는

---

197 R.W. 서던, 『중세교회사』,46.

198 유스토 L. 곤잘레스, 『중세교회사』,170.

199 루이스 W. 스피츠, 『종교개혁사』,361.

146   주도권 경쟁: 하나님의 자리에 앉은 사람들

달리 막강한 합스부르크 가문의 찰스 5세가 황제의 자리에 올랐다. 비록 그가 황제에 임명되기는 했지만, 그가 다스리던 대부분의 도시는 실제로는 시의회에 의해 통솔되고 있었고, 상당한 정치적 자유와 독립을 유지하고 있었다.[200]

대부분의 서부 유럽에서 도시 국가가 탄생하면서 시의회가 권력을 장악한 곳도 많았다. 루터가 종교개혁을 일으킨 독일은 당시 수많은 연방들로 구성되어 있었다(독일은 19세기 후반까지 32개의 독립 국가와 연방들로 구성되었다). 루터는 반(反) 교황주의를 표명하면서 독일의 민족주의에 호소했다. 마침 독일 영주들은 교황이 그들의 정사와 교회에 간섭하고 독일의 황금이 로마로 빠져나가는 점에 분개했다. 도시들은 종교개혁을 받아들이는 것이 도시의 자치를 확대하고 통제권을 확보할 수 있는 길임을 인식했다. 독일 제국의 65개의 자유시들 가운데 50개가 넘는 자유시들이 그의 종교개혁을 지지했고 영주가 주교의 행정을 수행했다. 이처럼 독일 영주들이 종교개혁에 찬성한 이유는 종교적 배경보다는 정치적 이유가 컸다.[201]

루터는 영주들의 지지를 확보하고자 그들과 협력한 준비가 되어 있었다. 그의 '두 왕국' 교리는 영주가 교회 행정에서 발언권과 권위를 행사할 수 있도록 도왔다. 영주는 세속 문제 뿐만 아니라 종교 분야에서도 상당한 권위를 누렸고, 교회 행정이나 재정 등에 깊게 간여할 수 있었다.[202] 그의 종교개혁 사상에 영향을 받은 농민들이 반란을 일으켰을 때, 사회의 안정을 우선시했던 루터는 영주의 편에 서고 농민들의 학살을 용인했다. 그 결과

---

[200] 루이스 W. 스피츠, 『종교개혁사』,42. 유스토 L. 곤잘레스, 『중세교회사』,171.

[201] 롤란드 베인턴, 『종교개혁사』,69-70.

[202] 유스토 L. 곤잘레스, 『종교개혁사』,92.

교회로 하여금 정부의 권세에 굽실거리게 만들었다는 비판을 받았다.

종교개혁을 위한 스파이어 의회(Diet of Speyer, 1526)는 영주나 시의회가 자신이 다스리는 지역의 종교를 직접 결정한다고 선포했다. 시의회는 교회 및 수도원의 규칙을 제정하고, 교회의 이단 문제와 윤리적 문제, 신성모독, 미신 등에 대한 판결과 처벌을 담당했다. 츠빙글리가 활동했던 스위스의 취리히에는 영토를 지배하는 영주가 존재하지 않았다. 종교 문제나 성경 해석에 관해 최종 결정권을 가지고 있었던 것은 지방 귀족과 정치가의 집단인 시의회였다.[203] 그는 '예언'이란 성경 모임을 인도했고 성경의 각 주제들에 대해 토론하고 결론을 내려 그 결과를 시의회에 전달했다. 그런데 그는 성경 공부의 결과보다는 시의회의 판결과 권위에 복종하는 모습을 보였다. 이는 성경의 최종적 해석권이 시의회에 있음을 시인한 것이나 다름없었다. 취리히 시의 종교적 주도권은 교황이나 주교에서 시의회로 완전히 넘어갔다. 그를 따르던 예언 그룹 멤버들은 츠빙글리가 '오직 성경'의 원칙을 폐기하고 시의회와 타협한 꼭두각시이자 대변인에 지나지 않는다는 비판을 가했다.[204]

칼뱅은 스위스 제네바 시에 신정일치 제도를 확립하기 위해 '신앙의 교훈과 고백'을 발표하고 모든 시민들이 여기에 서약하도록 강요했다. 그러나 그의 반대파가 제네바 시의회를 장악하자, 칼뱅은 제네바에서 추방을 당했다. 몇 년이 지나 다시 제네바로 돌아온 칼뱅은 평생에 걸쳐 교회 행정과 재산을 관리하던 시의회와 대립해야 했다. 칼뱅은 일부 시의회 의원

---

[203] 롤란드 베인턴, 『종교개혁사』,82,84. 루이스 W. 스피츠, 『종교개혁사』,46.
[204] 앨리스터 맥그래스, 『기독교, 그 위험한 사상의 역사』,118-19,130.

들과 적대 관계에 있었고, 그의 생애 말기에 이르러서야 그가 감독하던 종교 법원이 교회의 규율과 도덕을 관장하는 최고의 의결 기관이 될 수 있었다.

국왕의 수위권을 받아들인 영국국교회는 국왕의 대변인이나 다름없었다. 설교자의 선동으로 인한 사회 불안이나 추문 등을 두려워한 영국 정부는 설교자와 설교 내용을 엄격히 통제했다. 성공회는 정부로부터 공인 받은 설교의 표본을 모은 『설교집』(Book of Homilies, 1547년)을 출판해 목사들에게 이것을 전달할 것을 요구했다.[205]

종교개혁가들은 생존을 위해 영주나 시의회과 같은 정치 권력의 힘을 빌려 종교개혁을 시도할 수 밖에 없었다. 루터와 츠빙글리, 칼뱅 등은 거주하는 지역의 정치 현실을 따를 수 밖에 없었고 영주나 시의회에게 권위의 정당성을 부여했다.[206] 그들은 교황권을 배제하는 데에는 성공했으나 영주나 시의회의 정치 권력이 그 자리를 차지하는데 동의했다. 세속 권력과 타협한 종교개혁은 정치 세력이 교회를 지배하는 것을 허용하면서 그 대가를 지불해야 했다.

1) 창립자 중심

가톨릭교회는 교황권과 전통, 성경 등을 최고의 권위에 두었고 종교개혁은 성경을 최고의 권위에 두었다. 그런데 개신교 내에서 누가 성경의 해석권을 가지고 있고 누구의 성경 해석이 맞는가 하는 문제가 대두되었다. 종교개혁가들은 교황이나 공의회의 해석을 거부하면서 교회가 성경 해석과

---

[205] 앨리스터 맥그래스, 『기독교, 그 위험한 사상의 역사』, 466-67.
[206] 롤란드 베인턴, 『종교개혁사』, 56.

의미에 대한 최종 판단자라 주장했다. 그렇다면 여기서 교회는 누구를 뜻할까? 신자들을 의미할까? 아니면 장로인가? 그도 아니면 누구인가? 결국 교단 설립자의 해석이 최고의 권위로 받아들여졌고 이와 다른 견해는 터부시되거나 이단시 되었다.

개신교는 교회의 머리는 예수 그리스도라 고백했지만, 실제로는 보이는 사람, 특히 창립자를 일종의 교주로 모셨다. 각 교단은 교단을 세운 창립자가 있었고, 창립자는 교단에서 최고의 권위를 가진 인물이 되었다. 창립자를 중심으로 개신교는 분열되었다. 루터는 가톨릭교회를 떠나 새로운 교단을 창립할 의도가 전혀 없었다. 그가 바라던 것은 가톨릭교회의 개혁이었다. 그러나 어쩔 수 없는 정치적 상황에 의해 분리되어 나왔고 결국 그의 이름에 근거한 루터란교회가 탄생했다. 마틴 루터는 비텐베르그의 교황이라 불렸다. 독일 개신교에서 문제가 터질 때마다 모든 사람들은 그의 입에서 나오는 답변을 기다렸다.

츠빙글리와 존 칼뱅을 중심으로 한 장로교회와 개혁교회, 헨리 8세와 토마스 크랜머에 의해 세워진 영국국교회, 존 웨슬리의 감리교 등도 그러하다. 장로교와 개혁교회는 칼뱅의 성경 해석에 따라 정통과 이단을 구별했고 모든 죄의 유무 및 경중을 결정했다. 그는 『기독교 강요』를 통해 예정론과 성서론, 삼위일체론, 유아세례, 성만찬 등의 주제에서 자신의 견해를 밝혔다. 그는 자신의 신학에 반대하거나 이의를 제기한 자들을 이단으로 몰아 추방하거나 처형했고 제네바에서 그의 권위에 도전할 이는 아무도 없는 보였다.[207] 웨슬리는 모라비안의 믿음과 경건성을 높게 평가했으나, 창립자인 진젠돌프를 개인 숭배하는 경향에 대해 우려를 표명했다.[208] 그러나 정작 자신이 감리교를 세우자 최고 감독이 되어 모든 신학과 신앙을 통제했다.

'창립자 바라보기'는 500년이 지난 오늘날까지 우리에게 큰 영향을 미치고 있다. 인간은 보이지 않는 하나님 대신 보이는 특정 인물을 리더로 삼고 이것이 지나치면 우상화 하는 위험성에 노출되어 있다. 기독교는 이 구동성으로 예수님이 교회의 머리라 고백하지만 대부분 창립자의 이름을 따라 교단 이름을 정했다. 가톨릭교회는 교황권을 강화시켰고 개신교 교단 또한 특정 인물, 특히 설립자가 주도권을 가졌다. 본인이 원하든 혹은 원하지 않던 가에 상관없이 교단 설립자들은 교황이나 성인들을 몰아내고 대신 그 자리에 앉았다. 창립자가 성경 해석과 교리, 신학, 행정, 도덕성을 판단하는 잣대가 되면서 마치 하나님을 대리하는 재판관으로 활동했다. 자신이 내린 결정을 정통으로 삼고 이에 반대하는 자를 이단으로 몰아 숙청하거나 추방했다. 그들은 존경과 숭배의 대상으로 변질되면서 일종의 신이 되고 말았다.[209]

이런 현상은 대형교회의 창립자에게도 적용되었다. 카리스마 넘치는 목회자가 교회를 개척해 몇만 명 이상의 교회를 세우면 어느새 그는 교회에

---

[207] 유스토 L.곤잘레스, 『종교개혁사』,111. 존 딜렌버거, 클라우드 웰취, 『프로테스탄트 교회의 역사와 신학』,129.

[208] Albert E. Outler, ed, *John Wesley* (New York: Oxford University Press, 1964), 353.

[209] E. H. Robert W. Scriber, *Popular Culture and Popular Movements in Reformation Germany* (London: Hambleton, 1987), 301-54. 앨리스터 맥그래스, 『기독교, 그 위험한 사상의 역사』,379-80,397,462-63.

서 신과 같은 존재가 되었고 신자들은 맹목적으로 그를 추앙하는 모습을 보였다. 우리는 '성경에 의하면,' '예수님의 말씀에 의하면' 이라는 표현보다는 창립자의 이름을 대면서 '그에 의하면'이라 표현을 더 사용하기에 이르렀다.

2) 교단 중심

미국 정치는 공화당과 민주당으로 나눠져 있고 한국 정치 또한 보수당과 진보당으로 나눠져 있다. 어떤 한 사건이 터지면 같은 나라의 사람이라 할 수 없을 정도의 정반대적 입장을 내 놓는다. 한쪽이 'Yes'라 하면 반대편은 무조건 'No'라 외친다.

기독교에도 일종의 정당과 같은 것이 있다. 다름아닌 교단이다. 기독교는 개인의 종교라기보다 공동체의 종교이다. 개신교는 설립자를 중심으로 교단을 형성해 교단 중심으로 움직였다. 가톨릭교회에 대항해 탄생한 개신교는 루터란교회, 개혁교회, 장로교회, 영국국교회, 침례교 등의 교단을 형성했는데, 생존을 위해 서로 돕고 협력하는 동지의 관계가 아닌, 서로를 적대시했다. 루터란 지역에서 장로교와 개혁교회는 이단이었고, 마찬가지로 스위스의 제네바나 취리히 역시 루터란교회를 허용하지 않았다. 어떤 경우에는 루터파가 칼뱅파를 견제하기 위해 가톨릭 측과 공동 전선을 형성하기도 했다.[210] 취리히 시가 가톨릭 군대의 공격을 받았을 때 같은 개신교인 루터파는 원군을 보내거나 돕지 않았다. 이처럼 종교개혁 초기부터 교단의 벽은 상당히 높았고 서로가 남남이었다.

---

[210] 롤란드 베인턴, 『종교개혁사』, 160.

각 교단은 자신의 성을 구축하기에 바빴다. 무질서를 싫어했던 칼뱅은 교회의 통합과 질서를 유지하기 위해 교역자의 권위와 특권을 강화 시켰다. 성직자회는 신앙고백과 규율, 요리문답을 작성해 이를 제네바 거주민들에게 서명하도록 강요했다. 교회는 제네바 시민의 생활을 엄격히 통제했는데, 예배에 결석하는 자에게는 벌금이 부과되었고, 음주와 방탕, 저속한 노래와 춤을 춘 사람은 투옥되거나 추방당했고, 그 정도가 심할 경우에는 사형에 처해졌다.

청교도의 〈웨스트민스터 대요리문답〉에 의하면, 설교자는 교단의 심의 하에 목사 안수를 받아야 함을 명시함으로 교단의 승인이 없이는 설교할 수 없는 구조를 만들었다. 교단은 신앙고백서, 교리, 예배 규정, 찬송가 등을 만들어 교회에 배포해 개교회를 관리하고 신자들을 교육시켰다. 장로교는 당회와 노회, 총회로 이루어진 치리회를 만들었고, 감독 기능을 가진 치리회는 각 교회의 행정과 재산권 등을 통제했다. 영국국교회나 감리교 또한 교단의 대표자인 감독이 목사 파송권을 가지며 개 교회와 목사 위에 군림했다. 이처럼 각 교단은 엄격한 계급 및 행정 체제를 갖추었다.

교단의 행정이나 신학에 불만을 가지고 탈퇴를 할 경우, 교회 건물을 가지고 나갈 수 없었다. 성경 해석권은 개인에게 주어지지 않았고 교단이 신학이나 교리를 결정했다. 1560년 경부터 각 교단은 종교적 신념과 관습, 지역의 문화와 특성 등을 감안해 신앙고백서 작성에 들어갔다. 교단은 믿는 바와 실천해야 할 내용을 교단법과 강령으로 규정해 교회와 신자에게 이를 따를 것을 요구했다. 교단 총회는 총회장과 부총회장, 총무, 서기 등의 임원진을 구성해 총회 행정을 주도한다. 교단 중심주의는 교회의 본질을 조직 기구에 두고 그 결의를 절대적 권위로 받아들임으로 교권주의로 고착될 위험성이 높았다. 교황이 유일한 성서 해석자라 주장한 것처럼 개신교의 교단도 진리의 보관자라 지칭하면서 가톨릭교회의 전철을 그대로 밟았다.

각 교단은 자신의 교단만이 진리의 수호자라 여겼고 타 교단이나 다른 견해에도 진리가 있을 수 있다는 가능성을 배제했다. 교단의 가스라이팅을 받은 신자들은 다른 교단에는 구원이 없다고 여겼고 그곳에서 예배 드리는 것에 불안을 느꼈다.

제1차 대각성운동의 주역인 휫필드(George Whitefield, 1714-1770)는 교단 제도에 대해 부정적이었고, 교단의 장벽에 갇혀 분열이 일어나는 현상을 신랄하게 비판했다. 그는 특정 교단의 교인이 아니라 복음을 믿는 그리스도인이 되어야 할 것을 강조했다. 천국에는 영국국교회, 장로교, 회중교회, 감리교 교인이 있는 것이 아니라 그리스도를 믿는 신자들이 있다.[211]

초기 감리교는 평신도 순회 설교자들을 고용했고 그들의 헌신적인 전도 및 순회 활동을 통해 급격한 성장을 이루었다. 그러나 조직이 점점 비대해지면서 제도화 및 관료화 되었고, 중앙집권적 제도를 강화 시켰다. 미국 감리교의 경우, 각 연회에 감독이 최상위 권위로 존재하고, 그 밑에 감리사들이 지역 교구들을 총괄한다. 개 교회나 신자들은 목사 청빙에 관여할 수 없고, 감독이 개교회에 목회자를 파송하는 시스템을 가진다. 감독이 지역교회의 목사를 임명하고 해임할 수 있는 파송권을 가지면서 목사 또한

---

[211] William W. Sweet, *The Story of Religion in America* (New York: Baker Book House,1973),206. Winthrop Hudson, *Religion in America* (New York: Charles Scribner's Sons,1965), 71.

교인이 아닌 감독이나 감리사의 눈치를 보게 되었다.

무엇이 성경적 진리인가 하는 것보다 총회의 결정이 진리의 잣대가 되는 경우도 나타났다. 교단의 결정이 성경의 권위를 뛰어넘는 사건이 발생했다. 한국 장로교회의 경우, 총회는 신사참배를 결의했고 이에 반대하던 주기철 목사를 목사직에서 면직시켜 평신도로 강등 시켰다. 교단이 신사참배를 동의하면 교회와 목사, 신자들을 이를 따라가야 했다. 이런 계급화된 교단 제도는 중세의 교황권이나 교황청을 중심으로 움직였던 체제로의 회귀를 의미했다.

3) 목사 중심

중세 가톨릭교회는 교황과 주교를 중심으로 한 고위 성직자들이 주도권을 잡았는데, 이에 반대해 루터는 모든 신자들이 제사장이자 수도사라는 만인제사장설을 주장했다. 그렇다면 성직자나 평신도가 동등한 교회가 탄생했을까? 교단을 형성한 개신교는 결국 가톨릭교회와 마찬가지로 성직자 중심의 제도와 문화를 형성했다. 중세에는 사제가 하나님과 신자 사이에서 중재 역할을 했으나, 종교개혁 이후로는 목사로 대체되었다.

종교개혁이 자리잡으면서 정통주의 개신교는 교단을 형성했고 목사들을 중심으로 한 총회를 구성했다. 결국 교단 총회의 주요 구성원은 목사들이다. 그들은 모여서 무엇을 논의할까? 목사들의 모임인 총회는 결국 목사의 이익을 대변하는 기관이다. 교단은 목사 안수 제도를 통제해 교단의 허락을 받은 목사만이 설교하고 성례전을 베풀 수 있게 허락하면서 목회자에게 영적 권위를 물려주었다. 결국 사제에서 목사로 호칭만 바뀐 것뿐이지 교회 계급 제도에 실질적인 변화가 일어난 것은 아니었다.

개신교는 가톨릭교회의 성례전 숫자를 일곱개에서 두 개로 줄이는 대신, 설교의 비중을 높였다. 중세 성례전 중심의 예배는 전례적인 성격을 거의 상실했고 말씀 강해 중심으로 흐르면서 예배당은 신학 강의실이 되었다. 설교 중심의 예배로 전환되면서 설교자, 즉 목사가 교회의 중심 세력으로 등장했다.

루터는 설교의 의미를 재발견했고, 『예배 예식서』를 출판하면서 말씀 선포를 예배의 가장 중요한 요소로 강조했다. 칼뱅도 예배의 중심에 말씀을 두었고, 목사만이 설교하고 가르치며 성례를 베풀 수 있음을 주장했다.[212] 목사는 하나님과 회중 사이의 중개자로 성경 해석과 말씀 대언 및 적용이라는 신성한 의무를 맡았다. 이제 하나님은 사제의 성례전을 통해 만나야 할 분이 아니라 목사의 설교를 통해 알아야 하는 존재가 되었다.

개신교는 성경을 낭독하고 본문에 근거한 설교를 예배의 중심에 두면서 미사를 드리던 제단을 제거하고 크고 화려한 설교 강단(pulpit)을 중앙에 놓았다. 강대상은 회중을 위에서 아래로 내려다 바라볼 수 있는 높은 곳에 설치되었고, 평신도는 거룩한 강대상에 함부로 올라갈 수 없고 발언도 할 수 없는 성역이 되었다. 그리스도의 은혜는 설교를 통해 전달된다. 개신교에서 설교는 마법의 지팡이가 되었는데, 설교를 담당하는 목사는 예배 전체를 장악하고 통제하는 수위권자가 되었다.

설교자는 말씀의 권위를 지나치게 강조하면서 자신이 하나님의 말씀을 대언하는 역할을 부여 받았다고 주장했다. 종교개혁가인 불링거(Heinrich Bullinger, 1504-1575)는 '설교는 곧 하나님이 말씀하시는 것'이라 주장하면서

---

[212] 롤란드 베인톤, 『마틴루터의 생애』,370. 칼뱅은 평생동안 목사 안수를 받은 적이 없었다.

설교자의 권위를 하나님 수준으로 높였다. <하이델베르크 요리문답>은 하나님 말씀의 선포를 통해 진리와 영생이 전달되며, 목사에게 하나님을 대변하는 책무가 부과되었다고 명시했다.

이런 현상에 대해 우려도 터져 나왔다. 웨스트민스터 회의(1640-1649)는 목사에게 너무 많은 권력을 부여한 것에 대한 우려를 표명했고, 영국의 시인 밀턴(John Milton, 1608-1674)은 장로교가 목사의 권위를 강조하는 것은 이전 가톨릭교회의 교황제나 감독제가 지녔던 권위주의를 그대로 복사했다는 비판을 가했다.[213] 전문적인 신학 교육을 받은 목사는 은혜의 수단인 말씀의 중요성을 부각시키며 자신의 역할이 중요하다고 강조했다. 이는 가톨릭교회의 이데올로기를 그대로 답습하는 것으로, 목사나 설교자와 같은 전문 종교 직업 계층의 등장은 만인제사장을 표방하던 개신교의 근본 원리를 크게 위협했다.

제1차 대각성 운동이 미국교회에서 일어날 때, 신자들의 회심을 가로막는 가장 큰 장애물은 목사들이었다. 고등 교육을 받고 교만해진 목사들이 회개하지 않아서, 신자의 회심과 교회의 부흥과 발전에 발목을 잡았다. 조지 횟필드는 뉴 잉글랜드의 교인들이 영적으로 죽어 있는 이유는 목회자 때문이라 비판했다.[214] 이는 자신도 천국에 들어가지 않고 천국에 들어가려던 사람들 마저 막은 바리새인들을 연상시킨다.

교단은 누구의 이익을 대변할까? 누가 헌금을 사용하고 급여를 받을까? 총회는 교단의 앞날과 발전을 위한 방안을 제시하기도 하지만, 목사의 월급과 처우 개선, 노후 대책, 의료 보험 등과 같은 목사의 복지를 꼼꼼히

---

[213] 앨리스터 맥그래스, 『기독교, 그 위험한 사상의 역사』,449-51.

[214] Winthrop Hudson, *Religion in America*, 71. 박명수, 『근대 복음주의의 주요 흐름』,47-48.

챙겼다. 교단을 운영하기 위해 막대한 비용이 필요했고, 각 교회는 분담금을 지불했다. 교단은 이를 통해 목사들의 월급과 연금, 퇴직 혜택 등을 지원하고 관리한다. 교단은 그야말로 목사의 이익을 대변하는 단체로 볼 수 있다.

미국 감리교의 경우, 감독과 감리사, 목사들을 중심으로 한 중앙집권적 교권주의 제도를 따른다. 감독이 목사를 개 교회에 파송하고, 목사에게 월급 및 사택과 보험 등은 별도로 제공한다. 목사는 월세를 내지 않는 상황에서 월급 대부분을 저축할 수 있고, 높은 수준의 의료 보험 및 치과 보험 혜택을 받는다. 그러한 시스템으로 인해 헌금은 교단 관계자와 목사들을 먹여 살리는 데 사용되고, 결과적으로 감리교는 교인의 영적 갱신이나 개혁보다 목사의 복지를 우선시한다는 비판을 받고 있다. 결국 교회는 목사의 직장이며, 교단은 목회자의 권익을 도모하며 그들의 잇속을 챙기는 카르텔을 형성한다. 이런 교단 중심, 목사 중심의 정치적 제도 하에 평신도는 교회 행정에서 수동적인 자세를 취할 수 밖에 없다.[215]

우리는 기도하고 찬양함으로 예배를 시작한다. 그럼에도 불구하고 설교 중심의 예배에 익숙해진 나머지 설교가 시작되어야 예배가 시작된다고 착각한다. 예배의 중심에 설교가 자리잡았고, 회중의 신앙에서 살아 숨 쉬는 호흡과 같은 것이 되었다. 신자는 성경을 읽거나 기도함으로 직접 하나님을 체험하거나 만날 수 없고 오직 목사의 설교를 통해서만 하나님을 알 수 있다. 우리는 설교 지상주의에 물들어 있다. 목사 계층은 자신의 전문

---

[215] 로저 핑크, 로드니 스타크, 『미국 종교 시장에서의 승자와 패자』 (서울: 서로사랑, 2004), 246-47. 최덕성, 『한국 교회 친일파 전통』 (서울: 지식산업사, 2006), 20, 62.

성과 권위를 강화하기 위해 '설교는 곧 하나님의 말씀' 이라는 공식을 만들어내 자연스럽게 교회의 주도권을 잡았다.

설교는 과연 하나님의 말씀일까? 설교에는 인간적 요소가 전혀 없는 것일까? 목사는 성경 이야기에 자신의 해석과 생각을 전달한다. 대부분의 설교는 목사 개인의 성경 해석에 불과한 '내가 복음'일 가능성이 높다. 일부 목사는 말도 되지 않는 잡설을 늘어놓고, 대부분의 신자들은 이를 하나님의 말씀으로 받아들이며 '아멘'으로 응답한다. 이는 목사가 설교를 통해 신자를 통제하고 세뇌시킨 결과라 할 수 있다.

4) 신학교 중심

한국은 지나치게 학연, 지연, 혈연이 강하다. 한국의 군부 독재 시절에는 육사 출신들이 쿠데타를 일으켜 정권을 거머쥐었고 오랫동안 기득권을 누렸다. 정부의 주요 요직은 서울대, 연대, 고대 출신들이 많이 등용되었다. 교육은 백년지대계(百年之大計) 이다. 각 조직의 앞날은 교육에 달려있다. 각 교단은 목회자를 양성하기 위해 신학교를 설립했고 이를 통해 교단 목회자를 양성했다.

스페인의 이사벨라 여왕(Isabella I of Castile, 1474-1504 년 재위)이 가톨릭교회를 개혁하면서 우선적으로 한 일은 사제 후보생에게 양질의 교육을 제공하기 위해 알칼라(Alcala) 대학을 설립한 것이었다. 프란체스코 수도회나 도미니칸 수도회도 사제들에게 학문적 탐구를 권장했고 공부를 마친 사제들은 파리대학이나 옥스포드 대학을 비롯한 대학에 교수진을 제공했다. 예수회는 인문주의 교육 철학에 바탕을 둔 커리큘럼에 근거해 백여개에 달하는 대학과 신학교를 설립해 사제 후보생을 교육시켰다. 예수회가 세운 대학은 유럽에서도 손꼽히는 대학으로 성장했고 이는 교단의 발전과 교황권 강화에 큰 도움이 되었다. 이처럼 교단의 발전은 후보생을 선별해 훈련시키는 것과 깊이 연관되었다.

종교개혁의 중심에도 신학교가 자리잡았고, 신학 교수 혹은 신학 박사들은 개신교가 자리잡는데 큰 공헌을 했다. 신학 박사였던 루터는 독일의 비텐베르그 대학에서 성경을 가르쳤고, 시편과 로마서를 연구하는 과정 가운데 이신칭의의 진리를 발견했다. 루터의 뒤를 이어 루터란교회의 신학을 발전시킨 멜랑히톤(Philip Melanchthon, 1497-1560)도 비텐베르그 대학에서 그리스어를 가르치던 교수였다. 칼뱅은 제네바 아카데미(1559년)를 설립해 철학과 신학을 비롯해 라틴어, 헬라어, 히브리어 등의 인문주의적 과목을 가르쳤다. 이곳에서 공부한 존 낙스(John Knox, 1514-1572)는 스코틀랜드로 돌아가 가톨릭교회를 무너뜨리고 장로교를 국교로 세우는 일등공신이 되었다.

교단의 등장과 함께 목사 후보생을 교육하는 신학교는 교권을 유지하는데 중요한 역할을 했다. 교단 신학교는 교단에서 일할 목사를 교육하는 일종의 교단 공무원을 양성하는 곳이다. 신학교는 목사 후보생의 신학과 신앙 형성에 절대적인 영향을 끼쳤다. 미국 청교도는 '하나님과 영생이신 예수 그리스도를 아는 것'이란 표어 하에 하버드 대학(1636년)을 설립했고 뉴 잉글랜드의 지성계를 주도했다. 미국 장로교와 회중교회는 하버드 대학과 예일 대학 등의 고등교육을 받은 사람에게만 목사 안수를 주었다. 그 결과 신학교를 졸업한 목사는 사회 계층에서도 상위층에 속했다. 그런데 하버드 대학이 '진리 추구'라는 세속적 표어로 바뀌자 이곳에서 공부한 대다수의 목사들은 삼위일체의 단일성을 주장하는 유니테리언(일신론)이 되고 말았다. 간혹 지나친 지식은 불신앙이나 이단 사상으로 이어진다.

개신교에서 성경은 최고의 권위를 가진다. 그런데 누가 성경을 해석할 수 있는 권한을 가지는가? 개신교에서는 성경 해석과 설교권을 가진 자가 최고의 존경과 권위를 인정받았다. 교단은 신학 연구 공동체인 신학교가 성경 해석의 권위를 가진다고 믿었고, 교수진은 교단 신학의 발전과 보급에 기여했다. 신학 전문 교육을 받은 신학자와 목회자들이 성경 해석의 새로운 권위자로 부상하면서 신학과 교리를 독점하는 현상이 나타났다.

그런데 18세기 이후 신학교에 세속화 과정이 본격화되었다. 대부분의 신학교는 합리주의와 계몽주의, 과학주의 등을 받아들였고 고등비평과 다원주의 등을 포함한 자유주의 신학을 받아들였다. 뜨거운 가슴 대신 냉정한 이성을 우위에 놓으면서 이성의 검증을 통과한 성경 본문과 교리만이 존속되는 현상이 나타났다.[216] 그 결과 개인의 회심 체험이나 초자연적인 성령의 역사는 부정되었다. 신학교에서 가르치는 신학은 보수적인 신자들이 많은 교회 사역에 적용하기 어려웠다. 신학교육을 마친 목사는 순수한 성경이 아닌 현대 신학을 강대상에서 선포했고 교회에는 세속화 현상이 나타났다. 이제 대부분의 신학교는 자유주의 신학 및 세속주의에 물들었고 여기서 교육받은 목사들은 교회 신자들에게 이를 가르치고 있다.

신학을 오랫동안 공부하면 성경에 정통한 사람이 될까? 신학을 공부할수록 신앙이 식어간다는 소리가 들린다. 그래서 신학교에 들어갈 때에는 불 같은 신앙으로 '세계적인 부흥사'를 꿈꾸지만 1년이 지나면 '목사,' 2년이 지나면 '장로,' 3년 차가 되면 '집사,' 결국 졸업할 때에는 불신자가 되

---

216 프랭크 틸만, 『신약신학』,31.

어 나온다는 우스개 소리가 있다. 제1차 대각성 운동의 주역인 조지 휫필드는 미국교회의 교인들이 영적으로 죽어 있는 이유는 회심을 경험한 목사를 길러내지 못하던 하버드와 예일 대학교 때문이라 비판했다.[217] 하용조 목사도 그 좋던 신앙이 신학교에 들어가 크게 흔들렸다고 고백했다.

5) 교리 및 신앙고백서 중심

종교개혁이 자리를 잡게 되자, 개신교 정통주의는 '오직 성경'의 정신을 잃어버리면서 복잡한 신학적 논쟁을 발전시켰고, 이는 신앙고백 운동으로 이어졌다. 루터란교회와 개혁교회, 장로교회, 영국국교회 등은 신앙을 안내하고 교리의 왜곡을 방지하고 이단에 맞서기 위한다는 목적으로 자신들이 믿는 바와 신학적 주제를 체계화해 교리를 만들고 신앙고백서를 제작하는 데 전념했다. 그 결과 루터교의 아우크스부르크 신조(Augsburg Confession, 1530), 장로교의 웨스트민스터 신앙고백(Westminster Confession of Faith, 1647년), 개혁주의의 하이델베르크 요리문답(Heidelberg Catechism, 1563년), 성공회의 39개 조항(Thirty-nine Articles, 1571년), 감리교의 25개 조항(Twenty-five Articles of Religion, 1784년) 등 셀 수도 없이 많은 신앙고백서들이 작성되었다. 그런데 문제는 각 교단이 서로 다른 성경 해석법을 가졌고 동일한 교리나 신앙고백서는 존재하지 않는다는 점이었다.

개신교 또한 성경 본문보다 창립자의 신학과 전통을 우선시하기 시작했다. 각 교단은 성경의 생동적인 역사를 딱딱한 교리라는 틀 속에 넣었다. 성경이 신학적 중심 주제로 사용되기보다 교단이 중요시하는 교리 및 체

---

[217] 박명수, 『근대 복음주의의 주요 흐름』,47-8.

계를 입증하는 도구로 사용되었다. 교리를 결정하거나 이의를 제기하는 근거로 성경 말씀을 사용하기보다 교리에 특정 성경 구절을 끼워 넣어 보충 자료로 사용되는 현상이 나타났다.[218] 성경 자체를 해석하기보다 교단이 지지하는 신학적 교리를 지지하기 위해 선택적으로 특정 성경 구절을 인용했다. 그 결과 성경의 지위는 위태롭게 되었고 신학이나 교리가 성경을 해석하는 열쇠로 받아지면서 성경보다 권위가 높아졌다.[219]

각 교단은 자신의 교리와 신앙고백서에 집착했고, 타 교단의 신앙고백의 권위는 인정하지 않았다. 루터란교회는 장로교의 웨스트민스터 신앙고백이나 성공회의 39개조를 인정하지 않는다. 반대로 성공회 신자들은 루터파의 아우크스부르크 신앙고백을 인정하지 않는다. 각 교단의 신앙고백은 그 교단 내에서만 권위를 가질 뿐이었다. 그런데 신앙고백서 내용의 차이로 인해 개신교 각 교단은 서로를 적대시하고 이단시했다.

심지어 같은 교단이라 할지라도 각 지역의 현황에 근거해 다른 고백서들을 만들어냈다. 개혁교회 및 장로교는 칼뱅주의에 근거한 신앙고백서를 만들었으나, 나라마다 민족마다 다른 신앙고백서를 작성했다: 프랑스 신앙고백(1559년), 스코틀랜드 신앙고백(1560년), 벨기에 신앙고백(1561년), 제2차 스위스 신앙고백(1562년), 웨스트민스터 신앙고백(1646년) 등등. 신앙고백서에는 각 나라와 지역의 정치적, 사회적, 문화적 정서에 따라 정교하고 엄격하며 미세한 신학적 차이가 담겨 있었다. 수많은 신앙고백서들이 만들어지면서 15-16세기를 정통주의 시대 혹은 신앙고백의 시대라 부른다.

명제는 자명한 진리라는 믿음 하에 기독교 진리는 신조 혹은 신학적 공

---

[218] 프랭크 틸만, 『신약신학』, 28-30.
[219] 존 딜렌버거, 클라우드 웰취, 『프로테스탄트 교회의 역사와 신학』, 142.

식으로 변질되었다. 교리화로 인해 신학이나 교리의 안경을 쓰고 성서를 해석하는 폐단이 발생했다. 그러다 보니 성경보다 신앙고백을 우위에 두는 부정적 현상이 나타났다. 신앙고백서가 주 교재이고 성경은 각주에 불과한 신세가 되었다. 신앙이란 하나님을 만나고 체험하는 것이 아니라 정통 교리나 신앙고백서를 공부하고 이에 대한 지적 동의로 정의되기 시작했다.[220] 그리고 큰 교단의 교리가 정통으로 여겨지면서 소수 교단의 교리는 무시되었다.

흔히 교회에 새신자가 들어오면 새신자 교육을 시킨다. 신조나 신앙고백서를 학습하거나 소요리 문답을 배우면 자동적으로 교인으로 인정을 받는다. 이처럼 신앙이란 하나님을 만나거나 성경을 배우는 것보다 교단 교리를 배우고 습득하는 지적 학습에 가깝다. 교리가 믿음을 대체하고 신앙은 교조적 신념으로 변질되면서 하나님을 체험하는 신앙은 생명력을 잃어갔다.[221]

그러나 어떤 신앙고백서도 초월적이고 포괄적인 진리를 담을 수 없다. 사람이 성경의 일부를 추려 논리화 한 교리가 하나님이 제시한 성경보다 더 우월한 진리를 제시할 수 없다. 사람은 말씀의 해석에 대해 오류를 범할 수 있기에 자신의 견해가 완전한 진리라 주장할 수 없다. 역사적으로 신앙고백서는 이후의 세대가 검토해 개정에 개정을 거듭해 왔다. 결국 시간이 흐르면 신앙고백서의 내용 또한 변한다.

그러나 교회에서 성경은 최고의 권위를 가지며, 성경만은 변하지 않는다.

---

[220] 롤란드 베인턴, 『종교개혁사』,110.
[221] 앨리스터 맥그래스, 『기독교, 그 위험한 사상의 역사』,168-71,372.

그러하기에 교회는 성경에 기반해야 한다. 침례교나 청교도의 회중교회는 특정 신앙고백서에 동의할 것을 찬성하지 않았다. 미국의 대각성 운동은 참된 신자의 기준을 교리나 신앙고백서에서 돌이켜 회개와 중생을 경험하는 것에 초점을 맞추었다.[222] 성경이 제시한 진리 외에 어떤 교리나 신앙고백서도 구원에 필요하지 않다.

6) 이단 정죄

바리새인이나 서기관들은 예수님을 비판하면서 이단으로 정죄했지만, 그는 그들을 이단으로 몰거나 폭력을 행사하지 않으셨다. 그런데 교회는 어떠했을까? 종교개혁이 일어나자 가톨릭교회는 교황권과 교리를 받아들이지 않는 자를 이단으로 단죄해 화형에 처했다. 가톨릭교회는 면죄부를 발행했는데, 이를 비판하는 사람은 누구나 이단이 되었다. 마틴 루터는 면죄부를 구입함으로 죄 사함을 받는 것이 아니라 예수 그리스도를 구주로 믿음으로 의롭게 된다고 주장했다. 그의 주장에 격분한 교황 레오 10세는 <주여, 일어나소서>(Exsurge Domine) 칙령(1520년)을 내려 그를 '교회의 통일성을 파괴한 반란자,' '주님의 포도원을 짓밟은 산돼지,' '술 주정뱅이,' '어머니에게 반항하는 악한 자식' 등으로 표현하며 41가지에 달하는 이단 사항들을 열거했다.[223] 가톨릭교회의 수호자였던 찰스 5세는 루터를 제국회의(Diet of Worms, 1521년)에 소환해 그에게 반박문을 철회할 것을 요구했다.

---

[222] 박명수, 『근대 복음주의의 주요 흐름』,44-46.
[222] 박명수, 『근대 복음주의의 주요 흐름』,44-46.
[223] 알리스터 맥그라스, 『그들은 어떻게 이단이 되었는가』,312. 유스토 L. 곤잘레스, 『종교개혁사』,45. 헤롤드 브라운, 『교회사 안에 나타난 이단과 정통』(서울: 그리심, 2001),122. E. H. 브로우드벤트, 『순례하는 교회』, 168-69. 롤란드 베인턴, 『종교개혁사』,59. 롤란드 베인톤, 『마틴루터의 생애』,155-56.

그러나 루터는 그의 제안을 거절했고 신성로마제국 위원회는 그를 구제불능의 분파주의자이자 이단으로 간주하면서 '아무도 그에게 머물 처소를 제공할 수 없다'고 공표했다. 이처럼 교황의 입장에서는 종교개혁 혹은 개신교는 그릇된 길로 간 탕자이자 이단에 불과했다.

루터는 가톨릭교회에 의해 이단으로 정죄 되었지만, 개신교는 루터를 '순수한 복음을 회복시킨 신앙적 영웅,' '성경적 진리의 수호자,' '부패했던 배교 교회의 개혁가' 등으로 평가한다. 그는 가톨릭교회의 구원관이 잘못되었음을 지적함으로 15세기까지 주도권을 잡았던 가톨릭교회에 직격탄을 날렸다. 한동안 가톨릭교회와 개신교는 서로를 이단시했다.

그런데 종교개혁으로 탄생한 개신교는 가톨릭교회와 똑같은 이단 정죄를 반복했다. 개신교 내에서 루터주의, 츠빙글리주의, 칼뱅주의, 영국국교회 등이 정통으로 자리를 잡았고, 그들은 자신만이 정통이며 다른 곳에는 구원이 없다는 편협한 태도를 취했다. 자신만 옳고 다른 사람은 틀렸으며. 자신의 신학만이 정통이고 다른 견해는 이단이었다. 불행히도 종교개혁기는 비본질적 진리나 작은 교리적 차이로 인해 서로를 이단시하고 죽이던 시대였다.

칼뱅의 제네바는 신정일치를 실천하는 중추 기관이자 교회의 규율과 시민의 도덕을 관장하는 종교 법원(Consistory Court, 치리 법원)을 조직했다. 종교 법원은 회개하지 않는 죄인을 파문하거나 추방할 수 있는 권리가 있었고, 이단과 마술, 간음, 신성모독 등의 범죄자들을 색출해냈다. 심지어 설교 도중 소리를 내거나 기도문을 암송하지 못하면 처벌을 받았다. 칼뱅은 자신을 최고의 성경 해석자 자리에 올려놓고, 다른 신학적 해석을 내놓은 사람을 성례전에서 제외시키고 출교 시켰다. 그리고 그의 예정설론, 성서론, 삼위일체론, 유아세례, 성만찬 논리 등에 반대하는 자들을 이단으로 몰아 재판대에 세워 추방하거나 감옥에 보내거나 사형 선고를 내렸다.[224] 1542년 이후 4년 동안 58명이 이단으로 정죄 되어 처형당했고, 76명이 제네바에서 추방되었다.

스페인 내과 의사였던 세르베투스(Michael Servetus, 1511-1553)는 정통 삼위일체론이 이성에 반한다며 이를 거부했고 정교 유착을 배교 행위로 규정했다. 그는 가톨릭교회로부터 이단으로 정죄 받고 도망쳤으며, 제네바에 도착했을 때 체포되었다. 제네바 시의회와 칼뱅은 그에 대해 38개의 죄목을 작성해 이단으로 몰아 화형에 처했다. 그의 화형은 제네바의 엄격한 교리주의의 상징이 되었다. 이후 볼섹(Jerome-Hermes Bolsec, ?-1584)은 칼뱅의 예정론에 반대했다는 이유로 이단으로 고발되어 시 정부의 재판에 회부되었고, 제네바에서 영구 추방되었다.[225]

칼뱅이 세운 제네바 아카데미에서 교수했던 세바스찬(Sebastian Castellio, 1515-1563)는 칼뱅의 세르베투스 처형에 깊은 분노를 느끼며 다음과 같이 말했다.

> 모든 교단은 자신들의 신앙이 하나님의 말씀에 근거한다고 주장하며, 자신의 신앙이 확실하다고 말한다. 칼뱅은 자신의 신앙이 확실하다고 하며, 다른 이들도 자기들의 신앙이 확실하다고 주장한다. 칼뱅은 다른 이들이 옳지 않다고 말하며 재판관이 되기를 원하는데, 이런 현상은 다른 사람들도 마찬가지이다. 그렇다면 누가 심판관이 될 것인가? 과연 누가 칼뱅으로 하여금 다른 교단들을 심판하고 다른 신앙인들을 죽일

---

[224] 롤란드 베인턴, 『종교개혁사』,113-14. 조찬선, 『기독교 죄악사』(하),90-91.
[225] 루이스 W. 스피츠, 『종교개혁사』,226-27. 유스토 L.곤잘레스, 『종교개혁사』,110-11.

167

자격을 그에게 주었는가? 그는 하나님의 말씀을 따른다고 하나, 다른 이들도 그렇게 주장한다.[226]

같은 개신교 내에서도 다른 교단을 이단으로 터부시했다. 루터란교회가 국교로 받아들여진 곳에서 개혁교회는 이단으로 몰렸고, 마찬가지로 스위스의 제네바에서는 칼뱅주의를 제외한 다른 개신교 교단이 이단이었다. 그들은 가톨릭교회에 대항해 공통된 개혁 신앙을 가진 동지로 받아들이기보다 서로에게 위협이 될 수 있는 남으로 간주했다. 심지어 같은 개신교도들 사이에 서로의 이익이 상반될 경우 전쟁도 벌일 수 있는 별개의 종교 단체로 보았다. 스위스 취리히 시가 가톨릭 군대로부터 공격을 받았을 때, 루터는 돕거나 원정군을 보내지 않았다. 오히려 루터는 그와 성찬론이 달랐던 츠빙글리의 죽음을 하나님의 심판으로 보았다.

루터파와 칼뱅파는 정교분리를 주장하고 유아세례를 거부했던 개신교 그룹인 재침례파 신자들을 국가에 대한 반역자이자 하나님에 대한 이단으로 정죄해 무자비한 살육을 행했다.[227] 정교분리나 유아세례는 구원과 직접적인 관계가 없는 비본질적 주제라 할 수 있다. 그럼에도 불구하고 종교개혁가들도 자신이 세운 교리를 정통으로 삼고 이에 반대하는 의견에 귀를 기울이고 대화를 나누기 보다 이단으로 몰아 숙청하는 모습을 보였다.

정교일치를 주장하던 시대에 특정 지역의 국교가 된 교단은 신학적 통일성과 사회적 질서를 유지한다는 명목 하에 다른 신앙이나 교리를 가진

[226] 롤란드 베인턴, 『종교개혁사』, 196-97.
[227] 유스토 L. 곤잘레스, 『종교개혁사』,92-93. 앨리스터 맥그래스, 『기독교, 그 위험한 사상의 역사』,167. 롤란드 베인톤, 『마틴루터의 생애』,343.

사람들의 생명을 빼앗았다. 왕이나 영주가 특정 교단을 국교로 선택하면, 다른 교단들은 이단으로 정죄 되어 정치적 핍박과 차별을 받았고 하나님의 이름으로 살육과 폭력이 성행했다.[228]

인간은 성경을 해석할 때 완벽할 수 없다. 인문주의자 에라스무스는 성경의 어떤 본문은 그 의미가 명확하지 않고 모호하며 심지어 서로 모순되는 것처럼 보인다고 진단했다. 루터는 '자기가 좋아하는 것을 믿게 내버려두라. 잘못 믿는 사람은 하나님이 지옥불로 충분한 처벌을 할 것이다'고 발언했다.[229] 각 교단은 같은 성경 본문을 다르게 해석하고 강조점도 달랐다. 그럼에도 불구하고, 정통으로 자리잡은 교단은 자신을 불가침의 표준으로 삼아 우리 교회는 복음에 입각한 정통이며 다른 저 교회는 이단으로 취급했다.

18세기 미국교회의 대각성 운동에서는 야외 집회와 순회 전도자, 감정적 설교 등이 등장했는데, 이들은 이전 유럽에서는 이단시되던 것이었다. 20세기 초에 태동한 오순절 운동은 중생과 성령세례는 다른 체험이며 성령세례를 받은 증거가 방언이라고 주장했다. 그러자 은사중지론을 받아들였던 정통 개신교는 오순절교회를 가혹하게 이단 정죄했다. 그러나 오순절교회의 교세가 늘어나고 신오순절 운동의 확산에 따라 이제는 정통 개신교로 인정하고 있다. 이처럼 이전에는 이단 정죄를 받았으나 시간이 흘러 정통 교회로 받아들여지는 경우가 있다. 어떨 때는 이단이고 어떨 때는 이단이 아니다.

---

[228] 앨리스터 맥그래스, 『기독교, 그 위험한 사상의 역사』,371,419. 조찬선, 『기독교 죄악사』(하),100.
[229] 롤란드 베인톤, 『마틴루터의 생애』,402.

여기서 우리는 이런 질문을 던질 수 있다. 대체 누가 어느 해석이 정통이고 이단인지 결정할 수 있는가? 누가 이를 결정할 권리를 가지는가? 그리고 이단이라는 이유로 타인의 생명이나 인권을 유린할 수 있는가? 이것이 주도권의 핵심 질문이라 할 수 있다. 어떤 의미로 이단 정죄는 인간이 하나님의 자리에 앉아 누가 천국에 들어갈 수 있고 누구는 지옥에 간다는 판결을 내리는 것이다. 주로 교세가 큰 교단이 작은 규모의 교단을 힘으로 누르면서 이단으로 정죄했다. 문제는 인간이 내리는 이단 정죄에는 오류나 허점이 많다는 점이다. 그리고 단순히 신학적 오류만이 아닌 정치적 의도가 다분히 들어있다. 종교적 신념을 위해 타인을 이단으로 정죄하고 죽이는 것은 시대착오적 발상이라 할 수 있다.

7) 성령론의 억제

개신교는 오랫동안 성령의 역사를 제한해 왔고, 성령은 설 자리를 잃었다. 각 교단은 교권화 및 교리화, 제도화, 계급화의 과정을 거치면서 교단 제도 및 조직, 목사 계급, 교리 등을 강조했다. 성령론을 강조하다 보면 기득권과 통일성을 상실할 위험성이 높았기에 개신교 또한 성령의 능력과 은사를 도외시했다. 교단의 계급 제도와 성령의 은사는 늘 갈등과 긴장의 관계에 있었는데, 교권화 된 교회는 성령의 역동적 역사보다는 통일성과 질서를 강조했다. 개신교회는 성령의 역사보다는 국가의 강제력에 의존해 교세를 확장했다. 기독교 역사를 통해 수많은 성령 운동들이 일어났지만 제도권 교회는 성령에 대한 무관심으로 일관하면서 그들을 강력하게 억눌렀고 이단 정죄의 칼을 들이댔다.

가톨릭교회가 수도원을 중심으로 성령의 역사와 은사에 대해 열린 자세를 취한 반면, 개신교는 이에 반대해 은사중지론을 내세웠다. 종교개혁가들은 성령의 독자적 역할을 인정하지 않았고 성령의 기능을 구원론과 성경론, 교회론 등에 제한하면서 보조적 위치에 두었다. 칼뱅은 성령의 역사를 인간의 구원과 성경의 해석과 연결시켜 설명함으로 '성령의 신학자'라는 칭호를 들었다. 그러나 그도 사도행전의 은사와 기적은 사도 시대에만 일어난 독특한 현상으로, 그 이후에는 사라졌기에 우리와는 아무런 상관이 없다는 설명을 했다.[230] 방언이나 신유, 계시와 같은 성령의 은사는 성경이 완성되기 전까지 허락된 것으로 마지막 사도의 죽음과 함께 중단되었다. 16세기 이후 개신교는 성령의 은사나 기적, 계시는 소멸되었다는 은사중지론을 정통으로 받아들였다.

칼뱅주의자 워필드(Benjamin Warfield, 1851-1921)에 따르면, 성령의 초자연적 은사와 기적은 교회를 세워야 하는 임무를 부여 받은 사도들의 권위를 보증하기 위한 임시적인 신임장이었다. 그들이 사망하면서 은사와 기적은 완전히 사라졌다. 개혁주의 신학자 카이퍼(Abraham Kuyper)나 개핀(Richard Gaffin)은 성령세례를 구원과 관련된 것으로 간주했다. 예수님의 십자가 사건이나 오순절 성령 강림 사건은 구원을 완성시키는 단회적 사건으로, 그 이후에는 다시 반복될 수 없다.[231] 칼뱅주의 신학자나 근본주의자들은 예언, 방언, 신유 등의 성령의 은사들이 신약이 완성된 후에는 이 세상에서 완전히 사라졌다는 은사중지론(cessationism)을 지지했다. 초자연

[230] John Calvin, *Institutes of Christian Religion*, IV. 19. 18; IV 19. 19.

[231] Benjamin B. *Warfield, Miracles: Yesterday and Today* (Grand Rapids, MI: Wm B. Eerdmans Publishing Company, 1953), 5-6. Richard Gaffin, *Perspectives on Pentecost: New testament Teaching on the Gift of the Holy Spirit* (Grand Rapids, MI: Baker Book House, 1979), 102.

적 현상을 비과학적인 것으로 간주한 계몽주의 사상이 기독교에 침투하면서 성경을 합리적으로 해석하게 되면서 은사중지론이 정통 견해로 받아졌다.

영국교회는 하나님이 이 세상을 창조하신 후 직접적으로 개입하거나 참여하지 않고, 대신 자연법칙 혹은 과학적 법칙으로 세상을 운영하신다는 이신론(Deism)을 받아들였다. 이신론과 자연신학의 영향을 받은 영국교회는 합리적이고 이성적인 종교를 주장하면서 하나님이 신자의 삶 가운데 존재하시거나 관여하심을 의식하거나 기대하지 않는 문화를 만들어냈다. 이러한 주장은 신자의 삶에서 하나님의 존재를 배제하는 탈신성화를 촉진시켰다. 이는 마리아의 성령에 의한 수태, 그리스도의 부활, 성경의 기적 등을 신화로 여기고 신이 존재하지 않는다는 무신론이 태동하는 배경이 되었다. 신앙의 시대가 이성의 시대로 대체되면서, 칼뱅주의의 두 축이었던 제네바와 에든버러는 계몽주의와 합리주의의 중심지로 발전했다.[232]

중앙 집권적인 교단은 제도와 교리에 얽매여 있어서 성령께서 역사하거나 숨쉴 수 있는 공간이 없다. 교회는 성령론을 기피하고, 성령의 은사나 신유, 계시 등에 대해 이야기하는 것을 주저한다. 엄격한 계급 제도에서는 성령 하나님이 역사할 수 있는 환경이 제공되지 않았다. 근대에 이르기까지 성령론은 조직신학에서 독립적인 위치를 확보하지 못하고, 대신 기독론이나 교회론, 성경론 등에 종속되어 다루어졌다. 성령은 삼위일체의 한 위

---

[232] Francis Fukuyama, *The End of History and the Last Man* (New York: Free Press, 1992), 216. 앨리스터 맥그래스, 『기독교, 그 위험한 사상의 역사』,235,419,494-95,690-91. 존 딜렌버거, 클라우드 웰취, 『프로테스탄트 교회의 역사와 신학』,180-83.

격이지만, 오랫동안 사람들의 관심을 받지 못하고 '옷장 속에 갇힌 신데렐라'처럼 여겨졌다.

오랫동안 목사들은 성령을 강조하는 것은 성경의 권위를 평가절하하는 것이라고 평신도들을 가스라이팅 해왔다. 목사에게는 아무런 능력이 나타나지 않는데 평신도 중에 능력을 행하거나 예언하는 자가 나타난다면 목사의 위신이 말이 아니다. 그래서 주도권을 유지하기 위해 성령의 은사와 능력을 억누르고 비판해야 한다고 여겼다. 교권주의는 성령의 직접적인 활동, 감동, 환상, 꿈 등에 대한 불신을 증폭시켰고 그 결과 교회에서 성령 하나님이 발 붙일 곳은 없어졌다.

• 간접적 만남의 강조

열두 제자들은 예수님을 직접 대면했고, 수많은 사람들도 예수님을 만났다. 전통 유대교를 신봉했던 바울은 다메섹 선상에서 예수님의 음성을 들은 후 회심했다. 교회에서는 그리스도의 현존과 영광이 나타나야 하고 신자들은 예수님을 만날 수 있어야 한다. '하나님을 안다' 라고 할 때, '안다' (yadah)의 의미는 '경험하다,' '성관계를 맺다'를 의미한다. 이는 하나님과 신자와의 관계가 직접적이고 체험적이며 인격적임을 나타낸다.[233]

그럼에도 불구하고 제도화된 교회는 신자에게 하나님은 직접 만날 수 없는 분이라는 주문을 걸기 시작했다. 중재자인 사제나 목사 등을 통해서만 하나님을 만나거나 은혜를 받을 수 있음을 강조했다. 중세교회에서 교황 혹은 주교는 하나님과 인간 사이의 대표적인 중재자였다. 신자는 하나

---

[233] 레이몬드 E. 브라운, 『신약개론』, 493.

님께 죄를 고백하는 대신, 사제에게 죄를 고백하는 고해성사를 통해 간접
적으로 하나님의 용서와 은혜를 누릴 수 있었다. 신자는 하나님께 직접 기
도하지 못하고 마리아나 성인(saint)에게 죄를 고백하거나 간구했다. 신자
들은 떡을 떼고 잔을 나누는 성찬을 통해 하나님을 신비 가운데 간접적으
로 만나야 했다. 성직자는 신자가 하나님과 일대일의 관계를 가지는 것을
중간에서 가로막았다.

　　루터는 그리스도의 대속적 죽음으로 하나님과 인간 사이를 가로막고 있
던 죄의 담이 무너졌음을 선포했다. 개인의 구원은 오직 자신과 하나님 사
이의 일대일 관계에서 이루어지며, 마리아나 성인, 사제의 중재는 필요로
하지 않는다. 하나님의 자녀는 누구나 그리스도의 보혈에 의지해 하나님
앞에 직접 나아갈 수 있다. 그는 하나님과의 개인적이고 직접적인 교제를
중시했고, 중재자 없이 하나님과 직접적 교제를 가지라고 가르쳤다.[234]

　　그런데 다른 종교개혁가들은 평신도가 하나님을 직접 만나거나 체험하
는 것이 바람직하지 않다고 생각했다. 츠빙글리나 칼뱅은 죄인에 불과한
인간이 영적이고 거룩한 존재를 직접 대면할 수 없다고 생각했다. 그들은
하나님은 성경을 통해 자신의 뜻을 계시하셨고, 설교를 통해 하나님의 말
씀이 전해진다고 믿었다. 하나님에 대한 올바른 지식과 체험은 언어를 통
해서야 습득이 가능하며, 하나님을 알 수 있는 방법은 목사의 설교를 듣거
나 성경 공부를 통해서만 가능하다. 그 외의 방법으로 하나님을 알 수 없
다고 생각한 결과, 하나님은 말씀을 선포하는 설교를 통해서만 간접적이거

---

[234] 유스토 L. 곤잘레스, 『종교개혁사』,57. 후스토 L. 곤잘레스, 『초대교회사』,252. 앨리스터
맥그래스, 『기독교, 그 위험한 사상의 역사』,78-79.

나 추상적으로 알 수 있는 분이 되고 말았다. 설교를 통한 간접적 만남에 치중하면서, 목사는 '설교에 은혜 받았다'는 표현을 선호하게 되었다.

개신교 정통주의는 개인적 종교 체험보다는 교리화, 합리화, 제도화 등에 비중을 두었다. 인간의 언어와 이성에 함몰된 신학은 인간의 감정이나 경험이 활동할 수 있는 영역을 차단해 버렸다. 신학은 신자의 삶과 유리되었고, 성령의 역사와 같은 주관적 요소에는 관심을 기울이지 않았다. 하나님을 개인적으로 체험하는 신앙은 생명력을 잃어갔고, 신앙고백서 공부가 믿음을 대체하면서 종교적 열정은 급격히 식어갔다. 이론적으로는 완벽하나 무미건조하고 생명이 없는 바리새인 신앙으로 변질되었다.[235]

18세기 합리주의 및 계몽주의에 물든 기독교는 하나님이 삶 속에 계심을 인식하지 못하거나 직접적인 접근을 기대하지 않는 문화를 형성했다.[236] 기독교는 오랫동안 이성을 높이 평가하고 종교적 체험이나 감정을 억제해야 하는 것으로 여겼다. 전통적 개신교는 '신자가 하나님을 직접 체험할 수 있다'는 말이 나올까 봐 조심한다. 신자가 하나님과 일대일의 관계를 맺고 인격적 교제를 하면 자연히 목사의 영향력은 줄어들 수 밖에 없다. 그래서 기득권을 가진 목사들은 신자들이 자신의 설교를 소홀히 할까 봐 겁을 내며, '하나님을 직접 만날 수 없다,' '설교를 통해서만 하나님을 만나야 한다,' '체험을 중시하는 신앙은 위험하다'고 힘주어 말한다. 목사는 신자를 인도하는 주도권을 성령님께 빼앗기지 않기 위해 하나님과의 직접적 만남보다는 설교를 통한 간접적 만남이 성경적이라 설득해왔고, 신자들은

---

[235] 앨리스터 맥그래스, 『기독교, 그 위험한 사상의 역사』, 691-92.
[236] 하워드 A. 스나이더, 『교회사에 나타난 성령의 역사』, 78. 존 딜렌버거, 클라우드 웰취, 『프로테스탄트 교회의 역사와 신학』, 23,142.

그 가르침에 세뇌되었다.

미국의 대각성 운동을 통해 신자들이 개인적으로 직접 하나님을 체험하자, 가장 당황하고 놀랐던 것은 목사들이었다. 그들은 대각성 운동이 체험을 부추기는 열광주의 및 감정주의를 조장한다고 비판했다. 그럼에도 불구하고 영적으로 갈급 했던 신자들은 하나님을 찾았고 체험함으로 부흥의 불길이 미대륙을 휩쓸었다. 20세기 초에 탄생한 오순절 운동이 개인이 직접 성령을 체험하고 교제할 수 있다는 주장을 펼치자, 정통 교단들은 이를 이단으로 정죄하며 금기시했다. 그러나 성령 체험을 갈망하던 신자들의 수는 늘어가 오순절교회가 세계 최대 교단이 되었다.

가톨릭교회와 개신교의 주도권 경쟁

종교개혁 이후 가톨릭교회와 개신교는 자신들의 신앙과 신학을 정통으로 삼고 이에 반대하는 자들을 적으로 삼았다. 서부 유럽의 각 나라와 도시 국가, 지방 등은 가톨릭과 루터파, 츠빙글리파, 칼뱅파 중에서 선택을 명확히 표명해야 했다. 가톨릭 계인 찰스 5세는 자신의 통치 구역에 종교재판소를 세워 개혁 신앙을 가진 사람들은 종신 징역에 처하거나 추방시켰다. 종교개혁에 대항하기 위해 가톨릭교회는 트렌트 종교회의(1545-1563년)를 개최해 개신교를 이단으로 규정했고, 가톨릭교회 내의 개혁을 시도했다.

결국 서부 유럽에서 가톨릭교회와 개신교는 주도권을 잡기 위한 종교전쟁을 벌였다. 가톨릭 군대에 대항해 개신교는 헷세의 필립공(Philip I, Landg rave of Hesse, 1504-1567)의 영도 하에 슈말칼트 동맹(League of Schmalkal d)을 형성했다. 1546년 독일에서는 구교와 신교 군대 사이에 대규모의 전쟁이 벌어졌다. 루터란교회가 독일의 대부분을 석권할 찰나에 있었고, 교황은 자신의 세력이 감소되어 가는 것을 지켜볼 수밖에 없었다.

참혹한 전쟁 끝에 가톨릭과 루터파 진영은 아우크스부르크 평화 조약(Peace of Augsburg, 1555년)을 맺었고, 그 영토를 지배하는 자가 종교를 결정할 수 있게 되었다. 이로 인해 영토에 거주하는 백성은 '통치자의 종교를 따라야 한다'(cuius regio, eius religio)는 원리가 법적 인정을 받게 되었다. 왕이나 시의회가 공식적 종교를 선택하면 국교에 속하지 않은 사람들은 타 지역으로 이주해야 했다. 그러나 이 조약에는 츠빙글리파, 칼뱅파, 재세례파 등은 제외되었다.[237] 이로써 무력으로 개신교 세력을 억누르고자 했던 가톨릭의 시도는 좌절되었다. 가톨릭 교세의 확장에 사명감을 가졌던 찰스 5세는 이 결정에 모멸감을 느껴 1556년 스스로 제위에서 물러나 수도승이 되었다.

얀 후스의 영향이 강했던 보헤미아는 개신교가 득세했으나 이후 왕이 가톨릭을 국교로 선택하면서 개신교도는 나라를 떠나라는 법안을 공표했다. 그 결과 인구의 80%가 보헤미아를 떠나거나 순교를 택했다.

프랑스는 오래전부터 가톨릭에 기반을 둔 국가 체제를 운영했다. 그런데 프랑스 출신인 칼뱅이 제네바의 개혁파 설교자들을 프랑스에 파송했고, 이에 힘입어 칼뱅주의는 급속히 세력을 확장했다. 1562년 개신교 예배를 드릴 수 있는 자유가 주어졌을 때 프랑스 전역에는 1785개에 달하는 개혁파 위그노 교회들이 있었다. 이에 위협을 느낀 프랑스 정부와 가톨릭계 기즈

---

[237] 롤란드 베인턴, 『종교개혁사』, 133, 144.

가문(House of Guise)은 위그노 신자들을 멸절하는데 앞장 섰다. 황후 캐더린(Catherine de Medici, 1519-1589)의 딸과 위그노 신자였던 헨리의 결혼식이 파리에서 거행되자 결혼을 축하하기 위해 위그노 지도자들이 파리로 몰려들었다.

프랑스 국왕 찰스 9세(Charles IX, 1560-1574년 재위)와 케더린, 기즈파는 이 기회를 위그노파를 숙청할 기회로 삼았다. 1572년 8월 24일, 성 바돌로뮤 축제일 심야, 파리 시내의 성당에서 일제히 종소리가 울리는 것을 신호로 가톨릭계는 위그노 신자들에 대한 대학살(Massacre of St. Bartholomew)에 들어갔다. 위그노 지도자들이 학살당했고, 심지어 헨리 왕자의 어머니도 독살을 당했다. 파리에서만 일만명이 죽었고 프랑스 전역의 희생자 수는 수만명에 이르렀다. 이 소식을 들은 교황 그레고리 13세는 이를 축하하면서 <Te Deum>(하나님을 찬양합니다 라는 뜻)을 부르도록 명했고 기념 메달을 주조했다.[238]

위그노 신자들을 숙청하는데 성공한 프랑스 정부는 칼뱅의 『기독교 강요』를 비롯해 그의 121권의 저서를 이단서 내지는 금서로 지정하면서 개신교를 구원이 없는 사교 혹은 이단자로 규정해 범죄자 취급했다. 프랑스에서 개신교는 가톨릭교회와 공존할 수 없는 이단으로 간주되었다. 이 대학살은 국교의 폭력을 보여주는 대표적인 사례가 되었다.[239]

위그노 신자였던 헨리는 가톨릭으로 개종하지 않으면 프랑스 왕위를 차지할 수 없었다. 가톨릭으로 종교를 바꾼 그는 마침내 헨리 4세(Henry IV,

---

[238] 유스토 L.곤잘레스, 『종교개혁사』,172-75. 롤란드 베인턴, 『종교개혁사』,153-57.
[239] 루이스 W. 스피츠, 『종교개혁사』,349,355.

1589-1610년 재위)로 등극했고 종교의 자유를 승인한 낭트 칙령(Edict of Nantes, 1598년)을 공표했다. 그 결과 위그노는 다시 종교의 자유를 획득할 수 있었다. 그러나 그는 1610년 가톨릭 신자에게 암살당했고, 루이 14세(Louis XIV, 1643-1715년 재위)가 '한 국왕, 한 신앙, 한 법'의 국교 제도 하에 가톨릭으로 돌아갔다. 그는 위그노 지도자들에게 14일 이내로 프랑스를 떠나라는 명령을 내렸고 수많은 집회소를 폐쇄했다.[240]

아우크스부르크 조약으로 인해 서부 유럽에 종교적 평화가 오는 듯했으나 가톨릭교회와 개신교 사이의 갈등은 다시 30년 종교전쟁(1618-1648년)을 불러왔다. 특히 독일은 가톨릭과 개신교가 공존하는 분쟁지였다. 덴마크와 영국, 네덜란드, 스웨덴의 개신교 제후들은 가톨릭 세력에 대항하기 위해 손을 잡았다. 스웨덴 왕 구스타브(Gustav Adolf, 1611-1632년 재위)는 대군을 이끌고 독일에 상륙해 교황군을 격파했다. 긴 전쟁으로 인해 참가국 인구의 10분의 1이 목숨을 잃었고 사회는 혼란이 빠졌으며 경제는 파탄 직전에 이르렀다. 특히 전쟁지 였던 독일 전역은 초토화되었고 3,000만 명의 인구는 1,200만명으로 급감했다. 이처럼 가톨릭과 개신교는 상대방을 이단으로 여기고 서로를 죽여야 하는 철천지원수였다.

양쪽은 웨스트팔리아 조약(Peace of Westphalia, 1648년)을 맺음으로 종교적 분쟁을 종결 시켰다. 다시 제후들은 자신의 영토에서 종교를 결정할 수 있게 되었다. 그 결과 서부 유럽은 가톨릭 강세에서 일종의 무승부로 결판이 났다. 그러나 1700년 경 서부 유럽은 종교 전쟁들로 인해 기진해 버렸고,[241] 유럽인들은 종교에 진절머리를 내고 있었다.

---

[240] 롤란드 베인턴, 『종교개혁사』, 158-59.
[241] 앨리스터 맥그래스, 『기독교, 그 위험한 사상의 역사』, 172.

가톨릭교회와 개신교는 오랫동안 서로를 적으로 여겼고 화해하기까지 많은 시간이 걸렸다. 마침내 가톨릭교회는 제2차 바티칸 공의회(1962-1965)를 통해 개신교를 형제로 인정했다. 종교개혁이 일어난 지 482년이 지난 1999년, 가톨릭교회와 루터란교회 양측은 '공동 선언문'을 작성하고 이단 철회를 선언했다.

개신교 내의 주도권 경쟁

종교개혁을 통해 개신교가 탄생하면서 서부 유럽에서 가톨릭교회 단일 교단과 신앙의 통일성이 붕괴되었다. 개신교는 가톨릭교회의 대파괴자였다.[242] 그런데 개신교 또한 루터란교회와 개혁교회, 장로교회, 영국성공회, 재침례교 등의 교단들이 우후죽순식으로 태동하면서 다 교단 시대에 접어들었다. 그리고 다시 이들 교단들을 중심으로 지리적, 문화적, 역사적, 사회적, 인종적, 언어적 차이 등등으로 인해 수많은 가지들이 뻗어 났다. 각 교단은 성경 해석과 예배 형식, 교회 조직, 사회와 문화에 대한 인식 등에서 다른 특성을 가지고 있다.

그런데 초기 개신교는 정치와 종교를 하나로 묶어 종교적 통일성을 유지하려 했고 정치 제도권의 일부가 되어 종교적 순수성을 손상시켰다. 이로 인해 숱한 종교적 대립과 분쟁, 전쟁들이 발발했고 개신교는 피로 얼룩졌다.

교단에 가입한 사람은 자신의 교단이 가장 성경적이며 복음적 진리를

---

[242] 롤란드 베인턴, 『종교개혁사』, 12.

따르고 있다고 믿을 것이다. 그런데 문제는 자신만이 정통이며 다른 교단의 신학에는 문제가 있고 심지어 구원도 없다는 편협 된 태도로 적대시한다는 점이다. 내 것은 진리이지만 나머지는 이교도 혹은 이단에 불과하다는 배타적인 태도는 많은 문제들을 불러 일으켰다.

개신교 교단들은 서로를 적대시하고 심지어 목숨을 건 경쟁에 돌입했다. 스위스 개혁파는 루터파에 가톨릭적 색채가 남아 있다고 여겼고, 루터파는 스위스를 극단주의적 개혁파인 칼슈타트나 뮌처와 같은 분파로 여겼다. 개신교가 가톨릭교회와 종교 전쟁이 있었을 당시 루터파 신자들은 칼뱅파를 돕지 않았다. 칼뱅파 또한 루터파를 같은 적을 둔 동지라기보다 칼뱅파에 위협이 되는 세력(적)으로 간주했다. 이들은 서로 경쟁하는 동시에 교리적 차이로 인해 전쟁까지도 벌일 수 있는 별개의 종교 단체로 보았다.[243] 또한 루터파와 칼뱅파는 정교분리와 유아세례를 부정하는 재침례파를 위협으로 간주해 핍박을 가하며 학살했다.

가톨릭교회가 부동의 1위를 지키고 있던 반면, 2위 자리를 놓고 개신교 교단들 사이에 치열한 경합이 벌어졌다. 독일 대부분의 지역은 루터란교회를 선택했고, 북유럽 노르웨이와 스칸디나비아 나라들로 그 세력을 확장해 나갔다. 루터의 신학과 용기를 존경했던 덴마크 왕 크리스챤 3세(Christian III, 1533-1559년 재위)는 루터란교회의 아우크스부르크 신앙고백서를 받아들였고, 스웨덴과 스웨덴의 속국이었던 핀란드도 루터란을 국교로 채택했

---

243 앨리스터 맥그래스, 『기독교, 그 위험한 사상의 역사』,167. 롤란드 베인턴, 『종교개혁사』,87. 롤란드 베인톤, 『마틴루터의 생애』,285.

다.[244] 스위스의 취리히와 제네바에는 개혁교회가 득세했고, 네덜란드는 개혁교회를 국교로 삼았다. 전통적 가톨릭 지역이었던 스코틀랜드는 존 낙스의 노력에 힘입어 장로교가 국교로 지정되었다. 엘리자베스 여왕의 등극 이후 영국은 세계 강대국이 되어 전 세계에 식민지를 건설했고 그곳에 영국국교회를 세웠다. 그 결과 영국국교회는 세계 최대 개신교 교단에 등극했다.

한편, 국가교회가 채택되면 타 종교는 말할 것도 없이 타 교단 신자들을 이교도로 몰아 강요와 협박, 고문, 폭력 등의 핍박을 가했다. 미국에서 정교분리가 확립되기 전까지 개신교 각 교단은 특정 국가나 도시의 국교로 존재했고, 개인에게는 종교 선택의 자유가 허락되지 않았다.

1) 영국교회의 주도권 경쟁

교황 그레고리 1세는 596년 (히포의 감독이 아닌) 어거스틴 수도사를 영국으로 파송해 선교를 시작했고, 이후 에드가(Edgar, 959-975년 재위) 왕은 가톨릭교회를 국교로 받아들였다. 어거스틴은 캔터베리의 초대 대주교가 되어 가톨릭 선교에 힘썼다.

영국이 앙숙지간인 프랑스와 백년전쟁(1337-1453년)에 돌입하던 시기는 교황청의 아비뇽 유수 시절과 겹쳤다. 당시 교황은 로마가 아닌 프랑스의 소도시인 아비뇽에 거주하고 있었고, 교황청은 프랑스의 수구 노릇을 하면서 전쟁 자금을 대고 있었다. 이 때문에 많은 영국인들은 교황을 자신들의

---

[244] 루이스 W. 스피츠, 『종교개혁사』,128-29. 유스토 L.곤잘레스, 『종교개혁사』,152. 롤란드 베인턴, 『종교개혁사』,144-47.

대적으로 보았다.

이런 정치적, 종교적 상황 속에서 영국 왕은 교황의 영국 왕실에 대한 간섭 문제와 교회의 성직자 임명, 교회 세금 징수 등에서 교황청과 분쟁을 벌였다. 교황 요한 22세(John XXII, 1316-1334년 재위)는 영국만큼 세속 권력이 교회에 자주 간섭하는 나라는 없다고 불평할 정도였다. 왕과 교황 사이에 영국교회의 성직자 임명권을 놓고 끊임없는 분쟁이 벌어졌다. 왕은 가톨릭교회가 왕권과 왕실의 업무를 침해하는 문제에 대해 강력하게 항의했고, 1351년 '교황권 제한령'을 공표함으로써 교황의 정치적 권위가 영국에 미치지 못하도록 제한을 가했다. 1353년에는 영국 왕의 허락 없이 교회가 교황에게 항소하는 것을 법으로 금지시켰다.[245] 이처럼 영국 국왕과 교황은 정치와 교회에 대한 주도권을 잡기 위해 끊임없이 경쟁했다.

영국의 종교개혁가 위클리프는 교황청이 이탈리아 출신을 영국교회의 주교로 임명하는 것과 영국교회의 재산이 로마로 유출되는 것을 강력히 반대했다. 그는 영국이 가톨릭교회의 영향권에서 벗어나기 위해, 이전 로마 제국 황제가 대사제(Pontifex Maximus)가 되어 교회를 직접 통솔했듯이, 영국 국왕이 교회의 수장이 되어야 함을 주장했다. 영국 정부는 통치의 속성 및 한계와 관련해 위클리프의 이론을 환영했고 교황청의 멍에를 벗어던질 궁리를 했다.[246]

오랫동안 가톨릭을 국교로 받아들였던 영국은 위클리프의 바램 대로 교황의 권력 남용을 막기 위해 영국 왕을 수장으로 하는 영국국교회를 설립했다. 헨리 8세는 마틴 루터를 비판함으로써 교황으로부터 가톨릭 '신앙의

---

[245] R.W. 서던, 『중세교회사』,209. 루이스 W. 스피츠, 『종교개혁사』,272.

[246] 유스토 L. 곤잘레스, 『중세교회사』,204.

수호자'라는 칭호를 받을 정도로 가톨릭교회에 헌신했다. 왕권 강화를 원했던 그는 아들을 낳지 못했던 형수 캐더린과의 결혼은 불법이므로 이혼을 요청했다. 그러나 캐더린은 찰스 5세의 숙모였고, 당시 신성로마제국의 황제였던 찰스 5세는 교황에게 압력을 가하고 있었다. 결국 교황이 그의 이혼을 거절하자 헨리는 1534년 가톨릭교회와의 결별을 선언하면서 영국 국교회를 세웠다.

영국 의회는 국왕을 잉글랜드 교회의 수장으로 인정하는 수장령(Acts of Supremacy, 1534년)을 선포하면서 왕의 정책과 가치를 따랐다. 국왕이 수장임을 부인하는 행위는 반역법(Treasons Acts)으로 규정해 사형에 처할 수 있도록 했다.[247] 영국국교회의 수립을 통해 잉글랜드는 로마의 영향에서 벗어난 민족 국가임을 선포했고, 영국국교회는 독립 교단이 되었다. 수장령에 의해 영국의 모든 신하와 성직자들은 왕이 국가 뿐만 아니라 교회의 머리임을 고백해야 했다. 영국교회에 대한 교황의 통수권이 국왕의 손으로 이전되면서, 왕은 영국교회에 주교를 선임할 수 있는 권한을 되찾았다. 그 결과 사제들은 교황이 아닌 국왕에게 충성을 맹세해야 했다.[248]

국왕의 명령에 따라 영국 의회는 로마로 흘러가던 각종 자금을 봉쇄했고, 교황에게 바치던 성직자의 첫해 수입의 이전 또한 중단시켰다. 헨리 8세는 800여 개에 달하는 수도원을 폐쇄하고 수도원의 재산을 왕실에 귀속되었다. 종교 문제에 있어 캔터베리 대주교이자 왕의 종교 자문이었던 토

---

[247] 루이스 W. 스피츠, 『종교개혁사』,274-76. 롤란드 베인턴, 『종교개혁사』,177.

[248] Williston Walker, *A History of Christian Church* (New York: Charles Scribners's Sons, 1985), 481-83. Mark A. Noll, *Turning Points: Decisive Moments in the History of Christianity* (Grand Rapids, Michigan: Baker Academic, 2012), 178-79. 롤란드 베인턴, 『종교개혁사』,176.

마스 크랜머(Thomas Cranmer, 1489-1556년)는 대륙의 종교개혁을 모델로 영국교회의 개혁을 주도했다. 그는 가톨릭교회의 화체설을 부인하고 미사와 고해성사 등을 폐지했다. 그리고 영어 예배를 드리도록 명했고, 평신도가 성경을 읽을 수 있도록 영어 성경을 교회에 배치했다. 그의 지도 하에 예배서인 <공동 기도서>(Book of Common Prayer, 1549년)와 영국국교회의 기본 강령인 42개 조항(Forty Two Articles)이 완성되었다.[249]

그런데 왕의 종교를 따라가는 전통에 따라 계속 종교가 바뀌는 혼란이 발생했다. 헨리의 아들 에드워드 6세(Edward VI, 1547-1553년 재위)가 어린 나이로 사망하자 헨리의 첫째 딸인 메리 튜더(Mary Tudor, 1553-1558년 재위)가 여왕의 자리에 올랐다. 신실한 가톨릭 신자였던 그녀는 잉글랜드를 가톨릭 국가로 되돌리는 조치를 시행했고, 잉글랜드는 공식적으로 교황에 대한 충성을 서약했다. 그녀는 투옥되었던 가톨릭 신자들을 고위직에 등용했고, 종교개혁을 주도했던 토마스 크랜머, 휴 라티머, 니콜라스 리들리 등을 이단으로 정죄해 사형에 처했다. 그녀는 개신교를 뿌리째 뽑았고, 그녀의 박해 아래 화형을 당한 숫자는 288명으로 집계되었는데, 이는 감옥에서 굶어 죽은 사람은 제외한 숫자였다. 이로 인해 그녀는 피의 메리(Bloody Mary)라는 칭호를 얻었다.[250]

메리 여왕의 사망 이후, 헨리 8세와 앤 볼린 사이에서 태어난 엘리자베스(Elizabeth, 1558-1603년 재위)가 여왕 자리에 올랐고, 그녀는 45년간 영국을 다스렸다. 그녀는 다시 영국국교회로의 회귀를 명했고, 자신이 국교회의 최고 권위자임을 공표했다. 수장법에 의해 모든 정부 관리들과 재판관

---

[249] 롤란드 베인턴, 『종교개혁사』, 184-85.
[250] 유스토 L.곤잘레스, 『종교개혁사』, 125-27. 롤란드 베인턴, 『종교개혁사』, 187.

들, 성직자들은 그녀를 교회의 수장으로 인정하는 서약을 해야 했다. 그녀의 통치 하에 영국은 세계 최강의 스페인 무적함대를 격파함으로써 신흥 강대국이 되었고, 전 세계에 식민지를 건설했다. 영국 정부는 식민지에 영국국교회를 세움으로 개신교에서 가장 큰 교단이 되었다.[251]

영국국교회는 가톨릭교회와 개신교 사이의 중도의 길을 걸었다. 그러나 교황 피우스 5세(Pius V, 1566-1572년 재위)는 엘리자베스가 칼뱅의 교리를 쫓는다며 칙령(1570년)을 내려 그녀를 이단으로 파문했다. 이에 맞서 영국 의회는 교황의 칙령 반입을 금지시키는 반(反)교황 법안을 통과시켰다. 교황의 허가 아래 가톨릭교회는 엘리자베스를 암살하고 가톨릭 계인 메리 스튜어트를 여왕에 앉혀 가톨릭으로의 회귀를 시도하려는 음모를 세웠다. 가톨릭 세력으로부터 암살 위험에 시달리던 엘리자베스는 영국의 독립과 안전을 위해 메리를 사형에 처했다. 당시 서부 유럽에서 유일한 개신교 왕이었던 그녀는 네덜란드의 개혁파와 프랑스 위그노파, 스코틀랜드의 장로교를 적극적으로 돕는 정책을 펼쳤다.

스코틀랜드는 여전히 가톨릭교회의 영향 하에 있었으나 존 낙스는 스코틀랜드 장로교회를 조직했고 국교가 되는데 큰 공로를 세웠다. 반면 아일랜드는 계속 가톨릭 지역으로 남았다. 이러한 종교적 차이는 이후 영국 연방의 정치와 문화에 큰 영향을 미쳤다.

엘리자베스의 통치 시절, 칼뱅주의의 영향을 받은 청교도가 등장했다. 청교도의 관점에서는 영국국교회에 가톨릭교회로부터 물려받은 전통들이 많았다. 그들은 영국국교회 내에 잔존하고 있던 가톨릭적 예식 및 전통 교

---

[251] 루이스 W. 스피츠, 『종교개혁사』, 394-401.

리를 배척하며 칼뱅주의에 근거한 개혁을 주장했다. 청교도는 영국국교회의 감독 제도가 가톨릭교회의 교황제에 근거하고 있다며 이를 철폐하려 시도했고 사제의 화려한 예복 및 제단에서 드려지는 성만찬 등을 반대했다. 청교도가 펴낸 제네바 성경은 은연중에 왕권신수설을 비판하고 공화주의를 신학적으로 정당화했다. 청교도는 혁명적이라 부를 정도로 과격한 개혁을 요구했다.

그러나 제임스 1세(James I, 1603-1625년 재위)는 '왕권은 하나님이 주신 것'(왕권신수설)에 근거해 자신을 법 위에 있는 존재로 여겼다. 그는 절대 왕권을 추구하다 청교도가 장악한 의회와 심각한 갈등을 빚었고 의회를 해산시켰다. 청교도는 제임스의 왕권신수설에 강력히 맞서 왕권은 엄격히 제한되어야 하며, 백성은 폭군에 맞설 권리와 의무를 가진다는 폭군 축출론을 제기했다.

이후 가톨릭 계인 찰스 1세(Charles I, 1625-1649 재위)가 국왕이 되었고 의회의 반대를 무릅쓰고 잉글랜드를 다시 가톨릭 국가로 되돌리려는 시도를 했다. 청교도가 장악한 의회가 강력히 반발하자 찰스는 의회를 해산시켰다. 이런 갈등 하에 1642년 청교도가 장악한 의회파와 왕당파 사이에 내전이 벌어졌다. 올리버 크롬웰(Oliver Cromwell, 1599-1658)이 지휘하는 의회군은 승리를 거두었고, 의회파는 1649년 찰스 1세를 '폭군, 반역자, 살인자'로 기소해 참수했다. 크롬웰이 호국경의 자리에 오르면서 군주제가 폐지되고 국왕이 아닌 의회를 중심으로 한 공화 정부가 수립되었다. 청교도는 영국국교회를 이단으로 선언했고 영국국교회를 조직적으로 해체했고 '공동 기도서'를 금지시켰다. 청교도는 웨스트민스터 신앙고백, 대요리문답,

소요리문답 등을 작성해 배포했다.[252]

그러나 청교도는 타 교단에 대해 경직성을 보였고 종교의 자유를 파괴하는 비관용적 자세를 유지했다. 존 밀턴(John Milton, 1608-1674)은 "새 장로는 옛 사제보다 심하다"고 비판하기에 이르렀다. 결국 청교도의 종교적 엄격성은 영국인의 공감을 잃어버렸고, 국민은 청교도 정부를 환멸 했다. 결국 백성의 지지 하에 청교도 정권은 몰락했고 잉글랜드는 다시 왕정주의와 성공회로의 복원을 결정했다. 영국국교회는 오랫동안 청교도와 투쟁하는 동안 예정론과 같은 극단적인 칼뱅주의 신학을 배격했고 대신 알미니안주의를 받아들였다.[253]

이처럼 영국은 왕에 의해 종교 정책이 왔다 갔다 하는 상황이 연출되었다. 헨리 8세 이전에는 가톨릭 국가였으나 그 후에는 영국국교회를, 메리 여왕의 통치 하에서는 다시 가톨릭으로, 엘리자베스 여왕 시절에는 영국국교회로, 청교도 정권 하에서는 청교도로, 청교도 정권의 몰락 후에는 다시 영국국교회로의 숨가쁜 전환이 일어났다. 왕실의 종교적 선호나 정치적 이익에 따라 종교가 왔다 갔다 하는 모습은 영국의 정치와 문화에 큰 영향을 미쳤다. 이런 변화는 종종 국민들의 혼란과 불안을 초래했고, 종교적 갈등과 정치적 분열을 촉발시켰다.

2) 미국교회의 주도권 경쟁

---

[252] 존 딜렌버거, 클라우드 웰취,『프로테스탄트 교회의 역사와 신학』,162-63.
[253] 박명수,『근대 복음주의의 주요 흐름』,42-43. 존 딜렌버거, 클라우드 웰취,『프로테스탄트 교회의 역사와 신학』,163.

스페인과 프랑스가 먼저 북미에 진출해 식민지를 건설했으나 후발 주자인 영국도 식민지 경쟁에 뛰어들었다. 앞의 두 나라와는 달리 영국은 자국민을 아메리카 해안에 정착시켜 식민지를 건설하는 것이 이상적이라 생각했다. 영국의 북미 식민지 개척과 함께 영국국교회가 조지아를 중심으로 들어왔다. 여기에 청교도들이 영국국교회의 핍박을 피하고 종교의 자유를 찾아 매사추세츠를 중심으로 한 뉴 잉글랜드에 정착했다.

중세와 종교개혁기의 유럽은 다른 종교적 입장을 용납하지 못했다. 모든 것을 파괴해 버린 비관용적 종교 전쟁을 통해 유럽인들은 종교의 폭력과 광기에 환멸을 느꼈고 기독교에 회의적으로 변했다. 유럽인들은 그야말로 종교에 질려버렸다. 점차 국가의 안정과 통일성을 유지하기 위해 종교적 통일이 반드시 필요한가에 대한 의문이 제기되었고 종교는 더 이상 국가 정책의 문제가 아니기에 개인적 자유에 맡겨야 한다는 종교적 관용론이 제기되었다. 존 로크(John Locke, 1632-1704)는 『종교의 관용에 대한 서신』(Letter Concerning Toleration, 1689)에서 종교의 선택은 국가의 강요가 아닌 개인의 선택임을 주장했다.[254]

국교 제도를 유지하던 유럽 대륙에서 핍박을 받던 신생 개신교 교단들이 생존하고 뿌리를 내릴 수 있는 토대를 제공해 준 것은 북미 대륙이었다. 유럽에서 종교적 핍박을 받던 사람들은 신앙의 자유를 찾아 북미 대륙으로 이주했다. 미국은 새 이스라엘, 부와 자유가 흐르는 땅, 신세계에 세워진 하나님의 나라 등으로 불렸다. 17세기 서유럽 국가들이 '단일 국가 아래 단일 종교' 체제를 유지한 반면, 북미 대륙은 모든 종교와 교단들이

---

[254] John Locke, *The Reasonableness of Christianity with A Discourse of Miracle and Part of A Third Letter Concerning Toleration* (Stanford: Stanford University Press, 1958).

자유 경쟁 속에 정착할 수 있는 정치적, 사회적, 문화적 환경을 제공했다. 미국교회는 종교 다원주의를 허용했고, 교파주의(denominationalism)가 주요 특징이 되었다. 미국 기독교는 단일한 형태나 패러다임이 존재하지 않고 서로 상충하는 여러가지 신학과 신앙, 성경 해석들을 지닌 다양성을 수용했다.

가톨릭교회가 유럽 대륙에서 주도권을 잡은 반면, 미국은 초기부터 개신교가 절대적 우위를 잡았다. 미국 개신교는 가톨릭을 적대시했고 가톨릭의 신학, 불관용, 억압, 종교적 관습 등을 이유로 가톨릭을 혐오했다. 매사추세츠 대법원장 더들리(Paul Dudley, 1675-1751)는 가톨릭교회를 '저주 받을 이단,' '혐오스러운 미신,' '우상숭배'로 규정했다.

초기에는 뉴 잉글랜드의 청교도가 세운 회중교회와 장로교회가 주(州) 종교로 자리잡으면서 주도권을 잡았다. 청교도 1세대의 종교적 열정으로 인해 1640년대 뉴 잉글랜드의 70-80퍼센트가 회중교회의 신자들이었다. 한편 영국국교회는 동부 중남부에 위치한 조지아 및 버지니아를 중심으로 한 남부 지역에서 주 종교로 자리를 잡았다. 1740년경 뉴 잉글랜드의 회중교회는 400여개가 넘음으로 영국국교회의 교회 수의 두 배에 달했다. 회중교회와 장로교회, 영국국교회가 당시 주요 교단으로 자리잡았다.

그러던 중 제1차 대각성운동(1730s-1740s)과 제2차 대각성운동(18세기 말)이 터졌다. 대각성운동은 누구나 회심의 체험을 통해 신자가 될 수 있음을 강조하면서 종교의 민주화에 크게 기여했다. 그런데 미국교회는 대각성운동에 대해 부정적인 구파와 지지하는 신파로 나눠져 주도권 경쟁에 들어갔다. 대각성운동을 계기로 교세의 판도가 크게 흔들렸다. 부흥운동에 긍정적이던 교단의 교세가 크게 늘어난 반면, 이에 대해 미온적이거나 부정적 태도를 보인 교단은 쇠퇴하기 시작했다. 식민지 지배 종교로 자리잡은 회중교회와 영국국교회는 대각성운동에 대해 회의론을 제기하며 격렬히 반대했다.

게다가 회중교회는 북동부의 뉴 잉글랜드에 안주하면서 중부나 남부, 서부 개척에 적극적으로 나서지 않았다. 회중교회는 고등 교육을 받은 목회자를 선호했는데, 신학 교육 기간이 길어 만성적 목회자 부족에 시달렸다. 그 결과 다른 지역에서는 찾아보기 힘든 교회가 되었다. 이에 따라 회중교회는 급격한 쇠락의 길을 걸으며, 점유율이 20.4퍼센트(1776년)에서 4퍼센트(1850년)로 급락하면서 소수 교단으로 몰락하게 되었다. 독립전쟁(1776년)이 벌어지는 동안 영국 국왕을 수장으로 삼던 영국국교회는 미국 독립에 반대하는 매국노로 취급을 받으면서 성직자들이 대거 영국으로 돌아가면서 크게 위축되었다.

토마스 제퍼슨은 국가와 교회의 분리를 규정하는 '버지니아 주 종교자유법'(1786년)을 통과시키면서 주 종교에 대한 재정 보조나 후원을 중단했다. 연방 제1차 수정 헌법은 '의회는 종교를 제도로 만들거나 종교 행위를 금지하는 법을 제정하지 말아야 한다'고 규정하면서 국가가 개인에게 종교적 믿음을 강제하거나 감독할 수 없다고 규정했다.[255] 유럽교회가 정부의 명령과 지시를 받는데 반해, 미국교회는 정교분리의 전통을 수립했다. 마침내 개인의 양심과 결단으로 자신이 원하는 교단을 선택할 수 있게 되었고, 이는 신앙의 민주화 및 개인화를 촉진시켰다.

대각성 운동에 긍정적이었던 후발 주자인 침례교와 감리교는 평신도 설

---

[255] 존 딜렌버거, 클라우드 웰취, 『프로테스탄트 교회의 역사와 신학』,202.

교가에게 복음을 전하고 설교할 수 있는 권한을 부여했다. 이들은 남부에 성경지대의 기초를 놓으며 급부상했다. 존 웨슬리의 감리회는 타 교단에 비해 늦게 미국에 선교사를 파송했으나, 캠프 부흥집회의 개최와 평신도 순회 설교가들의 헌신으로 기적적인 성장을 맛보았다. 1850년대에는 13,303개의 교회와 260만명의 신자를 보유하면서 미국 최대 교단으로 등극했다.

교단 창립이 늦었던 침례교는 1845년에 이르러서야 조지아 오거스타에서 남침례교 총회(Southern Baptist Convention)를 설립했다. 남부의 헌신적인 농부 설교가들에 의해 1906년 감리교를 누르고 최대 교단에 등극했다. 남침례교가 미국 최대 교단에 등극한 배경에는 수직적 계급 제도보다는 만인제사장설에 근거한 회중 제도가 미국적 정신에 부합함을 뜻했다. 교단의 정치 구조가 성령의 역사를 훼방한다고 여긴 오순절교회 또한 큰 성장을 맛보았다. 미국에서는 교단이나 총회, 감독, 목사가 주도하는 교회보다는 평신도에게 참여의 기회를 제공하는 회중 제도를 받아들인 교단이 크게 성장했다.

19세기 무렵 유럽의 감자 흉작으로 인해 많은 유럽인들이 기아에 시달렸고 그들은 살 길을 찾아 미국으로 쇄도했다. 그런데 그들 대부분은 가톨릭 신자들이었다. 개신교가 주도하던 미국에 가톨릭 이민자들이 몰려들면서 급성장했고 결국 최대 교단에 등극했다. 이후 남미에서 많은 가톨릭 스패니쉬들이 미국으로 유입되면서 가톨릭교회는 우위권을 유지했다.

특정 교단을 국교로 삼았던 유럽의 종교 독점 제도보다 교파 다원주의를 선택한 미국은 교단의 형성 및 변형, 분열 재탄생 등이 쉬운 구조를 가졌다. 그런데 이런 단점이 오히려 장점으로 작용해 기독교가 강성한 지역이 되었다. 유럽의 국가 교회는 국민에게 종교 선택의 자유를 허용하지 않

앉으나 미국은 정교분리 정책에 근거해 개인이 종교를 선택할 수 있는 구조를 만들었다. 선택할 수 있는 교단들이 많을수록 종교 소비자들을 교회로 더 끌어 들일 수 있었다. 미국인들은 자신의 기호에 맞는 교단을 찾아 다녔고, 신앙생활에도 열심을 냈다.

20세기에 접어들어 미국은 정치, 경제, 군사, 문화 대국으로 등장했고, 미국교회는 세계 기독교에 많은 영향을 미쳤다. 미국은 세계에서 가장 많은 선교사를 파송하는 나라가 되었고, 그들을 통해 개신교 사상들이 다른 나라로 전파되었다. 한국도 그 수혜를 받은 나라가 되었다.[256]

3) 남성의 주도권

예수님의 열두 제자들 모두는 남성이었고 성경의 주요 저자들 또한 남성이었다. 당시의 사회적, 문화적 조류는 남성 중심주의의 가부장적 관점을 드러냈고 창세기에서 여성은 남성을 돕기 위한 배필로 지음을 받은 남성에 비해 열등한 존재로 간주되었다. 초대교회에서 여성은 남성과 함께 활동했으나, 실상을 들여다보면 기독교 역사는 남성의 이야기(His Story)였다.

신자는 하나님을 아버지로 불렀는데, 아버지라는 호칭은 족장의 상징이었다. 이스라엘의 족보는 아브라함, 이삭, 야곱 등과 같이 장자의 혈통을 통해 이어졌다. 바울은 여성에게 '교회에서 잠잠하라'(고전 14:34)고 명했고, 이 구절로 인해 여성들은 거의 2,000년 동안 교회에서 숨죽여 지내야 했다.

---

[256] 미국교회에 대한 자세한 내용은 저자의 『한국교회에 영향을 미친 미국교회사』 (레어출판사, 2020)를 참조하기 바란다.

초대교회부터 남성 중심의 성직자 계급의 형성으로 남성의 지배가 더욱 강조되었고, 신학자들도 남성의 우위성을 성경적으로 증명했다.[257] 어거스틴에 의하면, 여성의 존재는 그녀의 머리인 남자 안에서만 온전한 하나님의 형상으로 간주될 수 있다. 여자는 남성보다 한단계 뒤떨어진 남성의 조력자로 창조되었고 불완전하고 실패한 존재이다. 그의 신학에 근거해 '하나님, 그리스도, 남자, 여자'로 이어지는 신학적 계급주의가 양성되었다. 그리스도가 남자의 머리이듯 남자는 여자의 머리이다. 남성 중심의 하나님의 형상은 남성과 여성의 지배 계급을 구축 시켰고 여성에게는 사제가 될 기회나 리더십이 주어지지 않았다.

그러나 복음은 여인들 사이에 성공적으로 전파되었고 교회 구성원의 대부분은 여성이었다. 여성 운동은 성령 운동과 밀접한 관계를 가졌다. 남성 주도의 교회 구조에 반기를 든 사람은 몬타누스(Montanus)였다. 그는 감독 중심의 제도적 권위보다는 성령의 권위를 존중했다. 교회는 성령이 인도하는 공동체로, 성령의 충만함을 받은 사람은 남녀노소에 관계없이 지도력을 가질 수 있다. 모든 사람은 하나님의 형상으로 창조되었고 남자와 여자는 동등하다. 여성 예언자 프리스실라(Priscilla)와 맥시밀라(Maximilla)가 성령으로부터 오는 계시를 받아 강한 예언적 은사를 드러내자, 몬타누스는 그녀들의 영성과 지도력을 인정해 여사제이자 성령의 대변인으로 지명했다. 그런데 2세기에 여성에게 지도력을 부여한 것은 시대를 벗어난 파격적 사례였다. 엄격한 남성 중심의 성직 제도를 고수하던 공교회는 여성이 교회의 리더가 된 것과 여성이 베푸는 성찬식과 세례는 교회의 전통에 어긋난

---

[257] 후스토 L. 곤잘레스, 『초대교회사』,163.

다는 결론을 내렸고 몬타누스를 이단으로 정죄했다.[258]

여성의 역할을 강조한 대부분의 운동은 이단으로 정죄 되어 교회의 주된 흐름에 편입하지 못했다. 초대교회의 성장에 여성들이 크게 기여했음에도 불구하고 여성은 교회의 지도자급에서 완전히 배제되었다.

중세 가톨릭교회에서는 남성만이 교황이나 주교, 사제가 될 수 있었고 여성의 사제 서품은 금지되었다. 예배 중에는 남성만이 발언할 수 있었고 여성에게는 성서를 읽는 것조차 허락되지 않았다. 그나마 여성들의 숨통을 트여준 것은 성모 마리아와 수녀원이었다. 예수의 어머니인 마리아는 성모로 추앙을 받았고, 마리아의 어머니 앤(St. Anne)도 수호성인으로 여성 신자들에게 위로와 도움을 주었다. 수녀원이 설립되고 수녀원장이 탄생하면서 나름대로 지도력을 발휘한 여성들이 나타났다.

시에나의 카테리나(Caterina of Siena, 1347-1380)는 신비적인 영적 체험과 가난한 자와 병자를 위한 헌신으로 인해 성녀로 존경을 받았다. 카르멜파 수녀원 아빌라의 테레사(Teresa of Avila, 1515-1582)는 강렬한 회심을 경험했고 기도의 깊은 경지에 이르면서 명상 중에 예수님의 환상을 보았다. 그녀는 하나님의 계시를 받아 스페인 전역에 청빈과 평등, 자율을 원칙으로 하는 수녀원들을 설립했고, 뛰어난 행정력과 실용성에 근거해 수도원 개혁에 앞장 섰다. 그녀를 따르는 수녀들은 부의 상징인 구두 대신 샌들을 신었으므로 "맨발의 카르멜 수녀"로 알려졌다. 그녀의 제자였던 '십자가의 요한' (John of the Cross, 1542-1591)은 남성 맨발의 수도회를 설립했다. 그녀는 여

---

[258] Williston Walker, *A History of Christian Church*, 69. 하워드 A. 스나이더, 『교회사에 나타난 성령의 역사』 (서울: 정연사, 2010),19. 물론 몬타누스를 이단으로 정죄한데에는 여러가지 이유들이 있었다.

성과 남성 수도회를 동시에 설립한 유일한 여성으로 기록되었다.[259] 1970년 교황 바울 6세는 그녀들을 "교회의 박사"에 포함시켰다.

여성의 리더십이 대두되자 가톨릭교회는 엄격한 여성 봉쇄 조치를 취했다. 공의회의 허락 없이는 수녀원을 신설하지 못하도록 규정했고, 수녀원은 수녀들의 수를 제한했다. 고해성사는 남성 사제에게만 허용되었고, 수녀는 허락 없이 방문자를 받지 못하도록 규정했다. 이처럼 가톨릭교회는 수녀원의 자유를 제한하고 수녀원의 발전을 막으려 시도했다.[260] 중세 시대에 여성을 희생양으로 삼은 마녀 사냥이 성행했다. 마녀로 고발된 여인을 물에 빠트려 가라앉아 죽으면 마녀가 아니고 물 위로 뜨면 마녀로 판명하여 처형했다.[261]

루터는 만인제사장 교리를 내세우며 모든 그리스도인이 제사장의 지위를 보유한다고 강조했다. 그러나 이는 남성만을 위한 조치로, 개신교 내에서 여성의 지위는 변한 것이 없었다. 아니, 여성의 지위는 이전보다 더 바닥에 떨어졌다. 개신교는 가톨릭교회의 수녀가 담당했던 성직자 보조 역할조차 허락하지 않았다. 개신교는 여성이 지도력과 권위를 행사할 수 있었던 수녀원을 폐쇄해 버렸고, 여성으로 구성된 종교 단체는 허락하지 않는 등 여성에게는 그 어떤 역할도 부여하지 않았다.

스코틀랜드에 장로교회를 세운 존 낙스는 여성이 교회 및 정치 지도자에 오르는 것에 절대 반대했다. 그는 스코틀랜드의 메리 여왕을 '실수로

[259] 유스토 L.곤잘레스, 『종교개혁사』,189-91. 루이스 W. 스피츠, 『종교개혁사』,312-13.
[260] R.W. 서던, 『중세교회사』,340-41.
[261] 조찬선, 『기독교 죄악사』(하),82.

안장에 앉은 막돼먹은 암소'라 비판했다. 여자로 하여금 나라를 다스리게 하는 것은 자연의 법칙에 어긋나며, 하나님을 모독하는 처사이며, 하나님의 뜻과 법칙에 역행하는 짓이며, 질서를 뒤엎는 행위이자, 모든 정의와 공의를 거슬리는 짓이다.[262]

영국 빅토리아 가치관은 보수적 가정 윤리를 강조하면서, 여성의 역할은 가정을 지키는 것으로 한정했다. 가정은 종교적 소명과 교육을 실천하는 장소로, 여성의 고유 사역은 남편을 보필하고 자녀에게 종교 교육을 하는 것이다. 뉴 잉글랜드의 청교도는 여성의 멤버십이 남성보다 절대적으로 많았고, 여성들은 예배와 모임에 적극적으로 참여했다. 코튼 매더(Cotton Mather, 1663-1728)는 '세상에 경건한 남자보다 경건한 여자가 훨씬 많다'고 고백할 정도로 여성의 적극적인 교회 봉사는 미국교회의 성장과 발전에 결정적 역할을 했다. 이런 현상을 '회중교회의 여성화'라 불렀다.[263]

그러나 개신교에서 여성이 지도력을 발휘할 수 있는 기회는 좀처럼 주어지지 않았다. 여성이 교회에서 리더가 되는 것은 가정의 평화를 위협하고, 공동체의 질서를 깨뜨리는 행위로 간주되었다. 여성은 목회 사역과 교회 행정 및 정치에서 철저히 소외되었고, 결혼식이나 장례식, 유아 교육 등에서 보조적 역할을 담당하는 것에 만족해야 했다.

신자들 가운데 여성들의 수가 압도적으로 많아지면서 교회가 여성화 되어간다는 우려가 커졌다. 그러자 19세기 말 미국교회는 남성 다움을 강조하는 '근육질 기독교'를 주창했고, 건강한 몸과 건강한 신앙을 결합시키면서 YMCA가 탄생했다. 그러나 근육질 기독교는 남성 우위와 백인 우월주

---

262 루이스 W. 스피츠, 『종교개혁사』, 294.
263 로저 핑크, 로드니 스타크, 『미국 종교 시장에서의 승자와 패자』, 71.

197

의를 강조하면서 군국주의 및 제국주의를 조장했다.

4) 백인의 주도권

예수님과 열두 제자를 비롯해 초기 그리스도인 대부분은 유대인이었다. 그러나 사도 바울의 선교로 인해 기독교는 유럽에 전파되었다. 초대교회의 4대 중심지는 예루살렘과 안디옥, 이집트의 알렉산드리아, 로마였고, 바울의 사망 이후 기독교의 축은 유대인에서 이방인으로 넘어가면서 이방인 교회가 주도권을 잡았다. 교회의 주도권은 이스라엘의 관습과 종교를 고수하던 히브리파로부터 헬라적 문화에 개방적이었던 헬라파로 이동했다.

로마 제국의 콘스탄틴 황제는 기독교를 승인하고 로마 제국의 종교가 되었다. 그는 수도를 로마에서 콘스탄티노플로 옮겼고, 콘스탄티노플은 동방교회의 중심지가 되었다. 그러나 무슬림이 예루살렘을 공격해 함락 시키고(637년), 그 이후 안디옥(638년), 알렉산드리아(641년)가 차례로 무슬림의 손에 떨어졌다. 아랍은 북아프리카를 점령(707년)했고, 4년 뒤에는 아프리카 건너편에 있던 스페인을 정복했다. 이슬람의 확장으로 인해 기독교의 주요 지역들이 그들의 수중에 떨어졌고 마침내 콘스탄티노플 마저 넘어갔다. 이로 인해 기독교의 무게 중심은 로마를 중심으로 한 서부 유럽으로 옮겨갔다.[264] 서부 유럽은 프랑스, 스페인, 이탈리아, 독일, 영국 등 백인 지역이었고 가톨릭교회는 오랫동안 백인의 종교로 남았다.

어릴 적, 미국의 서부 영화나 드라마를 보면, 백인은 정의를 추구하는 선의 상징이었고, 인디언들은 야비하고 교활하며 잔인한 악을 상징했다.

---

[264] 헨리 채드윅, 『초대교회사』, 247-48.

대부분의 결말은 결국 선을 상징하는 백인이 인디언들을 살육함으로 끝났다. 오랫동안 이런 내용에 노출되다 보니, 이것이 사실이라 믿었다. 그런데 미국 역사를 공부해 보니, 그 양상이 전혀 반대임을 알고 충격을 받았다.

아메리카 대륙의 발견 이후 유럽 열강들은 식민지 확장 경쟁에 나섰다. 신앙의 자유를 찾아 미국에 온 백인들은 '광야로의 사명'을 내세웠는데, 이는 북미 원주민에 대한 종교적, 문화적 사명감을 뜻했다. 추운 겨울에 뉴 잉글랜드에 도착한 청교도들은 추위와 굶주림 속에 죽어갔다. 그들에게 손을 내민 것은 인디언들로 청교도에게 식량과 겨울용 침구를 제공하고, 옥수수와 보리, 밀, 감자, 호박, 토마토 등을 재배하는 법과 물고기 잡는 법을 가르쳐 주었다. 청교도는 원주민을 '하나님이 보내 주신 천사'라고 칭했다. 그러나 점점 세를 불린 청교도는 식민지 헌장을 만들면서 신세계의 인디언 땅에 대한 권한을 주장하면서 그들에게 생존법을 가르쳐 준 인디언들의 땅을 빼앗고 학살했다.[265]

1620년 필그림의 상륙 당시 북아메리카에는 약 600여 종족들에 1,200백만 명 정도의 인디언들이 살고 있었다. 인종 차별주의에 사로잡혔던 청교도는 이교도인 원주민들을 개종 가능자로 보기보다 영혼이 없는 마귀의 앞잡이로 규정했고 원주민을 살상하고 추방했다. 선교사들도 인디언을 개종 가능자가 아닌 부려먹을 노예로 해석했다. 300년 동안 1억명의 원주민들과 야생 들소 6,000만 마리가 학살되었다.[266]

청교도는 민병대를 조직해 원주민 마을을 습격하고, 닥치는 대로 학살하고 부녀자와 아이들은 노예로 팔았다. 백인의 학살 행위로 인해 1850년대

[265] 조찬선, 『기독교 죄악사』(하),152,161.
[266] 조찬선, 『기독교 죄악사』(하),160,176.

북아메리카 인디언의 수는 25만명으로 줄었다. 백인 이주자들은 200년 간의 전투 끝에 원주민들을 제압하고 그들을 보호 구역 안으로 몰아넣었다. 그러나 미국 정부는 인디언 보호구역 내에서 금광이 발견되자 조약을 어기고 원주민들을 강제 이주시켰고, 이에 대항하는 자들을 학살했다. 이로 인해 인디언들은 '우리의 신은 사랑하라고 가르치는데, 당신의 하나님은 죽이라고 가르치냐?'고 반문하며 백인들이 전하는 기독교에 등을 돌렸다.[267]

백인 신학자들은 백인이 가장 월등한 종족이라 주장했다. 창세기 9장 25절에 노아의 둘째 아들인 함에 대한 언급이 나온다. 백인 기독교인들은 '함의 자손들이 노예가 될 것'이라는 구절에 근거해 아프리카 흑인을 함의 자손이라 주장했다. 그리고 가나안과 그 후손들이 노예가 될 것이라 말한 것처럼 가나안의 후손인 아프리카인들이 노예가 되는 것은 당연하다고 해석했다.[268] 백인들 중에서도 앵글로 색슨족이 최고이고, 그 다음이 게르만, 슬라브, 라틴인이다. 흑인은 가장 열등한 사람이며, 황인종은 그 중간에 위치한다. 하얀 피부는 선을 뜻하고, 검은 피부는 악을 의미한다. 선이 악을 몰아내야 하는 것처럼 백인은 흑인이나 황인종을 지배해야 한다.

유럽인에 의해 15세기 말부터 노예제도가 폐지된 19세기까지, 아프리카에서 수많은 아프리카인들(1,500-3,000만명 추정)이 납치되어 아메리카로 끌려갔다. 아메리카로 끌려오는 동안 150만명 이상의 흑인들이 배에서 사망

---

267 조찬선, 『기독교 죄악사』(하), 162,168,183-84.
268 Reginald Horsman, *Race and Manifest Destiny: The Origins of American Racial Anglo-Saxonism* (Cambridge: Harvard University Press, 1981), 116-38.

했으며, 그나마 아메리카에 도착한 흑인들은 노예로서 짐승과 같은 대우를 받았다.

오랫동안 미국교회는 성경이 노예제를 인정한다고 단언하면서 노예제도에 대해 보수적 태도를 취했고, 오히려 인종 차별을 강화하는 기관으로 자리매김했다. 1784년 미국 감리교는 노예 소유를 불법으로 규정했으나, 실제로는 1843년까지 많은 감리교도들이 노예를 소유하고 있었다. 특히 농업을 기반으로 한 남부는 흑인 노예 인력에 절대적으로 의존했기에 노예제도 존속을 적극적으로 지지했다.

1800년대 후반 찰스 다윈의 진화론이 세계를 강타했고, 진화론은 모든 생명체들이 유전 법칙에 의해 자연적으로 진화되어 가는 존재로 단정했다. 보수 기독교는 진화론을 전면 부정하고 창조론을 지지했으나, 실제로는 진화론을 지지하면서 미개 부족에 대한 정복과 침략을 정당화했다.

백인 기독교인들은 미개한 다른 인종과 섞여서는 안 된다고 여기며, 인디언과 흑인의 인권을 유린하고 착취했다. 백인 남성이 주도하던 교회에서 오랫동안 인디언, 아프리카 흑인, 남미인, 아시아인들이 소수자로 남았다. 제3대 대통령 토마스 제퍼슨(Thomas Jefferson, 1743-1826)은 독립선언문을 통해 인간의 평등권과 인권의 불가침성을 강조했지만, 이는 백인만을 위한 것으로 흑인이나 원주민은 제외되었다. 남북전쟁을 통해 링컨 대통령이 노예해방을 선언했지만, 이후에도 오랫동안 흑인이나 인디언에게 투표권이 부여되지 않았다.

미국교회는 제1차 대각성운동과 제2차 대각성운동을 통해 크게 성장했고, 19세기에 접어들어 세계 선교운동에 활력을 불어넣었다. 미국교회는 백인에게 주어진 사명은 제3세계에 공업화, 자본주의, 민주주의, 기독교의 혜택을 전파하는 것이라고 믿었다. 미국이 세계 강대국으로 부상하면서 신학의 중심지는 독일에서 미국으로 이동하였고, 미국에서 태어난 개신교 교단과 사상들이 다른 나라로 전파되었다.

오늘날에도 여전히 교계나 신학계는 백인들이 주도권을 쥐고 있다. 이에 따라 유럽이나 미국에서의 신학 연구는 활발하게 이루어지고 있으며, 국제 학술대회에서 남미나 아프리카, 아시아 지역의 신학자들이 잘 보이지 않는 경향이 있다.

5) 제국주의 및 선교의 주도권

초대교회는 선교에 적극적으로 나서 유럽을 점령했다. 그러나 중세에는 아시아로 향하는 길은 강력한 이슬람 세력에 막혀 더 이상 진출할 수 없었다. 기독교는 오랫동안 유럽 대륙에만 머물렀다. 그러나 15세기 말 행해술의 발달로 인해 아메리카 신대륙이 발견되면서 가톨릭교회는 이곳에 진출했다. 유럽인들은 하나님께서 그들의 수중에 서구 문명과 기독교 신앙을 맡기셨고, 이를 세계에 전파해야 한다고 믿었다.

스페인은 남미를 정복했고 이후 북미 대륙에 진출했다. 스페인과 포르투갈 항해자들은 남미와 아프리카, 아시아에 상당한 세력을 구축했고 프란체스코, 도미니칸, 예수회 선교사들은 북미, 남미, 인도, 일본 등으로 선교 활동을 펼쳤다. 후발 주자인 영국은 북미의 패권을 놓고 스페인과 프랑스와 전쟁을 벌여 식민지 전쟁에서 승리했다. 미국은 초창기부터 영국의 앵글로색슨족이 주도하는 WASP(White Anglo-Saxon Protestant) 성향이 매우 강했다. 미국의 정신은 하나님이 가장 우수한 종족으로 선택한 백인, 여성보다는 남성, 가톨릭에 반대한 개신교, 전제주의에 대항한 민주주의에 근거했다.

다윈의 생물학적 진화론은 19세기로 넘어오면서 사회적, 경제적, 정치적 진화론으로 발전했다. 사회진화론 학자인 허버트 스펜서(Herbert Spencer, 1820-1903)는 사회를 생존 경쟁으로 정의하면서 적자생존의 법칙에 따라 약자의 문화는 강자의 문화에 의해 잠식된다고 주장했다. 사회적 진화론은 앵글로 색슨족이나 아리안족의 생물학적, 문화적 우월성을 지지함으로 제국주의와 인종차별주의 정책을 합리화하는 데 이용되었다. 결국 사회적 진화론은 선진국이 후진국을 계몽하고 이끌어가야 한다는 제국주의를 지지했다. 유럽의 열강들과 미국이 아시아나 아프리카, 남미 등을 무력 침략해 식민지를 개척하는 이론적 배경이 되었다.[269]

기독교 선교에서도 다윈의 진화론적 패러다임은 암세포처럼 자랐고 사회적 진화론은 제국주의가 제3세계에 침투해 들어가는 것을 당연시했다. 대부분의 선교사들은 백인 우월주의에 바탕을 둔 세계관과 신학의 범위를 넘어서지 못했다. 대부분의 선교는 사랑과 희생, 봉사의 정신으로 행해진 것이 아니라 무력이나 폭력으로 타인종, 타민족, 타종교, 타영토를 정복하고 말살하는 것이었다. 기독교는 침략국의 입장에 서서 토착민에게 복종과 유럽 문화를 강요함으로 제국주의의 앞잡이, 식민주의의 첨병이라는 비난을 받았다.

19세기 동안 유럽 및 미국의 식민주의와 경제 대국주의에 근거한 선교가 진행되었다. 영국은 산업혁명으로 인한 시장 확보를 위해 식민지화를 서둘렀고 아시아와 아프리카, 라틴 아메리카의 많은 지역이 식민지화 되었

---

[269] 류대영, 『초기 미국 선교사 연구』 (서울: 한국기독교역사연구소, 2001),197.

다. 선교사들은 복음을 전하는 과정에서 현지의 문화를 고려하지 않고 일방적인 선교를 수행하며 제국주의의 착취에 가담했다. 미국교회의 세계 선교 역시 제국주의 진출과 깊은 관계가 있었다. 미국은 인류 문명의 발전과 세계의 구원을 위해 하나님의 선택을 받은 나라로 세계의 운명을 좌우하는 사명을 받았다. 1880년대 미국은 대서양부터 태평양까지의 대륙을 정복했고 북미 대륙에서 더 이상 정복할 땅이 사라지자 해외로 시선을 돌렸다.[270]

서구 제국주의 국가들의 식민지 확장 과정에서 선교운동은 정부의 승인 하에 이루어졌다. 서구 문명의 우월성을 확신하는 선교사들은 정부에 적극적으로 협조하면서 식민지화에 가담했고 문화의 서구화를 추구했다. 선교의 목적은 기독교화와 더불어 서구 문명화 및 상업화, 민주화, 근대화였다. 침략의 길 안내자로 동원된 선교사들이 전하는 기독교 복음은 언제나 강자의 복음이었다. 제국주의가 침략의 마수를 뻗친 곳에는 수탈과 잔혹한 학살이 일어났다.

전통적 선교사들은 선교지에 가서도 서구 문화의 혜택을 포기할 수 없었고, 백인의 고귀함과 복장, 관습 등을 그대로 유지했다. 그들이 생각하는 개화란 선교지의 전통적 가치관과 패러다임을 완전히 바꾸고 서구적 세계관을 이식하는 것이었다. 이것은 복음의 본질과는 관련이 없는 문화나 사상적 체계였다. 그러나 선교는 서구 문명과 동일시되었고, 서구 문물과 문화의 이식을 중요시하며 선교사들은 병원과 학교를 세웠다. 유럽과 북미 선교사들은 지성화 된 복음을 전수하면서 선교와 교육 사업을 궁극적으로

---

[270] 류대영, 『초기 미국 선교사 연구』, 23, 37-39, 206.

같은 개념으로 해석했다. 선교사들은 자신들의 주도권을 유지하기 위해 토착민 목사나 지도자를 교육시키거나 양성하는 것을 소홀히 했다.

아시아에서의 선교는 유럽과 미국의 팽창주의와 함께 시작되었고, 상업과 군사, 정치적 정복과 함께 시행되었다. 구미 열강이 중국을 압박해 근대화를 추진하자 중국 내에서는 이에 대항해 반서구화 및 반기독교 운동이 일어났다. 중국 공산당은 기독교를 자본주의 제국주의자의 문화적 침략의 도구로 보고 중국 교회를 서구 교회와 단절시키는 정책을 실시했다.

6) 자본주의의 주도권

예수님과 열두 제자들은 가난과 검소한 삶을 살았다. 그런데 콘스탄틴 때부터 성공과 부유함은 하나님의 은혜를 받았다는 증거로 받아들여졌다.[271] 중세 봉건 제도 하에서 부의 유일한 근원은 토지였고 대부분의 경제적 구조는 토지에 근거한 농업이었다. 토지를 소유했던 왕과 영주, 귀족, 고위 성직자들은 경제력을 독점하면서 주도권을 잡았다. 이에 반해 대부분의 농부들은 땅을 빌려 경작해 조세와 십일조 등을 세금으로 바쳤고 공유지에서의 사냥이나 낚시에 대한 제재를 받았다.

중세 시대는 토지에 근거한 경제적 계급 제도를 유지했고 중산층 및 하위층의 도약을 강력히 저지했다. 그런데 이런 경직된 계급 제도에 영향을 줄 큰 변화가 일어났다. 이슬람과의 십자군 전쟁 이후 새로운 세계에 대한 호기심과 함께 교역이 활발해지면서 상업이 크게 발달했다. 통상과 교역이 중요한 위치를 차지함에 따라 토지를 기반으로 하는 농업 중심에서 무역

---

[271] 후스토 L. 곤잘레스, 『초대교회사』,214.

과 상업 중심으로의 경제적 전환이 일어났다. 거래를 위해 화폐가 제조되었고 신용 제도와 공산품의 대량 생산 등으로 인해 도시 내에 새로운 계급인 부르주아(bourgeoisie)가 등장했다. 12-13세기 이후 화폐 경제가 발전하면서 상인들이 경제력을 바탕으로 정치력을 획득해 갔다.[272]

15세기 르네상스를 거치면서 이탈리아에는 상업 및 공업 자본주의가 가지는 재정 방법들이 사용되었고 무역과 상업, 금융업이 발전하면서 도시 국가들이 번영했다. 종교개혁도 경제적 변화 및 신분 변화를 지지했다. 루터는 농부나 상인 등의 세속적 직업도 종교적 소명을 받은 것으로 격상시키면서 평신도의 지위를 크게 높였다. 칼뱅은 탐욕과 사치, 부자의 착취 등에 비판적이었지만, 이자 부여에 대해 긍정적인 해석을 내렸다. 이윤을 받고 돈을 빌려주는 대금업 혹은 은행업이 신학적으로 타당하다고 여겨지면서 자본주의 형태의 상업 활동이 크게 장려되었다. 자본주의의 경제적 개인주의는 중세의 독점 체제인 길드 제도를 와해 시켰고 대신 대규모 생산이 가능한 공장이 세워졌다. 독일 귀족 푸거가(Fugger family)는 교황청과 신성 로마제국에 돈을 대부해줄 정도로 거대 규모의 대금업을 했다.[273]

개신교 지역은 가톨릭 쪽보다 경제적 수준이 높았다. 이런 이유로 인해 막스 웨버(Max Weber, 1864-1920)는 칼뱅이 이자 부여를 긍정적으로 해석하면서 경제적 윤리학 및 자본주의 정신을 형성했다고 주장했다. 교회는 경제적 보수주의와 제휴했고, 기독교는 자본을 소유한 기득권을 가진 계층이 되었다. 산업혁명(1760-1840년)을 통해 공업과 상업, 금융에 대한 개방

---

[272] 유스토 L. 곤잘레스, 『중세교회사』,129.
[273] 롤란드 베인턴, 『종교개혁사』,219-20.

자본주의 체제가 등장했고, 도시로 사람들이 몰려들면서 급속한 도시화가 진행되었다. 불행히도 자본주의는 부르주아와 프롤레타리아 라는 경제적 계급을 만들어냈다. 기업가들은 엄청난 부를 축적한데 반해, 노동자들은 저임금, 긴 노동시간, 여성과 어린이의 노동 착취를 당했다. 미국 또한 급속한 산업화, 도시화, 대량 실업, 빈곤, 노동자 착취, 자본가의 불공정한 부의 획득을 목격했다.

청교도들이 장악한 뉴 잉글랜드 지역은 보스턴을 중심으로 산업화, 공업화, 자본주의화 되어 갔다. 청교도는 노동의 중요성을 강조하면서 동시에 돈과 부를 하나님의 택함을 받은 증거로 받아들였다. 청교도는 사업에 시간과 정력을 기울이는 것을 예배 다음으로 중요한 종교적 의무로 여기며 경제적 성공을 위해 부단히 노력했다.[274] 이와 함께 건강과 부의 복음은 부와 번영을 하나님의 총애를 보여주는 지표로 여겼다. 하나님이 인정하신 사람들은 재정적 성공을 거두고 잘 살게 되어 있고 가난은 죄악시되었다.

이런 자본주의적 경제관은 기독교에도 큰 영향을 미쳤다. 회중교회나 장로교에서 목사 혹은 선교사가 되기 위해서는 대학 교육을 받아야 하는 자격 여건이 있었다. 18-19세기 당시 미국에서 대학교육은 중산층 이상의 계층이 받을 수 있는 특권이었다. 가난한 하층민 출신의 신자는 선교사나 목사가 되고 싶어도 될 수 없었다. 중산층 전문 경영인들이 선교부를 맡아 자본주의적 경영 방식으로 선교부를 운영하고 선교사를 파송했다.[275]

---

[274] 존 딜렌버거, 클라우드 웰취, 『프로테스탄트 교회의 역사와 신학』,154,313-14. 롤란드 베인턴, 『종교개혁사』,223-24.

[275] William R. Hutchison, *Errand to the World: American Protestant Thought and Foreign Missions* (Chicago: University of Chicago Press, 1987), 94. 류대영, 『초기 미국 선교사 연구』,46-47.

선교는 주로 잘 사는 나라에서 못 사는 나라로 간다. 선교사들은 자본주의적 가치관에 사로잡힌 상업의 탐험가이자 개척자들이었고, 교단의 해외 선교는 상업적 팽창주의와 연합 전선을 폈다. 북장로교 선교부는 해외 선교 사업이 상업적 영향력과 긴밀한 관련이 있으며 경제를 재건하는 힘이라 해석했다. 선교사는 선교지에서 생산업자를 위한 외판원 역할을 했다. 한국에 온 일부 선교사들도 한국에 자본주의 정신을 소개하고 여러가지 경제적 이권에 직접 개입했다. 미국 대기업의 후원을 받은 선교사들은 선교지에서 물건을 소개하고 물건을 팔 수 있는 판로를 개척했다. 그들은 식료품을 비롯해 가정용 물품이나 기구 등의 판권을 얻어 판매함으로 무역상의 사업을 가로챘다.[276]

자본주의 사회는 모든 것을 숫자로 평가한다. 자본주의는 사람이 돈을 버는 것이 아니라 돈이 돈을 버는 구조를 가지고 있다. 교회 또한 자본주의 논리를 그대로 수용한다. '몇 명 모이는 교회인가?' '헌금은 얼마인가?' 등으로 목사와 교회의 모든 것을 평가하는 척도가 되어버렸다. 심지어 교회를 돈을 주고 팔고 사기도 한다. 그러다 보니 모든 교회가 교인 수를 부풀려 말한다.

많은 사람들이 대기업에 취직하고 싶어한다. 중소기업은 사람을 구하기 힘들다. 신자를 평가할 때 무의식적으로 대형교회 교인을 우대하는 경향이 있다. 어느 교회에 다니느냐가 중요한 평가 수단이 되었다. 새신자를 전도하고 교육시켜 놓으면 어느 새에 대형교회에 가 앉아 있다. 대형교회는 주

---

[276] William A. Williams, *Tragedy of American Diplomacy* (New York: Random House, 1972), 63. 류대영, 『초기 미국 선교사 연구』, 229-31.

변 중소 교회 신도들을 빨아들이면서 '손 대지 않고 코 푸는' 성장을 하고 있다. 대형교회의 셔틀 버스는 도시 외곽까지 돌면서 신자들을 싹쓸이 한다. 이는 전형적인 기업형 교회의 자본주의적 전략이다. 대형교회의 성장과 함께 지역의 소규모 교회가 퇴출되거나 소외될 수 있다는 우려가 나오고 있다.

자본주의 사회에서는 경제적 성과와 효율성이 중요시되며, 이로 인해 교회와 종교 단체도 경영적인 측면을 강조하는 추세를 보인다. 종교 활동 또한 시장 경쟁과 유사한 모델을 적용하려 한다. 종교 단체들은 자신들의 목표를 달성하기 위해 마케팅 전략을 사용하고, 신자 유치나 헌금을 위해 다양한 전략을 동원한다.

제4장: 한국교회 내의 주도권 경쟁

유교와 한국교회

한국에서는 계급적인 사회 구조가 오랫동안 지속되어 왔다. 조선시대는 양반 중심의 사회 계층 구조가 유지되었고, 이는 유교라는 종교 체계 와도 깊은 연관이 있었다. 유교는 양반 중심을 중심으로 한 정치, 사회, 문화적인 이론을 지지하고 이를 뒷받침했다. 이런 구조로 인해 조선 왕조 기간 동안 농민과 상민, 하인 등 생산자 계층은 큰 고통을 겪었다.

또한, 일제 식민지와 군부 독재 시대를 거치면서 한국 사회는 군대 문화를 형성했다. 이러한 군대 문화와 유교는 서로 깊은 연관성을 지니고 있었으며, 한국 사회의 수직적인 사회 구조를 형성하는 데 영향을 미쳤다. 이런 풍토 속에 두 사람이 만나 통성명을 할 때는 나이를 묻고, 군대 기수, 고향 및 직위 등을 따져 상하를 가린다. 한국 사회는 모든 사람이 평등하다는 민주주의 국가를 표방하지만, 여전히 유교 및 군대 문화의 영향 하에 수직적 사회 구조를 선호하는 듯하다.

또한, 군사부일체라는 유교적 이데올로기는 교회에도 영향을 끼쳤다. 교회 내에서는 담임목사가 최고 권위자로 추앙을 받으며, 목사에 대한 성스러움과 차별화의 풍토가 형성되었다. 인도하는 자 혹은 가르치는 자의 신성화 및 위계는 종교적인 믿음과 함께 유교적인 영향을 받은 것으로 볼 수 있다. 많은 설교 예화들은 하나님의 종에게 충성하였더니 축복받았다는 이야기로 덮여 있다. 모세가 구스 여자를 아내로 맞이하자 아론과 미리암이 이를 비판(민 12:1)했다가 하나님의 진노를 샀고 미리암은 문둥병에 걸렸다(민 12:10). 이처럼 주의 종을 건드리면 벌을 받는다. 이런 예화들은 종교 지도자에 대한 절대적인 충성과 순종을 촉진했다.

목사는 모세와 같은 지위에 있는 자로 여겨지며, 어떤 잘못이나 실수도 지적 받지 않을 특권을 가진 존재로 인식되기도 한다. 교회 내에서는 목사를 대적하거나 비판하면 저주를 받아 집안이 몰락하거나 불치병에 걸린다는 두려움이 퍼져 있다. 목사는 평신도의 이성적 사고를 거세하기 위해 자주 "비판하지 말라"(마 7:1)는 구절을 사용한다. '하나님의 사자'인 목사를 비판하는 것은 절대 금물로 여겨지고, 담임목사의 행동을 비판하는 자는 마귀로 몰려 교회에서 내쫓김을 당하기도 한다.

과연 목사에게 대적하면 저주를 받을까? 목사를 대적한다고 해서 저주를 받는 것이 아니다. 교황권에 대항했던 마틴 루터와 존 칼뱅 등 종교개혁가들은 하나님의 저주를 받지 않았다. 오히려, 그들은 하나님의 말씀에서 벗어나 죄악을 저지르는 교황보다 성경대로 살려고 하는 평신도가 더 낫다고 단정하며 타락한 교황을 적그리스도라 치부하며 대적했다. 그 결과, 교회에 개혁이 일어나게 되었다.

유교적 전통이 강세를 보이는 사회는 목사와 평신도를 엄격히 구분한다. 목사는 설교권 뿐만 아니라 행정권과 재산권에 대한 권한을 가지며, 교회 전체가 담임목사 한 사람에게 지나치게 의존하게 된다. 대형교회에서는 담임목사만 진정한 목사로 여기고 부목사는 목사로 간주하지 않는 경우도 있다. 주일 예배 설교는 담임목사가 독점하며, 평신도는 목사의 설교에 이의를 제기해서는 안 된다는 인식이 팽배해 있다.

성직자 계급 구조는 담임목사, 부목사, 전도사 등으로 너무 명확하게 구분되어 있다. 부목사들을 대상으로 '교회의 머리가 누구냐?'는 설문조사를 했더니, 대부분이 '담임목사'라 대답했다. 예수님이 앉아야 할 자리에 담임목사가 앉아 있으며, 부목사와 전도사들, 그리고 전 교인들이 담임목사에게 충성을 다하는 구조이다. 담임목사는 교회의 왕과 같은 위치에 있으며, 심지어 아들에게 교회를 물려준다고 발표해도 대부분의 교인들은 이를 적극적으로 지지하며 반대의 목소리를 일축해 버린다. 이 모습은 조선시대처럼 대를 이어 충성해야 하는 구조를 연상시킨다.

교단이나 신학교 내에서도 선배 문화나 군사 문화가 확고히 자리 잡고 있다. 신학교에서도 기수를 따지고, 교단의 임원들은 일종의 벼슬아치로 군림하려 든다. 이러한 구조는 평신도 계층에도 그대로 반영된다. 교회 내 서열 체계는 장로, 권사, 교구장, 집사, 서리집사 등으로 이루어져 있으며, 이로 인해 교회는 장유유서와 장로 중심의 군대 문화를 유지한다. 장년이나 청년들은 나이 많은 장로나 권사에게 무조건 순종해야 하며, 교회 사역에서 철저히 소외되어 있다.

더욱이, 한 교회에 오래 다닌 사람일수록 자신의 영역을 홈그라운드로 여기기 때문에 외부에서 들어온 사람들이 자신의 영역을 침범하지 못하도록 막는다. 이러한 상황은 계급에 의해 모든 것이 좌우되는 정글의 법칙이 지배하는 곳이다. 교회의 이런 구조는 성경의 가르침과 거리가 멀며, 오히려 교회의 건강한 성장을 저해한다.

종종 평신도가 목사나 장로보다 더 열성적이고 전문성이 있으며 리더십이 탁월한 경우도 있다. 그러나 교회에서 한 번 직분을 받은 사람은 주도권을 순순히 내놓으려 하지 않는다. 그래서 새신자나 젊은 층이 교회에 정착하기 어렵다. 은혜를 받고 봉사를 하고 싶어도 오래전부터 장로 및 권사가 된 사람들이 직분과 주도권을 거머쥐고 나눠주지 않기 때문이다. 꼰대가 된 그들은 잔소리를 멈추지 않으며, 결국 청장년층은 교회를 이탈하고 대부분의 교회는 젊은 층인 허리가 없는 안타까운 현상이 지속되고 있다.

유교적 전통이 강한 한국교회에서는 여성 목사 안수는 더디기만 하다. 그 수에 있어서 제한적일 뿐만 아니라, 그나마 여성이 목사 안수를 받더라도 갈 사역지가 거의 없는 것이 현실이다. 한국 신자들은 거의 절대적으로 남성 목회자를 선호한다.

한국교회 교인들은 주일날 복장에 많은 신경을 쓴다. 남자들은 주로 직장에 출근할 때처럼 정장을 입고 넥타이를 메고 구두를 신는다. 여성 또한 정장 차림을 선호한다. 목사는 검은 색의 사제복이나 박사 학위 가운을 입기를 즐겨한다. 이런 외형적 모습을 강조하는 것 역시 교회가 수직적 계급 제도를 따르고 있기 때문이라 해석할 수 있다.

이제 시대가 변하고 있다. 사회는 점점 평등을 추구하고 있고 능력 위주로 재편성되어가고 있다. 그러나 교회만은 여전히 유교적 사고방식에 사로잡혀 서열화 및 계급화, 남성화를 고착 시키고 있다. 구세대의 유교적 집착이 심한 교회에서는 미국이나 유럽식 사고를 받아들인 젊은 층이 정착하기 어려운 구조를 만들고 있다.

한국교회 또한 신자가 직접 하나님께 나아가는 길을 막는 중재자가 존재한다. 어느새 우리는 하나님께 직접 기도하고, 하나님을 직접 만나는 법을 잊어버린 듯하다. 하나님 아버지를 직접 만나기보다 예배에 참석해 목사의 설교를 들음으로 하나님을 간접적으로 아는 것이 정상적이라 여기고 있다. 결국 앞에서 설명한 바와 같이, 감독이나 교황, 교단 창립자 등의 주도권이 한국교회에서는 교단 및 목사 층이 그 자리를 대신하고 있다고 할 수 있다. 하나님과의 일대일의 관계를 방해하는 모든 것들은 일종의 중개자 혹은 중개체라 할 수 있다. 세계 어느 교회 못지 않게 한국교회 또한 주도권을 가진 몇몇 사람이나 단체에 휘둘리고 있다는 것은 저자만의 생각이 아닐 것이다.

이와 같은 구조는 교회 내 권위주의를 강화하고, 평신도의 비판적 사고와 참여를 억제하는 결과를 초래한다. 교회는 본래 하나님과 성경을 중심으로 운영되어야 하며, 목사의 역할은 교회를 섬기는 것이지 지배하는 것이 아님을 재고할 필요가 있다.

선교사의 주도권

하루는 논문을 쓰기 위해 자료실(Archive)에 가 미국 선교사의 자료를 조사하던 중, 몇 장의 사진에 큰 충격을 받은 적이 있었다. 거구의 미국 선교사를 작은 몸집의 한국인들이 가마에 태우고 가는 장면도 있었고, 높은 산을 올라가는데, 선교사는 지게에 앉아 있고, 자그마한 한국인이 그를 지고 올라가는 장면도 있었다. 마치 왕과 신하, 주인과 종, 두목과 부하의 관계처럼 보였다. 이후 연구를 통해 이 짐작이 사실임을 알고는 선교사에 대한 해석을 재고하는 계기가 되었다.

<산을 올라가는데 가마를 탄 선교사>

보수적 기독교는 진화론을 부정하고 창조론을 지지했으나 실제로는 사회적 진화론을 받아들였다. 사회적 진화론은 선진국이 후진국을 계몽하고 이끌어가야 한다는 제국주의적 발상과 깊은 관계에 있었다. 서부 유럽이나 북미의 백인들은 제3세계의 미개 나라와 부족들에 대한 침략과 정복을 정당화했는데, 특히 영국이나 미국의 앵글로 색슨족이 가장 진화한 인종이라는 세계관은 지배 이데올로기를 지지했다. 19세기 정복자였던 유럽과 미국은 아시아와 아프리카, 라틴 아메리카 지역을 식민지화 하는데 앞장을 섰고 이때 기독교는 제국주의 침략의 선봉장이 되었다. 대부분의 선교사들 또한 백인 우월주의 발상 아래 현지의 문화와 종교, 역사를 전혀 고려하지 않고 식민지의 기독교화와 더불어 서구 문명화 및 상업화에 두었다. 그 결

과 선교사에게 식민주의의 첨병이라는 오명이 붙었다.

19세기 미국의 주요 교단들은 자국 내에서는 남성보다 열등한 여성의 사역을 인정하지 않았지만 여성이 해외 선교사로 나가는 것은 허락해 주었다. 그 이유는 백인 여성이 이방인 남성보다 우월하다는 생각 때문이었다. 선교사들은 현지인을 열등한 존재로 취급하는 태도를 보였다.

한국은 선교사들이 들어오기 전부터 중국이나 일본에 거주하던 한국인 기독교인의 전도 및 선교에 의해 이미 교회들이 존재했고 한국어 성경이 번역되어 있었다. 미국은 무력 시위를 통해 한국에 압력을 넣어 개항 시켰고, 한국 정부가 서양 열강과 외교 통상 조약을 맺으면서 선교사들이 합법적으로 한국에 입국할 수 있게 되었다. 1884년 이후 선교사 시대가 열리면서 선교사들이 들어왔다. 선교사들은 강국에서 온 힘을 가진 자들로, 수호 조약에 의해 치외법권으로 보호받았다.

초기 한국교회의 신앙과 신학 형성에 있어서 미국 선교사의 영향은 거의 절대적이었다. 백인 중산층 출신의 선교사들은 대학 이상의 고등 교육을 받았고, 중산층 특유의 실용적, 자본주의적 가치관을 지니고 있었다. 한국교회는 철저히 선교사의 통제와 관리 하에 있었고, 교회는 미국인의 입장, 사고방식, 가치관, 생활양식을 따라야 했다.[277] 선교사들이 한국 사회의 계급 구조와 결합하면서, 선교사들은 새로운 형태의 지배 계층으로 자리잡게 되었다.

선교사들은 한국인과 더불어 살아가는 대신, 외국인들만 거주할 수 있도

---

[277] Arthur Judson Brown, *The Mastery of the Far East* (Scribner's Sons, 1919), 547-49.
류대영, 『초기 미국 선교사 연구』,3, 28, 173.

록 허락된 선교 구내에서 그들만의 분리된 공동체를 건설했다. 한국인에게 는 선교 구내에 들어가는 것이 허락되지 않았고 심지어 관료들도 마음대 로 들어갈 수 없었다. 일부 선교사들은 대궐 같은 유럽풍의 집을 지었고 그들의 집에는 미국이나 유럽 산 가구, 카펫, 커튼, 침대, 식기 등으로 가 득 찼다. 그들은 거주지역에 테니스장을 만들었고 등산, 낚시, 사냥, 여행 등의 여가를 즐겼다. 그들은 여러 명의 한국 하인, 유모, 요리사, 마부, 문 지기, 가마군 등을 거느리고 허리춤에 권총을 차고 가마나 노새, 말을 타 고 다녀 발에 흙을 묻히지 않고 살았다. 그들의 삶은 당시 한국에 거주하 던 다른 미국인들에 비해서도 지나치게 사치스럽고 윤택했다.[278] 그들의 거 주지는 '사막 속의 오아시스'로 불렸다.

1893년 장로교 선교부는 전도의 목표를 상류층 보다 하위층에 맞춘다는 선교 전략을 내세웠다. 이는 겉으로는 하위층을 배려한 것처럼 보였지만, 실상은 상류층과의 충돌을 피하고, 비교적 하위층이 통제하기 쉽다는 판단 하에서 였다. 선교사들은 한국교회의 재정적 자립은 찬성했지만 정치적 독 립은 경계하면서 선교 정책의 수립 과정에서 한국인의 참여를 철저히 배 제시켰다. 선교사들은 한국인 교역자의 교육 수준을 일반인 수준 정도로 규정함으로 교역자의 자질 향상을 제도적으로 규제했다. 그들은 한국인을 미국에 보내 고등 신학 교육을 받게 하지 말 것과 선교사보다 높은 수준 의 교육을 제공하지 말 것 등을 결의했다. 선교사 주도 하에 한국 목회자 들은 근대 교육을 받지 못한 구세대인으로 구성되었고 질적 저하 현상이

---

[278] 류대영, 『초기 미국 선교사 연구』, 57-65, 173-74, 217. 안종철, 『미국 선교사와 한미 관계』 (서울: 한국기독교역사연구소, 2010), 294.

나타났다.[279]

선교사들은 문서 사역을 장악했고 성경 번역과 정기간행물 발간을 주관했다. 출판물 대부분은 미국의 신학 사상과 조류들을 번역했고 이로 인해 서구 의존적 신학 풍토가 조성되었다. 선교사들은 성경의 유일한 해석자로 자리잡았으며, 이는 한국교회의 성경 해석과 신학적 논의가 선교사들의 영향력 아래에 머물게 하는 결과를 낳았다. 선교사들은 천민이나 상인들 속에 들어가 그들과 함께 생활하며 전도하지 않았다. 대신, 실질적인 선교 및 전도 사역은 권서인인 한국인 전도자에 의해 추진되었다. 권서인들은 성경을 파는 외판원의 차원을 넘어, 선교사가 접근하지 않는 내륙을 다니면서 복음 전파와 교회 설립에 지대한 공헌을 했다.[280]

북장로교 중국 선교사인 네비어스(John Livingstone Nevius, 1829-1893)는 방한해 독립적이고 자립하며 진취적인 토착교회에 대한 선교 정책을 제안했다. 네비어스 선교 정책은 자진 전도, 자력 운영, 자주 치리를 선교 핵심 원칙으로 삼았다. 이는 선교사들이 아닌 현지인들이 교회의 운영과 전도를 책임지도록 하는 것을 의미했다. 이에 근거해 본토 전도인을 내세워 전도하고, 본토 교인들이 비용을 부담해 교회 예배당을 마련하게 했다.[281]

1912년 장로회 총회가 결성됨으로써 장로교는 당회와 노회, 총회로 구

---

[279] 이덕주, 『한국 토착교회 형성사 연구』 (서울: 한국기독교역사연구소, 2000), 36, 149, 159. 한국기독교역사연구소, 『한국 기독교의 역사 I』 (서울: 기독교문사, 1989), 207, 220-24. 김인수, 『한국기독교회사』 (서울: 한국장로교출판사, 2003),127. 류대영, 『초기 미국 선교사 연구』,122,147-48.
[280] 류대영, 『초기 미국 선교사 연구』,73.
[281] 한국기독교역사연구소, 『한국 기독교의 역사 I』,219-24.

성되었고 한국인이 행정 기관에 참여할 수 있는 기회가 마련되었다. 그러나 선교사들은 교회의 치리권과 행정권을 한국인에게 부여하지 않았다. '아버지로서 무거운 교권의 갑옷을 어린아이에게 입힐 수 없다'는 변명 하에 선교사들만의 조직체인 선교공의회가 모든 권력을 장악했다. 총회장으로 언더우드(Horace H. Underwood, 1859-1916)가 당선되었고, 가장 중요한 재정권도 또한 선교사가 점유했다. 선교공의회는 선교 구역을 분할하고 선교비를 지출하며 선교 정책을 시행하는 데 있어서 독점적인 권한을 행사했다.[282]

선교사들은 초기부터 한국인 교역자들을 선교회의 지도 하에 두어 강력하게 통제했다. 평양에 설립된 장로회신학교는 운영이나 교수진 구성에서 선교사들이 주도권을 잡았고, 한국인 목회자들의 독립적인 역할을 제한했다. 이런 선교사 중심의 교권 제도에 대항하여 최중진 목사는 선교사의 독점 체제를 개선하고 한국인 목회자의 참여를 허락해 달라고 요구했다. 그러나 선교공의회는 그의 의견을 묵살하고, 최 목사를 목사직에서 제명했다. 이처럼 주도권을 잡은 선교사들은 그들의 권위에 도전하는 행위를 묵과하지 않았다.

선교사들은 처음에는 한국의 정치 및 사회적 문제 등에 깊은 관심을 보였다. 그러나 1905년 을사조약 체결 이후 그들은 입장을 바꾸었다. 조선은 을사조약을 통해 외교권을 일본에 양도했는데, 외교권 상실은 곧 국권의 포기를 의미했다. 정교분리 원칙을 고수한 선교사들은 복음 전도에만 관심을 둘 뿐, 정치 문제에 관해서는 엄격한 중립성을 표방했다. 그러나 실제

---

[282] 한국기독교역사연구소, 『한국 기독교의 역사 I』,283-87. 이덕주, 『한국 토착교회 형성사 연구』, 38-39.

로는 선교사들 대부분이 친일파였다.

미국에서 중류층에 속했던 선교사들은 한국에 와서 상류층으로 살았다. 한국에 내한한 초기 선교사들은 경제적인 측면에서 대단한 사업가적 수완을 발휘했다. 갑신정변(1884년)으로 인해 부상을 입은 민영익을 살린 알렌(Horace Newton Allen, 1858-1932) 의사는 한국 최대의 금광인 운상 금광의 채광권을 무상으로 하사 받아 이를 미국 무역상사에 넘겼다. 그는 경인철도 부설권을 미국에 넘기는 데에도 결정적 역할을 했고, 한국 도자기와 골동품을 모아 스미스소니언 박물관에 판매했다. 그는 또한 과외 수입을 얻기 위해 한국에 진출해 있던 외국 공사관에 나가 진료 행위를 했다.[283]

'백만장자 선교사'라 불리던 언더우드는 선교 활동을 위한 자금 확보와 한국인에게 서양 문명의 이기를 전한다는 명목 하에 석유와 석탄, 농기구 등을 수입해 판매했다. 여기서 생긴 막대한 이윤으로 그는 뜨거운 물이 이층까지 공급되는 호화로운 주택에서 살았고, 여름철 휴가를 위해 별도의 별장을 소유했다.[284]

빈톤(Cadwallader C. Vinton, 1856-1926) 선교사는 성서공회의 시설을 이용해 벽지를 생산해 판매했고, 재봉틀을 들여다 팔았다. 보수 신앙의 대부라 불리던 마펫(Samuel A. Moffett, 1864-1939)과 리(G. Lee) 선교사도 압록강 연변의 나무를 벌채하는 이권에 관련되었다. 이들 장사꾼 선교사들은 거대한 저택에 여러 한국인을 고용하고 사치스러운 생활을 했다.[285] 선교사들이 경

---

[283] 이광린, 『개화당 연구』(서울: 일조각, 1996), 227-30.
[284] 류대영, 『초기 미국 선교사 연구』,78, 221.
[285] 한국기독교역사연구소, 『한국 기독교의 역사 I』,344-45. 류대영, 『초기 미국 선교사 연구』,227.

제적 이권에 탐욕을 품고 있을 때 이를 제재한 것은 다름 아닌 미국 정부였다. 미국 영사는 선교사의 상업적 활동이 미국 상인의 이권을 침해한다고 해석했다.

대부분의 선교사들은 백인 우월 의식에 사로잡혀 한국 문화를 무시했고, 한국인을 미개하고 열등한 인간으로 하대했다.[286] 우리가 잘 알고 있는 평양대부흥 운동의 주역인 하디(R. A. Hardie, 1865-1949) 선교사는 백인으로서의 우월 의식과 자만심에 가득 찬 권위주의를 고백했는데, 대부분의 선교사들도 같은 태도를 취했다.

해방 이전의 한국교회는 선교사의 절대적이고 강력한 통제 하에 있었으며, 한국교회는 그들의 신학을 정통으로 받아들였다. 그러나 선교사의 설교보다 한국인의 마음을 더 감동시킨 것은 성령 체험을 한 한국인 사역자의 설교였다. 1906년 평양대부흥 운동 이후, 교회의 주도권은 미세하게나마 선교사로부터 한국인으로 옮겨졌다.[287] 일본은 신사참배를 반대하던 선교사들을 추방하기 시작했고, 대부분의 보수주의 선교사들은 한국을 떠났다. 이후 한국전쟁(1950-53년)으로 인해 피폐화된 한국교회에 선교사들이 전쟁구호물자를 지원하면서, 선교사들은 다시 총회에서 중요한 요직을 독차지하며 영향력을 유지했다. 한국교회가 성장하면서 주도권은 선교사에서 한국 목회자로 넘어갔다.

---

[286] 박용규, 『평양대부흥운동』 (서울: 생명의 말씀사, 2007),44, 52. 한국기독교역사연구소, 『한국 기독교의 역사 I』,273.
[287] 이덕주, 『한국 토착교회 형성사 연구』, 114.

근본주의의 주도권

한국교회의 정체성 수립 과정에서 선교사들은 중요한 역할을 담당했는데, 선교사에 의해 주입된 근본주의는 극도로 보수적이고 배타적인 신앙과 신학에 기반을 두었다. 흔히 초기 선교사들은 청교도로 알려져 있으나 실제로는 자유주의 신학에 대항해 일어난 근본주의 정신을 이어받은 자들이었다. 미국 장로교에서 가장 많은 선교사를 보낸 곳은 19세기 보수적 칼뱅주의 신학의 보루였던 프린스턴 신학교였다. 알렉산더(Archibald Alexander), 찰스 하지(Charles Hodge), 알렉산더 하지(Alexander Hodge), 워필드(Benjamin B. Warfield) 등으로 상징되는 19세기 프린스턴 신학의 영향을 많이 받은 그들은 웨스트민스터 신앙고백과 요리문답에 근거한 16세기 칼뱅주의 신학을 추종했다. 근본주의 신학에 근거해 종교재판관 역을 담당한 이는 프린스턴 신학교에서 공부하고 귀국 한 후 평양 장로회신학교 교수가 된 박형룡 박사(1897-1978)였다.[288]

프린스턴 출신보다 더 많은 선교사를 파송한 곳은 맥코믹 신학교(McCormick Theological Seminary)였는데, 이곳은 칼뱅주의 전통에 입각해 웨스트민스터 신앙고백을 따르는 보수 우파 장로교 신학의 보루였다. 평양 장로회신학교를 설립하고 초대 교장을 역임한 마펫(S. A. Moffett), 베어드(W. M. Baird), 로버츠(S. L. Roberts), 리(G. Lee), 스왈른(W. Swallen), 클라크(C. A. Clark) 등이 이곳 출신이었다. 그들은 성경의 영감과 절대성, 전적 타락, 이신칭의, 영혼의 불멸과 육신의 부활, 그리스도의 심판 등에 대해 보수적

---

288 김인수, 『한국기독교회사』,263.

견해를 견지했다.[289]

한국 장로교는 칼뱅주의와 근본주의 신앙의 상징으로 여겨진 웨스트민스터 신앙고백과 성경 요리문답을 채택했다. 인도 장로교회(1904년)가 채택한 장로회신경은 오늘날까지도 장로교회의 불변의 신조로 존재한다. 세속 사회를 교회의 적으로 해석한 근본주의 신학이 정착하면서 한국교회는 정치 및 사회 개혁적 기능이 약화되었다. 현실을 죄악시하면서 현실 도피적 신앙을 강조한 근본주의 문화가 한국교회 내에 자리 잡았다.[290] 선교사들은 정교분리의 원칙을 내세워 한국 교인들의 독립운동 참여를 저지했다.

미국 근본주의는 현대주의에 맞서 『근본들』(The Fundamentals, 1910-1915년)이란 문서를 작성했는데, 이 저서는 정통 칼뱅주의의 원리를 고수하는 근본주의 신학으로 성경의 무오성, 그리스도의 동정녀 탄생, 예수의 대속적 죽음과 부활 등을 강조했다. 선교사들은 신학이나 성서비평학에서 보수적 입장을 취했고, 고등비평이나 자유주의 신학을 위험한 이단으로 보았다.[291] 한국교회는 선교 50주년을 맞이해 아빙돈 성경주석을 편찬했는데, 여기에는 고등비평에 대한 내용이 수록되어 있었다. 길선주 목사는 이에 이의를 제기하면서 장로교가 발칵 뒤집어졌다. 결국 아빙돈 성경주석에 참여했던 편집자들은 사과해야 했다. 축자영감설을 지지한 박형룡 목사는 고등비평을 받아들인 김재준 교수를 이단으로 정죄했다. 이에 김재준 교수는 그를 따르던 목사들을 중심으로 기독교장로교 라는 교단을 창립했고, 조선

---

289 이덕주, 『한국 토착교회 형성사 연구』, 57-60.

290 한국기독교역사연구소, 『한국 기독교의 역사 I』, 285. A. J. Brown, *The Mastery of the Far East*, 540-41.

291 이덕주, 『한국 토착교회 형성사 연구』, 93.

223

신학교는 그 교단의 신학교가 되었다.[292]

장로교와 감리교의 주도권

한국이 선교의 문을 열자 미국이나 유럽, 호주 등의 교단들은 한국에 선교사들을 파송했는데, 특히 미국 장로교와 감리교가 선교사들을 파송하는 데 적극적이었다.[293] 그런데 둘 이상의 선교부가 같은 지역에 전도인을 파견하면서 여러 가지 마찰이 빚어졌다. 이를 무마하기 위해 미국 선교사들은 1887년 초교파 연합 기구를 조직해 학교나 병원 등 재정적 부담이 큰 기관을 연합으로 운영했다. 1905년, 장로교의 4개 선교부와 감리교의 2개 선교부는 서로 연합해 한국 복음주의 선교 연합공의회(General Council of Evangelical Missions in Korea)를 창설했고, 언더우드가 초대 의장에 당선되었다. 이 단체는 교파를 초월해 하나의 복음주의 교회를 조직하고 선교의 중복을 피하며 돈과 시간, 힘의 낭비를 줄이기로 동의했다. 이를 계기로 초교파적 부흥운동을 추진하기로 결의했으며, 공동 찬송가 출판과 주일학교 교재 등도 하나로 통일되었다. 장로교는 평양에 장로회신학교를 설립했고, 감리회도 연합하여 협성신학교를 설립했다.

선교 연합공의회는 한 지역에서 선교의 중복을 피하기 위해 한 지역을 한 교단에게 위임하는 '선교 구역 분할 협정'(Division of Territory)을 맺었다. 이 결과, 북장로교는 평안도와 황해도, 경기도, 경상북도를 담당하게 되었

---

[292] 김인수, 『한국기독교회사』,263-65.
[293] William R. Hutchison, *Errand to the World*,27-28.

고, 남장로교는 충청도와 전라도를, 캐나다 장로회는 함경도와 함남의 원산을, 오스트레일리아 장로회는 부산을 근거로 한 경남 지역을 배정받았다.[294] 한 지역에 특정 교단이 지정되면 다른 교단은 해당 지역에서의 선교 활동을 제한 받았다. 이 분할 규정이 30년 이상 적용되면서 특정 교단이 특정 지역을 독점하는 현상이 나타나고, 지방색 교단 교회가 형성되었다. 결국 선교 구역 분할 협정은 한국교회가 지방색 갈등으로 분열되는 계기가 되었다. 심지어 장로교가 독점권을 가진 지역에서 감리교를 비롯한 다른 교단은 이단으로 여겨 지기도 했다.

그러나 선교 구역 분할 협정에 다른 군소 교단의 선교회는 참여하지 못했다. 이로 인해 구세군이나 성공회, 성결교, 침례교 등의 군소 교단들은 장로교와 감리교의 배타적 독점 체제에 밀려 선교 지역 확보에 어려움을 겪었고 선교활동을 펼치기 어려웠다. 이는 한국교회 초기부터 장·감으로 표현되는 세력과 다른 소수 교파들 사이에 갈등과 경계의 분위기를 조성했다. 타 교단 접근 금지와 유사한 선교 구역 부할 협정으로 인해 장, 감 이외의 교회는 군소 교단으로 존속할 수 밖에 없었다.[295] 이는 한국교회의 다양성과 풍부한 신앙 양태를 제약하는 요인이 되었다.

교단의 주도권

일제 치하 시기에 한국 신자들은 힘을 하나로 모으기 위해 단일 개신교

---

[294] 박용규, 『평양대부흥운동』,518. 김인수, 『한국기독교회사』,124.

[295] 한국기독교역사연구소, 『한국 기독교의 역사 I』,209, 214-18. 이덕주, 『한국 토착교회 형성사 연구』, 40-41.

회 운동을 촉진하면서 '대한예수교회'(The Church of Christ in Korea)를 창립하려는 시도를 했다.[296] 그러나 미국의 교단 선교부는 장로교와 감리교가 연합하여 하나의 교회를 설립하는 것이 여러가지 신학적 문제와 정치적 마찰을 빚을 가능성이 높다고 판단했다. 특히 교단의 제도 및 조직, 운영 등에 대한 정치적인 부분에서 합의점을 찾지 못했다. 교단의 각종 장벽, 장·감의 신학적 차이, 선교 철학의 상이점, 교단의 이해 관계 등으로 인해 미국 교단 본부는 단일 교단 설립 움직임에 반대했고 결과적으로 이런 노력은 물거품이 되었다.[297] 이에 따라 한국교회는 미국식 교단주의를 받아들이게 되었다. 미국 교단의 고용인이자 공무원이었던 선교사들은 교단의 신학, 교회 정치 등을 그대로 한국교회에 이식시켰다.

다교단 사회에서 타 교단 선교부와의 갈등, 선교부의 지역 분쟁, 선교부와 선교사 사이에 많은 분쟁과 갈등이 터져 나왔다. 1930년대에는 지방색에 의해 교권 분쟁이 노골화되었고, 해방 후 교단 중심의 구조가 고착되면서 교단 간의 갈등과 경쟁이 더욱 심화되면서 한국교회는 분열되었다.

장로교는 교회의 정치 및 관리 기구로서 당회와 노회, 총회로 구성되어 있다. 치리회는 감독 기능을 담당하며 개교회의 모든 사안을 결정하고 통제하는 역할을 했다. 특히 총회는 최고의 의사 결정 기관으로 자리잡았고, 교회의 신설이나 병합, 분리, 해체, 목사의 장립, 면직, 복직, 그리고 제명 등의 권한을 가졌다.[298]

---

[296] 이덕주, 『한국 토착교회 형성사 연구』, 41-42, 103. 한국기독교역사연구소, 『한국 기독교의 역사 I』,209-12. 박용규, 『평양대부흥운동』,130-31.

[297] 박용규, 『평양대부흥운동』,186. 김인수, 『한국기독교회사』,187-88.

[298] 최덕성, 『한국 교회 친일파 전통』, 88.

일제 치하에서 신사참배 문제가 각 교단의 중요한 이슈로 부각되었다. 남장로교나 호주 장로회는 일치감치 신사참배를 우상숭배로 규정하고 행사에 참석할 수 없다는 입장을 분명히 했다. 그런데 장로교 27회 총회(1938년)는 신사참배에 참예하기로 결의함으로써 황민화와 신도 침례, 전쟁 지원 등에 앞장서기로 맹세했다. 이 결정은 신사참배를 명문화하였고, 총회의 결정을 따르지 않고 신사참배를 우상숭배로 규정한 목회자들을 파면했다. 미국 선교사 한부선 목사는 신사참배 결의에 항의하다 일경에 체포되었고 교단에서 제명 처리되었다. 평양노회가 신사참배를 반대한 주기철 목사를 목사직에서 파면(1939년)했던 것도 같은 이유에서 였다. 총회는 신사참배에 동의하지 않는 목사를 이단으로 규정하고 종교재판에 넘기며, 이에 따라 교단에서 제명했다.[299] 총회의 결정은 한 번 내리면 번복하기가 매우 어려웠으며, 주기철 목사의 명예가 복구되기까지 57년이 걸렸다. 결국 결정권자들이 모두 사망해야만 결정을 번복할 수 있었다.

교단의 본질은 조직기구인 총회에 있다. 총회의 결정은 종종 예수님이나 성경의 권위를 뛰어넘었다. 성경보다 당시의 정치적 상황을 더 중요시하는 총회는 신사참배가 우상숭배임을 주장하는 목사들을 제거했다. 한국교회는 성경보다는 소수의 임원진에 의해 결정되는 조직 기구의 결정을 절대화했다. 이러한 교단 및 교회 정치 조직은 목사 중심의 계급 구조로서, 성직자들의 서열과 계급주의를 강조하며, 부정적으로 말하자면 군대나 조폭 문화와 유사하다고 볼 수 있다.

이런 상황에서 서로가 교단의 임원 및 중직을 차지하기 위해 치열한 경

---

[299] 최덕성, 『한국 교회 친일파 전통』, 54, 57-58. 김인수, 『한국기독교회사』, 276, 283.

쟁을 벌이기도 한다. 예를 들어, 미국에서 함께 공부하던 목사가 휴학계를 내고 한국으로 들어갔다. '왜 가냐?'고 물었더니 그 목사의 아버지가 감독 후보로 출마하여 선거 운동을 하기 위해 들어간다고 대답했다. 다소 의아해 했지만 자세히 묻지 않았다. 한 학기가 지나 그 목사는 복학을 했다. 아버지의 감독 출마한 것 어떻게 되었느냐고 물었다. 그러니 선거에서 떨어졌다는 것이다. 선거 비용으로 몇 억을 썼는데, 다른 후보에 비해 덜 써서 떨어졌다고 한다. 아버지에게 감독 출마를 포기하라고 권면했다고 한다. 그런데 그 아버지는 절대로 그만 둘 수 없다고 대답했고, 다음 번에 다시 감독 후보로 나왔다. 선거 비용 몇 억은 도대체 어디에서 나오는지 모르겠다.

아마 목사만큼 감투 쓰기 좋아하는 사람은 없는 듯하다. 목사는 교인들에게는 세상의 명예와 부귀영화를 내려놓고 천국을 바라보라 설교하지만, 정작 본인은 이 세상의 권력을 추구한다. 해마다 열리는 총회에서 선거를 치를 때마다 표 매수 작전을 펼친다고 한다. 총회장 투표 전날 호텔 방문 밑으로 현금이 든 봉투가 들어온다는 말을 들은 적도 있다. 사실이 아니길 바란다. 그런데 교단 총회장 출마 시 돈으로 표를 매수하는 일이 흔한 듯하다.

교단 공무원을 양성하는 신학교에서는 신학생 때부터 하나님보다는 선배 목사나 담임목사를 더 두려워한다. 교단이나 선배 목사가 잘못을 저지르고 죄를 저지르더라도 납작 엎드린 채, 보지 못한 척 침묵을 지킨다. 개신교는 가톨릭교회를 반대하면서 탄생했지만, 교회의 본질을 교단에 두는

가톨릭교회의 전통을 계승했다.[300]

1) 친일파의 주도권

'독립 운동을 하면 3대가 망하고 친일을 하면 3대가 부자 된다'는 말이 있다. 슬프게도, 이 말은 한국교회에도 그대로 적용된다. 1905년, 미국은 일본과 가츠라·테프트 밀약을 맺으며 미국의 루즈벨트 대통령은 필리핀 지배를 인준 받는 조건으로 한국을 일본에 넘겨주는 외교 정책을 채택했다.

미국 선교사들 대부분은 본국 정부와 일본 정부 사이의 정치적, 외교적 관계에 큰 영향을 받았다. 그들은 말로는 정교분리의 원칙을 강조하고 비정치화를 주장했으나 실제로는 미국의 외교 정책을 따르며 친일적 가치관을 옹호하며 정교 유착에 휩쓸렸다.[301] 1907년, 정미조약의 체결로 일본이 한국의 통치자로 군림하자 선교사들은 더욱 일본 쪽으로 기울었다. 선교사와 일제 측과의 정치적 제휴 및 타협이 이루어졌고, 일제 총독부와 유대 관계가 원만했던 언더우드 목사는 장로회 총회의 초대 총회장에 당선되었다. 선교사들은 일본의 한국 통치를 긍정적으로 받아들이며 한국의 근대화 및 기독교 선교 과정에서 일본 정부의 역할을 기대했다.

대부분의 선교사들은 노골적으로 이토 히로부미가 한국의 통감이 된 것을 환영하며, 일제의 한국 지배를 묵인하거나 암묵적으로 지지했다. 일본을 제2의 고향으로 삼았던 감리교 해리스(Merriman C. Harris, 1846-1921) 감

---

[300] 최덕성, 『한국 교회 친일파 전통』, 209.
[301] 한국기독교역사연구소, 『한국 기독교의 역사 I』, 304. 김인수, 『한국기독교회사』, 179-80. 류대영, 『초기 미국 선교사 연구』, 134, 178.

독은 친일파 선교사로 유명했으며, 한국 감리교는 노골적으로 일본의 통치를 지지했다. 이에 대한 답변으로 일제는 미국 외교관은 물론 선교사에게도 치외법권의 특권을 보장해 주었고 선교사 소유의 교회 전답이나 주택 부지 등에 면세의 특권을 제공했다.

선교사들은 노골적으로 한국 신자들에게 일제의 체제에 순응하고 사회의 법과 질서를 따르도록 가르쳤다. 그들은 '일제의 한국 지배는 불가피한 것이니 참으라,' '신자는 일본 정부의 명령에 순종해야 한다,' '일제의 침략으로 인해 한민족이 당하는 고통은 불가피하다'는 등의 말로 한국 신자들을 가스라이팅 했다.

선교사들은 한국인의 민족 운동에 대해 거부적인 반응을 보였으며, 교회의 독립 운동 참여를 비판했다. 그 결과 독립 운동 참여 문제를 두고 선교사와 한국인 신자들 사이의 의견 충돌과 갈등이 빚어졌다. 을사조약(1905년) 체결 이후 교회 청년 단체들은 정치적 성향을 띠기 시작했다. 감리교의 엡윗청년회는 민중 계몽 운동 뿐만 아니라 무장 테러를 모의하는 정치 운동체로 발전했다. 이에 감리교 스크랜튼 선교사는 정치 문제에 관여했다는 이유로 엡윗청년회를 해산시켰다. 교회는 민족 운동과 관련해 더 이상 희망을 주지 못하였고, 이는 민족주의자들의 교회 이탈로 이어졌다. 선교사들의 일본에 대한 지지는 한국인의 독립 운동을 약화시키고 일제의 한국 지배를 고착화 시켰다.[302] 1907년 무장 의병이 봉기하자 선교사들은 의병 운동을 위조된 애국주의로 매도하며 반대했다.

---

[302] 이덕주, 『한국 토착교회 형성사 연구』, 45-47, 321-22. 한국기독교역사연구소, 『한국 기독교의 역사 I』, 276, 326.

언더우드는 신사참배가 국가의례이기에 참여하는 것이 바람직하다고 조언했고, 서울 지역 대부분의 선교사들도 신사참배를 지지했다.[303] 미국 선교사들의 뒤를 이어 한국교회 지도자들 친일 행각에 나섰다. 길선주 목사는 모든 권세는 하나님이 정하신 바라며 일본의 주권 침탈을 합리화하면서, 신자들에게 일본에 저항하지 말고 의병 활동을 자제하라 충고했다.[304] 장로회 총회(1938년)는 민족 정기를 말살하려는 일제의 요구에 순응해 신사참배를 공식적으로 가결했고, 총회장과 부총회장, 서기를 총독부에 보내 명치 천황의 서거에 대해 애도를 표하기로 가결했다. 노회 대표들은 평양 신사에서 신사참배를 하고 송도 앞바다에서 신도 침례를 받았다. 일부 목사들은 자의로 일본까지 가서 '천조대신 외에 참 하나님은 없다'는 고백을 하고 신도 사제의 집례로 신도 침례를 받았다. 그들은 아래와 같이 외쳤다: '천조대신은 하나님보다 높고 일왕은 현인신이다.' 그들은 일본 조상신과 귀신에게 절하고, 교회는 예배시간에 동방요배와 전몰 용사를 위한 묵념, 일장기 배례를 했다. 당시 한국교회는 일제 잡신을 섬기는 이단교였다. 장로교 독노회 총회는 일제 치하 우상숭배를 하던 장로교회를 교회로 인정하지 않으며 이단으로 규정했다.[305]

일제 국민복을 입은 교회 지도자들은 황민화 정책에 적극 협조했고, 일본의 군국주의를 지원했다. 교회는 일제의 승리를 위해 기도했고, 병기 구입을 위한 국방헌금을 냈으며, 교회당 철문과 종, 종각을 뜯어 병기 제조

---

[303] 안종철,『미국 선교사와 한미 관계』, 63-64, 72-75.
[304] 한국기독교역사연구소,『한국 기독교의 역사 I』, 305. 김인수,『한국기독교회사』, 147.
[305] 최덕성,『한국 교회 친일파 전통』, 19, 21, 23, 63, 275-76, 387, 406, 500, 530.
한국기독교역사연구소,『한국 기독교의 역사 I』, 287. 김인수,『한국기독교회사』, 292-93.

용으로 헌납했다. 이대 총장 김활란을 비롯한 교계 지도자들은 전국을 순회하며 젊은이들이 황군에 입대하여 총알받이가 되도록 권유했고, 여성은 위안부로 내몰았다.[306]

친일파 목사들은 여기에 멈추지 않고 신사참배를 반대하던 그리스도의 충성된 종들을 핍박했다. 노회는 '신사참배를 우상숭배라 한다면 이는 불경죄에 가깝다'고 외치며 신사참배를 거부하는 교역자의 목사직을 박탈하고, 면직 및 제명 시켰다. 신사참배를 반대하는 신앙 있는 목사와 교회 지도자들은 교회와 일제의 탄압을 받아 투옥되었다. 장로교 총회는 총회가 승인한 신사참배를 거부했다는 이유로 한부선 목사를 제명 처분했고, 평양 노회는 주기철 목사를 파면했다. 한겨울에 주 목사의 가족들을 교회 사택에서 내쫓는 일도 벌어졌다. 이렇게 친일파 목사들이 앞장서서 충성된 증인들을 박해했다. 한국교회는 성경에서 구약을 폐지하고 요한계시록을 제거했다. 감리교 신학교는 구약을 읽었다는 이유로 신학생들을 퇴학 처분했다.[307] 일제 치하의 한국교회는 우상숭배를 장려하고 성경마저 부정한 배교자로 전락했다.

한국교회는 일제와 우상에 굴복하여 신사참배라는 대역죄를 저질렀으나, 친일파 목사들은 이를 교회를 지키기 위해 어쩔 수 없었다고 변명했다. 그들은 해방 이후 가슴을 찢는 회개를 통해 바로 서기보다 자신들의 수고 덕분에 교회가 살아남았다고 합리화하며 교권을 장악하는 데 급급했다. 신사참배에 적극 가담했던 목사들은 참회도 하지 않은 채 해방 이후 교권을

---

[306] 최덕성, 『한국 교회 친일파 전통』, 23, 25, 51, 264. 김인수, 『한국기독교회사』, 291-92, 297.
[307] 최덕성, 『한국 교회 친일파 전통』, 297, 499-500. 김인수, 『한국기독교회사』, 294.

장악했고, 교계의 중진이 되었다. 이는 나치 정권과 히틀러를 지지했던 독일교회 목사들이 독일의 패배 이후 3년 동안 목회를 중단한 것과 큰 대조를 이룬다. 한국교회는 신앙의 순수성과 정통성을 잃은 친일파 목사 및 교단에 의해 장악되고 말았다. 그들은 총회장, 신학교 이사장, 기독신문 이사 등의 교권을 쥐고 교계의 요직을 독차지했다. 반면 생명을 걸고 신앙의 순수성을 지킨 목사들은 돌아갈 강단이 없었다.[308]

재건파는 신사참배를 죄로 인정할 것과 공적 참회 고백을 거치는 것이 교회 재건의 필수 과제로 보았다. 그러나 친일파 총회와 목사들은 신사참배 문제를 제기하는 자를 책벌하기로 결정했고, 신사참배로 인해 감옥에 들어갔다 풀려난 출옥 성도들을 교단 밖으로 내몰아냈다. 심지어 그들은 일제의 압제를 근대화 과정으로 정당화하고 위안부는 실재하지 않았다는 주장까지 제기했다. 신사참배에 반대한 세력은 장로교 총회 주도권 경쟁에서 밀려나 결국 고신파를 형성했다.

한동안 한국교회의 교권을 잡은 자들은 친일파이자 신사참배를 수용한 우상 숭배자였다. 오랫동안 한국교회는 신사참배의 망령 속에 갇혀 있었고, 한국교회사는 친일파의 관점에서 기술되었다. 이제 그때 일본에 붙었던 목사들 대부분이 죽었고, 마침내 장로교 통합측은 57년 만에 주기철 목사의 복권(1997년)을 결정했다.

1992년 종교계의 노벨상이라 불리는 템플턴상을 받는 자리에서 한경직 목사는 자신이 신사참배를 했음을 고백했다. 그나마 우상숭배의 죄를 대중 앞에서 공개적으로 고백한 것은 그가 처음인 듯하다.

---

[308] 최덕성, 『한국 교회 친일파 전통』, 9, 24, 62, 327, 379. 김인수, 『한국기독교회사』, 305.

2) 독재 정권 지지자의 주도권

해방 이후 정치 이념의 대립 과정에서 각 정당은 정당성을 내세우며 상호 비방했다. 교회는 정치에서 물러나 말씀 전파와 영혼 구원에 충실하다는 인상을 줘 왔다. 그러나 실제로 살펴보면 교회 또한 정치 선동의 경험을 공유했다. 한국전쟁이 치열하게 진행되는 가운데 남과 북의 교회들은 전쟁에 깊이 간여하면서 물질적, 인력적, 정신적 협력을 아끼지 않았다.

북한의 기독교인들은 한국전쟁을 정의의 전쟁이자 성스러운 전쟁으로 규정했고, 악마인 남한 정부와 미국에 하나님의 저주가 내리기를 기원했다. 북한 목사들은 전쟁의 승리를 위해 총궐기 할 것을 호소했고, 인민군의 서울 점령 직후 서울 탈환 환영 예배를 드렸다. 남한교회 또한 무기 대금을 마련하기 위한 헌금 운동을 전개했다. 기독교연맹총회 총회장 김익두 목사는 비행기, 탱크, 함선 기금의 명목으로 10만 원을 헌납했다. 군 병기 구입 헌납 운동은 각 교회로 확산되었다.

1946년 미군정 내에는 50명 정도의 한국인 고위관료들이 있었는데, 그 중 35명이 기독교인이었다. 언더우드를 포함해 상당수의 선교사들과 목사들은 이승만을 정치적으로 지지했다. 이승만 장로는 자신에게 반기를 든 민족주의 노선을 제압하기 위해 친일파에게 면죄부를 주었고, 그들을 적극적으로 활용했다. 그 결과 새 정부 주요직에 친일파 인사들이 적극적으로 등용되었다. 1960년 11명의 국무위원 가운데 독립운동가는 한 사람도 없었고, 모두가 일제 당시 친일 공직자이거나 일본군 출신이었다.[309]

---

[309] 서중석, 『한국민족주의론 2』 (서울: 창비사, 1983), 238. 안종철, 『미국 선교사와 한미 관계』, 283.

이승만과 박정희, 전두환 정권은 반공을 국시로 하는 독재 정권의 이데 올로기를 내세웠고, 교회 또한 반공을 교리 수준까지 올렸다. 이로 인해 교회 내에서 빨갱이와 사탄은 동의어가 되었다. 서북청년단과 같은 우익 반공 단체에 의해 테러가 자행되었고, 같은 동포들을 마구잡이로 잡아들여 학살했다. 반공주의를 매개로 독재 권력과 유착 관계를 지속했던 목회자 그룹은 이승만의 정치 노선과 정책에 적극적으로 협조해 같은 동포를 학살하는 데 크게 기여했다.

교회 지도자들 대부분은 친미 반공 노선과 밀착하여 군부독재정권을 지지했다. 1966년 박정희 군사 정권 때 김ㅇㅇ 목사에 의해 '대통령 조찬 기도회'가 개최되었다. 그는 "우리나라의 군사 혁명이 성공한 이유는 하나님이 혁명을 성공시킨 것"이며 "10월 유신은 세계 정신사적 새 물결을 만들고 신명기 28장에 약속된 성서적 축복을 받은 것"이라 주장했다. 1974년 '기독실업인회' 주최 대통령 조찬 기도회에서 국무총리였던 김종필은 성경을 인용하여 유신 체제를 정당화하며 교회의 협력을 구했다. 그러자 목사들은 유신 정권이 하나님으로부터 비롯된 민주 정부라며 지지를 표명했다.

친일파 목사들은 전두환으로 이어지는 폭압적 군사 독재에 적극적으로 협력했다. 1980년, 전두환이 광주 학살의 공로로 대장 진급을 하던 날, 개신교 지도자 23명이 "이 어려운 시기에 막중한 직책을 맡아서 사회 구석구석에 악을 제거하고 정화할 수 있게 해 주셔서 감사합니다"라고 기도했다. 조찬 기도회는 전두환 장군을 위해 기도하면서 광주 사태로 죽은 사람들을 빨갱이이자 패역한 자로 묘사했다. 대형교회 목사들은 독재자에게 면죄부를 주었고, 전두환을 하나님의 정의로운 사도이자 모세와 같은 지도자라며 아첨했다. 한국교회는 민주주의를 짓밟은 독재자를 찬양하고, 고통

받는 국민들을 악의 세력으로 정죄하는 친독재, 반신학적, 사이비 복음주의 집단으로 존재했다.[310]

한국교회는 시대의 불의에 항거하지 못하고 오히려 독재자들의 야만적행위를 묵과하거나 야합했다. 교회 지도자들은 수많은 시민들의 자유를 탄압하고 온갖 부정부패를 일삼는 독재 정권에 빌붙어 그들을 하나님의 이름으로 축복하면서 정치 권력에 기생하는 집단으로 전락했다. 그들은 공산주의에 대해서는 과격하게 반응했지만 독재 정권 앞에서는 침묵했다. 교회와 목사들이 인권 탄압을 묵인하거나 앞장서서 주도하는 것은 일종의 범죄였다.

반면 일부 보수 목사들은 김대중이나 노무현 정권을 향해 좌파, 빨갱이라 외쳤다. 이명박이 17대 대통령에 출마했을 때, 많은 교회와 목사들은 선거법 위반을 무릅쓰고 그를 공개적으로 지지했다. 뉴라이트 상임의장인 김○○ 목사는 이명박 후보를 공개적으로 지지했고, 사랑의 교회 오○○ 목사도 국민일보 칼럼(2008년 1월 13일자)에서 대운하 찬성의 논리를 폈다. 조○○ 목사는 '나라를 위한 특별 기도회'(2008년 5월 18일)에서 "하물며 예수 믿는 장로가 어떻겠나. 하나님 믿으면 장로도 믿자"고 지지를 표명했다. 일부 분별력을 잃은 목사들은 이명박을 지지하지 않는 자는 '사탄의 자식'이라고 막말을 서슴지 않았다.

이명박 장로가 대통령에 당선되자 소위 '고소영'(고려대, 소망교회, 영남)이 득세했다. 출세하기 위해서는 소망교회에 나가야 한다는 말이 나돌

---

[310] 김선주,『한국교회의 일곱 가지 죄악』(서울: 삼인, 2009), 59. LA 한인타운에 가면 지금도 전두환을 존경하거나 영웅시 하는 노인 목사들을 만날 수 있다.

앉다. 이는 마치 콘스탄틴 황제가 교회에 출석하자 로마 고위 관료들이 그를 따라 교회에 출석한 것과 비슷한 현상이었다.

한국교회 장로 대통령들의 말로는 어떠했을까? 장로 이승만은 독재를 하다 부정 선거가 발각되어 해외로 도주했다. 장로 김영삼은 한국 경제에 IMF를 몰고 온 원흉으로 기억되고 있다. 장로 이명박은 '새빨간 거짓말'을 외치다 감옥에 수감되었다. 한국에서 장로 대통령은 실패했다. 기독교인이 중심이 되어 지지한 정권이나 정당, 정치인은 한국 정치사에서 부패했다는 평가를 받아왔다.[311] 그럼에도 불구하고 선거철만 되면 교회들이 '장로가 대통령이 되어야 한다'고 외친다. 이런 모든 사례들은 한국교회가 권력 지향적이며 친정부 지지자임을 명백히 보여준다. 그들 대부분은 독재 정권과 대기업을 옹호하고 가난하고 억눌린 자들에게 복종하라고 가르쳐 왔다.

과연 교회 내에서 터져 나오는 거침없는 정치적 발언에 아무런 문제가 없는가? 기독교 간판을 내건 단체들의 비상식적 행태는 이들이 기독교의 진정성으로부터 얼마나 멀리 떨어져 있는지를 보여준다. 예수님은 평생 가난한 자, 소외된 자, 핍박 받는 자들과 함께 하셨다. 그런데 한국교회는 대중을 외면한 채 늘 권력을 가진 자, 독재자의 편에 섰다.

목사의 주도권
한 교회의 담임목사가 교인들을 훈련시킨다는 명목 하에 똥을 먹게 지

---

[311] 조찬선, 『기독교 죄악사』(상),63.

시켰고, 신자들은 실제로 똥을 먹었다. '똥을 먹으라'는 목사의 지시를 거부하면 졸지에 사탄 내지는 마귀가 되거나 교회의 중직에 등용될 수 없다. 순종이란 미명 하에 목사에 대한 맹종을 강요하면서 신자들을 정신적 노예로 만들고 있다. 타락한 목사는 신자들을 양으로 삼아 양털을 깎아 팔고, 젖을 짜 먹고 결국은 팔아먹거나 잡아먹는다.

> 이 성도가 내 성도 됐는지 알아보려면 두 가지 방법이 있다. 옛날에 쓰던 방법 중 하나는 젊은 여집사에게 "빤스 내려라. 한 번 자고 싶다" 해 보고 그대로 하면 내 성도요, 거절하면 똥이다. 또 하나는 인감증명을 끊어 오라고 해서 아무 말 없이 가져오면 내 성도요, 어디 쓰려는지 물어보면 아니다.

이는 '청교도영성훈련원' 전XX 목사의 발언이다.[312] 그야말로 목사의 무소불위의 권력을 표현하는 소름 끼치는 말이 아닐 수 없다. 여성을 자신의 성 노리개로 만들고 남성을 자신의 재원 공급원으로 여긴다. 채무 보증을 설 때 첨부되는 인감증명은 법적이고 행정적인 결재 수단이다. 신자의 모든 것을 좌지우지하려는 욕망을 가진 것이 목사. 그래서인지 교회에는 유독 목사의 성 범죄와 돈에 대한 죄악이 넘치고 있다.

이런 목사의 모습은 중세시대의 교황의 모습을 떠올리게 한다. 종교 지도자는 영적 권위와 지위를 성스럽고 고상한 방법으로 포장하여 이를 미화시켜 신자들로부터 이익을 취한다. 오늘날 대부분의 목사는 자신을 하나님이 특별히 세워준 '주의 종'이라는 특권 의식을 가졌다. 주의 종은 말씀

---

[312] 한겨레신문 (2019년 10월 20일)

을 먹이는 자로 사도적 특권을 계승 받은 자이다. 심지어 목사를 섬기는 것은 곧 하나님을 섬기는 것이다. 하나님과 교회를 종으로서 섬긴다는 희생 정신은 온데간데 없고 목사 1인 독재 지배를 구축하고 있다. 교회 내에서는 강한 발언권을 소유한 자가 교회와 회중을 주도한다. 목사는 혼자서 사회를 보고 설교하고 광고한다. 그야말로 주인공이 되어 혼자서 북 치고 장구 친다. 설교하는 자신을 양의 무리에서 분리된 특별한 사명을 받은 사도적 존재로 여긴다. 그리고 교회의 인사권과 재정권, 행정권을 쥐고 흔든다.

목사는 자신의 말은 곧 하나님의 말씀이라 주장한다. 그리고 설교를 통해서만 하나님을 만날 수 있음을 강조함으로 평신도의 목사에 대한 의존도를 높였다. "강단에서 하는 설교는 인간의 말이 아니라 하나님의 말씀이기 때문에 절대적으로 순종해야 한다." "아멘으로 화답하지 않는 신도는 지옥 자식이다" 등의 주장이 난무하고 있다. 목사는 설교나 성경공부라는 명목 하에 자신이 말하고 싶은 바를 표현한다. 한번은 다미선교회에 푹 빠진 목사가 '주님이 곧 오시니 직장과 학교 다니는 것을 그만 두고 준비해야 한다'는 설교를 했다. 목사의 입을 통해 나오는 말은 하나님의 말씀이라 가스라이팅을 받은 신자들은 '아멘'으로 화답했다.

청교도는 목회자가 로마식 가운을 착용하는 것을 거부했다. 그러나 언제부터 인가 의사가 흰 가운을 입고 판사가 법복을 입는 것처럼 목사도 가운을 입음으로 신학 수업과 훈련을 마친 영적 권위자임을 평신도에게 보여주려 하고 있다. 의복을 통해 목사와 평신도를 구별하려는 발상은 한국교회가 제도화 및 형식화 되고 있다는 증거이다. 목사복에 집착하는 배후에는 목사와 평신도를 구별하려는 권위주의적 발상과 과시적 욕망이 복합

되어 있다.[313]

루터가 가톨릭교회의 부패에 대해 지적하자 교황은 그를 이단으로 정죄함으로써 그를 억눌렀다. 한국교회 내에서도 비슷한 일이 벌어지고 있다. 어느새 일부 목사는 교황과 같은 자리에 앉아 있고, 평신도는 목사의 권위를 함부로 건드리지 않아야 한다. 목사는 교회 내 비판 세력을 잠재우기 위해 부교역자들에게 감시와 통제를 할당한다. 교회에 이의나 비판을 제기한 신자는 제재를 받고, 그럼에도 불구하고 계속하면 졸지에 사단 마귀로 정죄 받고 교회에서 추방당한다. '세습은 불법이다' 라고 발언한 신자는 경비원에 의해 입을 틀어 막힌 채로 교회 밖에 내쳐진다.

교황의 자리에 목사가 대신 앉아 있다. 목사는 하나님의 대리자라는 명목 하에 교회 내에서 신처럼 군림한다. 설교나 성경 공부를 통해 가스라이팅을 당한 교인들은 목회자를 우상화 한다. 이것이 오늘날 일부 한국교회의 현실인 것 같다.

1) 목사 신격화

목사는 완전무결한 존재일까? 절대 그렇지 않다. 목사도 인간이며 죄인이다. 아니, 오히려 목사가 신자보다 문제되는 경우가 더 많다. 이 세상에서 죄를 짓지 않는 완전한 인간은 존재하지 않는다. 믿음의 조상인 아브라함은 살아 남기 위해 가는 곳마다 아내 사라를 사촌 동생이라 속였고, 누군가가 아내와 동침하기 위해 데려가는 모습을 지켜보았다. 이스라엘의 지도자 모세는 주먹으로 사람을 때려 죽인 살인자였다. 하나님의 사랑을 받

---

[313] 최덕성, 『한국 교회 친일파 전통』, 100-2.

던 다윗은 우리야의 아내를 범했고 우리야를 최전방에 내보내 죽게 만든 살인자였다. 예수님의 수제자인 베드로는 죽음이 두려워 예수님을 세번 부인했다. 이방인의 전도자가 된 바울은 예수를 믿는 자를 핍박하고 죽이던 자였다. 다들 알게 모르게 실수를 저지르고 죄는 짓는다. 그러하기에 우리는 믿음의 조상을 존경하지만 숭배하지는 않는다.

베드로의 수위권을 승계 받은 교황은 무오의 은사를 가지며 자신만이 성경을 바르게 해석할 수 있다고 주장했다. 그런데 교황 무오설을 비판하던 개신교 목사들은 어느새 교황의 자리에 앉아 목사 무오설을 강조한다. 하나님의 택함을 받은 자만이 영적 비밀을 깨달아 성경을 제대로 해석할 수 있다는 궤변이 목사들 입에서 거침없이 나오고 있다. 목사는 하나님이 초월적 권위와 지혜를 주셨다고 주장하며 자신은 절대적으로 무오하다고 말한다.

목사는 말을 앞세우고 떠벌리기를 좋아한다. 설교가 교회와 신자를 통제하는 권력의 수단이 되고 있다. 청교도는 하나님의 부름을 받은 사람은 하나님의 일을 하며 "그들의 열매로 그들을 알리라"는 금언을 통해 거룩한 삶을 강조했다.[314]

그런데 오늘날 설교에는 열매 없는 미사어구만 넘치고 있다. 설교자는 성경 구절의 정확한 뜻을 풀이해 주는 것이 아니라, 말씀을 빙자해 자신이 교인에게 하고 싶은 말을 한다. 설교를 통해 하나님의 말씀이 선포되는 것이 아니라, 자기 논리를 합리화하고 진정한 복음이 아닌 '내가 복음'에 불과한 경우가 많다. 말이 많으면 경박스러워지고 신뢰성을 잃는다. 설교는

---

[314] 존 딜렌버거, 클라우드 웰취, 『프로테스탄트 교회의 역사와 신학』,148.

자신의 삶으로 보여주는 것이 진짜이다. 설교자에게 설교는 머리에 있지 않고 몸 안에 있어야 한다. 삶이 뒷받침되지 않는 설교는 사기에 불과하다. 불행히도 설교와 설교자의 삶이 서로 연결되어 있지 않기 때문에 능력도 없고 세상의 신뢰를 잃어버렸다.[315]

전XX 목사는 설교에서 이명박 장로를 대통령으로 찍지 않으면 '내가 생명책에서 지울 거야'[316] 라며 교인들을 겁박 했다. 생명책에서 이름을 지울 수 있는 권리는 누가 가지는가? 바로 하나님이다. 목사가 이런 권한을 행사할 수 있다는 말은 '자신이 곧 하나님'이라는 무의식에서 나온 것이다. 일개 죄인에 불과한 목사가 하나님만이 하실 수 있는 심판을 직접 하겠다고 나선 것이다. 말인지 방구인지 알 수 없다. 아니, 마귀의 발언이라 할 수 있다. 그런데도 철저히 가스라이팅을 당한 신자들은 '아멘' 하고 화답한다.

장XX 목사에 의하면, '하나님은 반드시 주의 종인 목사를 통해 역사하신다,' '목사의 권위에 맞서는 것은 곧 하나님을 대적하는 것이다,' '주의 종에게 대적하거나 불순종하면 저주를 받는다.' 이처럼 목사의 권위는 하나님과 일치된다는 망령이 한국교회를 사로잡고 있다. 목사는 '모든 일은 내가 다 해야 한다,' '뭐든지 내가 해야 바로 할 수 있다'고 주장한다.[317] 하나님은 목사의 절대 주권을 인정하셨기에 목사가 교회의 행정적, 정치적, 재정적 주도권을 틀어쥐는 것은 당연하다.

---

[315] 하용조, 『사도행전적 교회를 꿈꾼다』 (서울: 두란노서원, 2017),235.
[316] 오마이뉴스 (2007 년 10 월 4 일).
[317] 하용조, 『사도행전적 교회를 꿈꾼다』, 207.

인간의 가르침이나 명령에는 구원의 능력이 없으므로 사람을 의지해서는 안 된다. 그런데 대부분의 신자들은 보이지 않는 하나님보다 눈에 보이는 담임목사에게 신앙의 지향점을 찾으려 하는 미숙함을 보인다. 한번은 특정 대형교회의 신자들은 꿈 속에 예수님이 나타나는 것보다 담임목사가 나타나는 것을 좋아한다는 이야기를 들은 적이 있다. 이 신자는 이 말을 자랑스럽게 했지만, 왠지 섬뜩한 느낌이 들었다. 특정 교회의 달력을 보면, 담임목사 한 사람의 사진으로 도배가 된 것을 본다. 교회에서 제작한 홍보 영상에서도 예수님의 모습은 전혀 보이지 않고 담임목사 한 사람을 주인공으로 만들기에 여념이 없다. 이처럼 목사는 예수님의 수준까지 올라가 점점 우상화 되어 가는 모습을 볼 수 있다.

목사를 '하나님의 종'이라는 특수 계급으로 분류하고, 목사의 지위를 절대화 하려는 이데올로기가 성행하고 있다. 목사의 제왕적 권위를 강조하면서 무조건적인 순종만을 강요하고 있다. 교회 전체 분위기가 목사를 신성화 하여 마치 하나님처럼 떠받들고 있다. 나도 청년이었을 때, 담임목사의 그림자도 밟아서는 안 된다고 교육받았다. 목사를 하나님과 동일시하는 가스라이팅에 세뇌가 된 신자들은 타인의 객관적인 충고에 귀를 기울이지 않고 무조건적으로 담임목사와 교회를 지지한다.

목사는 하나님이 아니다. 인간은 전적으로 타락했기 때문에 이 세상에 완전한 사람은 없다. 그러므로 목사를 믿지 말아야 한다. 목사도 죄인이고 타락한다. 실제로 목사들은 숱한 죄를 범한다. 나도 지금까지 목사들이 죄 짓는 것을 수없이 목격했다. 한국 사회에서 강간을 비롯한 성 범죄가 가장 많은 직업은 목사다. 어떤 의미로 평신도 보다 못한 것이 목사요, 겉은 화려하지만 속이 썩은 현대판 바리새인이 바로 목사들이다. 오늘날 목사들은 탐욕의 화신이요, 괴물이 되었다. 교회 역사에서 가장 많은 문제를 일으키는 것은 평신도가 아닌 성직자였고, 이는 오늘날에도 마찬가지다.

2) 헌금의 사유화

예수님은 거처할 집도 없으셨고 걸어 다니셨으며 제자들도 궁핍함을 면치 못했다. 바울은 생계와 선교를 위해 직접 텐트를 만들어 팔았으며 옥에 갇혔을 때 추운 겨울을 보내기 위해 옷을 보내 달라 요청했다. 종교개혁가들은 자신들의 급여를 생계가 불안정할 정도인 박봉으로 받았다. 루터가 가진 것은 그의 책과 옷 몇 벌 뿐이었으며, 그는 잘 팔리는 저작에 대한 인세를 한 푼도 받지 않았으며 대학에서 주는 급여로 간신히 살았다. 칼뱅도 검소하고 청빈한 삶을 살았다. 웨슬리가 죽었을 때 그의 이름으로 된 것은 찻주전자 외에는 없었고,[318] 가장 싼 관을 맞출 수 있는 돈만 남아 있었다.

그렇다면 과연 오늘날 교회는 어떨까? 한번은 교단의 중요한 모임이 있었고 교단의 주요 인사들이 모였다. 누군가 주차장에 있는 자동차들을 사진으로 찍었는데, 대부분이 고급 외제차였고 운전수가 대기하고 있었다. 그러니 목사는 신자의 것을 강도질하고 그들의 가죽을 벗기면서 자신은 호화롭게 산다는 말이 나올 수 밖에 없다.

교회란 무엇인가? 혹자는 교회란 목사의 직장으로 여기며, 목사의 밥줄이라 평가절하한다. 어떤 사람은 '교회란 예수를 팔아 장사하는 곳'으로

---

[318] 케네스 콜린스, 『진정한 그리스도인: 존 웨슬리의 생애』 (서울신학대학교출판부, 2009),198-99. 롤란드 베인톤, 『마틴루터의 생애』,310-11.

비하하기도 한다. 예수님은 "내 아버지의 집으로 장사하는 집을 만들지 말라"(요 2:16)고 경고하시고 "너희는 (내 집을) 강도의 굴혈을 만들었도다"라며 한탄하셨다. 과연 이런 비판에서 자유로울 수 있을까? 교회는 값없이 주어진 하나님의 은혜와 구원을 팔아 장사하는 곳이 되어버렸다. 목사는 하나님의 이름을 앞세우고 하나님의 권위 뒤에 숨어 사리사욕을 채워 왔다. 교회는 장사하는 집이나 기업으로 전락하게 되었다. 어떤 의미로 보아 전혀 틀린 말도 아니기에 씁쓸함을 감출 수 없다.

하나님의 구원은 선물로 공짜이다. 그러나 교회 생활을 하려면 돈이 많이 든다. 이는 교회가 헌금을 여러모로 강조하기 때문이다. 세계 교회에서 한국 교인처럼 헌금을 많이 내는 곳도 없다. 미국이나 유럽교회에서는 십일조나 주일 헌금 등을 그다지 강조하지 않는다. 그런데 유독 한국교회는 십일조 및 헌금을 강요하며, 이를 바치지 않는 것은 하나님 것을 도적질하는 것이라 겁박 한다. 교회에 출석하면 예배 시간에 헌금 시간을 따로 배정해 바구니를 돌려 헌금을 거둔다. 교회는 헌금을 강요하며, 헌금의 종류도 지나치게 많다: 십일조, 주일 헌금, 감사 헌금, 건축 헌금, 기념일 헌금, 추수감사 헌금, 생일 헌금 등등. 추수감사절이나 송구영신 예배를 드릴 때 가족 별로 나와 목사의 안수를 받으면서 헌금 봉투를 내게 한다. 이런 모습은 무당이 점괘를 내면서 '정성이 부족하다'고 외치는 모습과 겹친다.

부흥회나 특별 세미나의 목적도 돈이다. 항상 마지막에는 하나님께 감사해야 한다고 강조하는데, 그 내용을 뜯어보면 결국 돈을 내라 강요하는 것이다. 직분 수여식은 돈을 거둬들일 수 있는 대목이다. 교회는 장로, 권사, 집사, 서리집사 등의 직분을 줄 때마다 돈을 요구한다. 사회에서는 일을 하면 급여를 받지만, 교회는 일을 하라고 임명해 놓고 돈을 내라 한다. 어떤 목사는 다른 교회 부흥 강사로 초청받아 가면서 본 교회로부터 출장비까지 받아 이중 수입을 올리기도 한다.

향기로운 헌금은 강요되지만, 재정의 사용에는 비밀스러운 부분이 많다. 누가 헌금의 수혜자인가? 누가 교회의 헌금을 관리할까? 목사와 장로가 재정 집행의 일체를 담당하며, 지출의 상당부분은 목회자의 사례비로 총 예산의 40퍼센트 이상을 차지한다.[319] 성도들은 콩나물을 팔아 교회에 헌금을 내는데, 대형교회 담임목사에게 과도한 사례가 지급되고 있다. 신자들이 낸 헌금으로 골프를 치고 해외 여행을 하는 등 사치스러운 삶을 살고 있다. 심지어 운전기사를 고용하고 경호 차량과 경호원을 대동하는 목사도 있다. 그야말로 대기업 총수 부럽지 않다.

교회가 이익을 창출하는 기업이 아님에도 불구하고 헌금으로 부동산을 구입하고 주식 투자를 하는 경우도 있다. 간혹 목사가 헌금 수백억을 주식에 투자해 반 토막이 되었다는 기사를 볼 수 있다. 교회 재정에 대한 투명한 감사가 없다 보니, 목사가 몇 백억에 달하는 비자금을 조성하기도 한다. 담임목사가 과도한 사례를 챙기는데 반해, 부교역자나 전도사들은 박봉에 시달린다. 풀타임 교회 사역을 하고 있음에도 생활이 불가능하여 아르바이트를 하기도 한다. 어떤 교회의 부교역자들 대부분은 생활보호대상자라 한다.

과연 목사가 교단 총회장이나 감독에 출마할 때마다 그 많은 선거 비용은 어디에서 나오는가? 미국 신학교에서 공부하다 보니, 유달리 목사의 자

---

[319] 전요섭, 『통계와 숫자로 보는 예화 자료집(1)』 (서울: 은혜출판사, 1988), 250. *Christian Today* (May 20, 1997).

녀들이 많았다. 그런데 학비와 생활비가 장난이 아니다. 그럼에도 불구하고 그들 중 일부는 골프도 치고 브로드웨이 쇼를 보고 방학만 되면 온 가족이 한국을 오갔다. 그 돈은 어디에서 나오는가? 목사의 월급으로 자녀를 유학 보낼 수 있는 걸까? 대부분 교회는 헌금으로 목사 자녀의 유학비를 제공하고 있으며, 자녀는 호화로운 유학 생활을 즐긴다.

목사 사례비와 사택 보조금, 교회 건물 중보수를 하고 나면 남는 예산이 없다. 그러다 보니 사회 봉사나 구제를 위한 비용에는 전체 예산의 5퍼센트 미만을 쓰고 있는 것이 한국교회의 현실이다. 교회는 목사의 직장이자 생계 수단이라 할 수 있다. 나는 주변에서 먹고 살기 위해 목회하는 사람들을 많이 보았다. 그들의 주요 관심은 하나님의 부르심이나 복음 전파가 아니라 생계 및 품위 유지였다.

3) 학위의 주도권

예수님의 제자들 대부분은 어부나 양치기, 세리 등으로 고등 교육을 많은 사람은 그리 많지 않았다. 그런데 유교의 영향을 강하게 받은 한국 교회는 유달리 학위를 강조한다. 한국교회는 목사를 청빙할 때, 그의 신앙과 신학이 하나님과 성경에 정통한지에 대한 검증보다는 그의 학위나 이력에 더 많은 관심을 가진다. 이는 마치 목사 청빙이 마치 신학교 교수를 뽑는 것과 같은 상황이다. 외국의 유수 신학대학에서 박사 학위를 받은 목사가 실력도 있을 것이라는 판단은 세속적 물질주의의 변형이라고 볼 수 있다.

목사들도 학위를 부풀리는 데 혈안이 되어 있으며, 자녀들을 해외 유학을 보내 석사나 박사 학위를 따도록 독려한다. 때로는 목사들이 박사 학위를 나타내는 가운이나 문양을 자랑스럽게 입는 모습을 볼 수 있다. 설교자가 박사 가운을 입고 강단에 서는 것은 세속적 욕망에 편승하여 평신도와의 변별성 및 우월성을 과시하는 행동이라 할 수 있다.

대부분의 신자들은 철학 박사와 목회학 박사를 구별하지 못한다. 목회학 박사를 따는 것은 상대적으로 간단하다. 여름방학에 잠시 미국에 와서 2-3주 동안 수업에 참여하고, 그 후에 논문을 쓰면 학위를 받을 수 있다. 한번은 여름방학에 수많은 한국 목사들이 미국 신학교에 왔는데, 영어 수업을 이해하지 못해 통역을 받아 수업을 3주 정도 했는데, 그나마 2주를 간신히 채우고 나머지 일주일은 여행이나 골프를 치다 한국으로 돌아갔다. 돈을 주고 논문을 쓸 사람을 고용하기도 한다. 이런 방식으로 2-3년간 공부하면 미국 신학교에서 목회학 박사 학위를 받는다. 미국의 신학교는 한국인 학생이 없으면 운영이 안 될 지경이라 한다. 미국을 오가는 비용, 체류 비용, 학비 등은 누가 지불하는지 조사해 봐야 한다.

그러나 철학 박사는 더 많은 시간과 노력이 필요하다. 2-3년간 풀타임 수업을 듣고, 언어 및 전공 시험을 통과하고, 본격적으로 논문을 작성해야 한다. 논문은 다른 책이나 논문을 보고 베끼면 통과되지 않는다. 그러다 보니 최소 4-5년간 공부에만 집중해야 한다. 오죽 했으면 Ph. D.을 영구 뇌 손상(Permanent Head Damage)라 할까?

가짜 학위가 가장 많이 발견되는 곳이 목사 집단이다. 한 연구에 의하면, 비인증 대학에서 박사 학위를 받은 사람이 276명에 달하는데, 이중 목회학 등 기독교 관련 학위를 받은 사람이 140명으로 절반 이상이었다.[320] 일부는 미국의 작은 신학대학원에 돈을 주고 박사 학위를 받은 뒤 목회나

---

[320] 연합뉴스 (2007년 8월 24일)

신학 사역을 하고 있다.[321] 가짜 박사 학위를 받은 목사들이 대형교회나 교단에서 활동하는 경우도 있다.

미국교회에서 대각성운동이 일어났을 때, 고등 교육을 전혀 받지 못한 감리교와 침례교의 평신도 설교가들이 부흥의 주역으로 떠올랐다. 반면 고등 신학 교육을 받은 장로교, 회중교회, 영국국교회 목사들은 대각성운동에 대해 냉소적이었다. 결국, 미국교회를 부흥시킨 것은 신학교육을 제대로 받지 못했던 목회자들이었다. 미국에서 최대 교단이 된 침례교는 고등 신학 교육이 성령의 역사에 부적절한 것으로 여겼다.[322]

학위 지향의 유교 문화에서는 목사의 교육 수준에만 몰두하다 보니 영성이나 자질, 윤리성은 상대적으로 무시되곤 했다. 목사들 대다수는 목이 곧고 타인의 의견을 수용하려 들지 않으며, 지나치게 권위주의적이고 독선적인 태도를 보였다. 상식 이하의 의식과 태도를 가진 목사들이 많고 순진한 신자들은 무조건적으로 그들을 추종하는 것이 현실이다.

4) 장로 제도

바울은 교회에 장로(목사)를 임명했다: "각 교회에서 장로들을 택하여 금식 기도 하며 그들이 믿는 주께 그들을 위탁하고"(행 14:23). 초대교회는 장로(목사)와 집사직(목사)을 계급적으로 구분하지 않았다. 제네바 교회는 5명의 목사들과 12명의 평신도 장로들로 구성된 당회를 구성하여 교회를 지도하고 감독했다. 그는 목사와 장로, 교사, 집사의 네 직분론을 주장했고, 회중이 뽑은 장로가 교회 질서 및 행정을 책임진다고 명시했다. 제네바 학

---

[321] 크리스챤투데이 (2006 년 10 월 25 일)

[322] 존 딜렌버거, 클라우드 웰취, 『프로테스탄트 교회의 역사와 신학』,159.

당에서 공부했던 존 낙스는 스코틀랜드에 장로 제도를 받아들인 장로교회를 국교로 세웠다. 그는 칼뱅의 교회 제도에 근거해 교회가 선출한 장로들이 개교회를 치리하고, 대의정치 원칙에 따라 당회와 노회, 대회, 총회로 이루어진 계층적 교단 체제를 세웠다.

영국의 청교도는 영국국교회의 감독 제도는 성경에서 찾아볼 수 없는 조직이라며 반대를 표명했다. 이후 영국 의회를 장악한 청교도는 감독제를 폐지하고 장로 제도를 채택했다. 장로제는 감독제와 회중제를 절충한 제도로, 교인들을 대표하는 몇명의 장로들이 담임목사와 당회를 구성하여 교회 행정 업무를 처리하는 일종의 귀족 정치 체제이다.

장로 제도를 지지했던 청교도는 미국으로 건너와서 장로 제도를 버리고 회중 제도를 받아들였다. 회중 제도가 발달한 미국교회에서 장로 제도를 유지한 장로교는 10대 교단에도 들어가지 않는 군소 교단에 불과하다. 반면 한국에서는 장로교가 초창기부터 압도적 우세를 보였고 한 번도 선두의 자리를 내놓지 않았다. 한국 장로교 신자 수는 심지어 미국 장로교 교인 수를 능가한다. 이런 상황에서 감독 제도를 따르는 감리교나 회중 제도를 따르는 침례교회조차도 장로를 선출할 정도로 한국교회에서는 장로 제도가 대세이다.

장로교에서는 담임목사가 은퇴하게 되면 당회에 소속된 장로들을 중심으로 청빙위원회가 구성된다. 장로들은 목사 후보생들을 면담하고 담임목사를 뽑는다. 담임목사가 선정되는 과정에서 일반 신자들이 간여할 길은 전혀 없다. 이는 장로들이 교회 내의 주요 보직을 독차지하여 절대적인 권력을 가지고 있다는 것을 의미한다.

그런데 장로 제도의 문제점은 위계 구조로 된 정치 체제를 가졌다는 점이다. 장로는 사례를 받지 않는 봉사직임에도 불구하고 일종의 벼슬 혹은 계급으로 여겨지며, 장로가 권사나 집사보다 우월한 권력을 가진다. 교회는 장로 및 권사, 집사 라는 계급 제도로 구성되어 있고 선택 과정에서 여러 가지 불협화음이 들린다. 평신도 가운데 가장 직급이 높은 장로가 되려는 인간적 욕망이 꿈틀거린다. 이는 계급주의적 발상이라 할 수 있다.[323]

이전에 봉사하던 교회에서 장로 선거가 있었는데, 투표권이 없던 중고등부 사역자로 있을 때에는 장로 선거와 관련된 접촉이 없었다. 그런데 청년부를 담당하게 된 후 장로 선거가 있자, 갑자기 얼굴과 이름도 모르던 장로 후보자들로부터 청년부를 초청해 바비큐 파티를 열어주겠다는 연락이 왔다. 이후 장로 선거는 마치 국회의원 선거와 비슷한 과정을 거쳤는데, 교회의 방송장비를 바꿔 주겠다, 카펫을 새로 깔아 주겠다, 교회 버스를 제공하겠다는 등의 물심 공세가 이어졌고, 점심 시간에는 악수를 건네고 영상까지 만들어 방영했다. 이를 통해 장로가 되려면 세상 권력이나 돈이 필요하다는 점을 실감하게 되었다. 장로에 당선된 사람은 기뻐하고, 낙선한 후보는 기가 죽어 있었다.

특정 대형교회에서 장로에 당선되면 매달 사회 초년생의 월급에 해당하는 금액을 내야 한다고 한다. 장로 직위를 유지하려면 매달 그 금액을 내야 한다. 그 결과 사회에서 성공하고 부유한 부류만이 장로가 될 수 있다.

전통적인 유교 사회에서 여성은 남성의 소유물이며 그 역할을 가정에만 한정시켰다. 한국교회에서 여성 신자의 비율은 70퍼센트에 달하나 교회 내에서 주도권을 가진 장로는 남성이다. 여성은 장로가 될 수 없다. 1920

---

[323] 최덕성, 『한국 교회 친일파 전통』, 96.

년대 여성이 경성성경학원에 입학하기 위한 조건은 독신이거나 과부여야 했다. 여자의 일차적 임무는 가정이므로 결혼한 여자는 사역자로 적합하지 않다고 판단했기 때문이었다. 여성은 남성 목회자의 보조자 역할에 만족해야 했다.

이제는 시대가 변했다. 여성 대통령에 이어 여성 기업 회장까지 나오는 세상이다. 그럼에도 불구하고 유교 사상 및 양반 문화에 고착된 한국교회는 구세대의 이념을 그대로 계승하고 있다. 이처럼 장로 중심, 남성 중심의 교회 정치 제도 하에서 이에 반발한 젊은 층과 여성들의 이탈이 심각하다. 문제가 심각한데도 교회는 별다른 조치 없이 손 놓고 있는 것이 실정이다.

대형교회의 주도권

이단의 특징은 예수님이 앉아야 할 곳에 교주가 대신 앉아 있다는 것이다. 게다가 교주는 자신을 재림 예수로 자처하기도 한다. 신천지나 통일교, JMS 등의 이단에 빠진 사람들과는 상식적인 대화가 거의 불가능하다. 이단에 빠진 엄마가 가족을 버리고 그곳의 집단 생활에 들어가는 경우도 있다. 그들은 오랜 기간 동안 교주에 의해 철저히 가스라이팅을 당해 정상적인 사고를 할 수 없게 되며, 그곳에서 빼내는 것은 거의 불가능에 가깝다.

그러나 이런 모습이 오직 이단에만 국한된 것은 아니라고 생각한다. 대형교회 소속의 신자들도 마찬가지이다. 담임목사와 교회에 대한 자부심이 지나치게 강해져 비슷한 현상이 나타난다. 계급주의 및 자본주의적 발상은 외형적인 것에 집착하게 한다. 모두가 중소기업에 취직하는 것보다는 대기업에 가고자 한다. 마찬가지로 신자들도 중소교회보다는 대형교회에 가려 한다. 대형교회 담임목사는 영권만 가지는 것이 아니라 세속 권력과 물질적인 풍족함을 소유한다. 때로는 선거철이 다가오면 대형 정치인들이 교회를 찾아와 굽실거리기도 한다. 교회와 설교 강단을 높고 크고 화려하게 만든다. 대형교회의 담임목사는 너무 높은 위치에 있어 신자들과는 소통이 어려운 상태이다. 심지어는 담임목사를 만나는 것이 하나님을 만나는 것보다 어렵다는 말까지 나오는 실정이다.

대부분의 대형교회 목사는 중앙집권식 독재를 선호한다. 권력욕이란 다른 사람들 위에 군림하며 대중을 자신의 소유로 만들고자 하는 욕망이다. 목사의 권력욕 혹은 지배욕은 끝이 없다. 목사는 자신도 모르는 사이 하나님의 자리에 앉아 있는 경우가 많다. 담임목사는 신자 위에 제왕처럼 군림하며 자신의 말이 곧 법이 되고 교회와 신자를 자신의 사적 소유로 인식한다. 다들 입으로는 하나님을 따른다고 말을 하지만, 실상은 담임목사가 하나님 자리에 앉아 있고, 교인들은 하나님이 아닌 사람을 추종하고 있다.

간혹 대형교회 목사의 비리가 드러날 때가 있다. 성범죄에 연루된 사실이 드러나고 교회 공금으로 부동산을 구입한 것도 밝혀진다. 그런데 다들 주의 종을 건드리면 저주를 받는다는 말에 세뇌가 되어 쉬쉬하고 감추려한다. 이에 대해 비판적인 부교역자나 신자들은 마귀로 취급되고 교회에서 추방된다. 심지어 이를 방송한 방송국에 집단으로 몰려가 횡포를 부리기도 한다. 세상 사람들은 다 알고 있는데, 정작 그 교회 신자들만 눈과 귀가 막혀 있다. 교회는 죄인에 불과한 목사의 수족이 되어서는 안 된다. 결점 투성이인 사람을 따르고 숭배하는 것은 곧 우상숭배로 이어질 수 있다.

얼마 전 한 대형교회의 세습이 한국 교계와 사회에 큰 이슈가 되었다.

노회는 세습에 반대하는 결정을 내렸으나, 상위 기관인 총회는 세습을 승인했다. 교단은 법으로 세습을 금지했지만, 대형교회 힘에 의해 세습을 인정되었다. 이 사건은 돈과 권력에 의해 교단과 총회가 총체적으로 타락한 상징적인 사건으로 여겨졌다. 요즘에는 하나님이나 성경, 교단보다 힘이 센 것이 대형교회이다. 사정이 이렇다 보니 서로 대형교회의 후계자가 되려는 경쟁이 벌어지고 있고, 담임목사는 아들에게 세습하려 한다. 이는 권력 지향의 대표적 사례로 볼 수 있다.

윌로우크릭 교회의 빌 하이벨스 목사(Bill Hybels)는 대형교회의 위험성을 다음과 같이 고백했다: "숫자적으로는 성공을 거뒀을지 모르지만, 예수 그리스도의 참된 제자를 만들어 내는 일에는 실패했다."[324]

세습: 주도권의 승계

가톨릭교회는 원칙적으로 성직자의 독신 제도를 유지했지만, 많은 고위 성직자들은 공개적으로 이를 어기고 첩을 두고 있었다. 교황과 성직자의 자녀들은 암암리에 고위 성직자나 수도원장, 수녀원장으로 임명되었다. 자녀가 없을 경우, 자신의 자리를 친척에게 양도하거나 다른 사람에게 돈을 주고 파는 성직 매매가 성행했다. 성직으로 인한 부정부패가 심해지자 결국 종교개혁이 일어났다.

개신교는 목사의 결혼을 허용하고 자녀를 낳았다. 마틴 루터는 자식이 6명이었으나 자신의 기득권이나 인쇄를 자녀에게 물려주지 않았다. 존 칼뱅

---

[324] Greg Hawkins & Cally Parkinson, *Reveal: Where Are You?* (Willow Creek Association, 2007).

이나 츠빙글리 등도 자녀나 친인척에게 자신이 세운 교단이나 교회를 물려주지 않았고, 교단을 잘 이끌어 나갈 전문인이게 양도했다. 세습은 종교 개혁의 정신에 위배되었다.

조선시대에는 왕권을 대물림 했다. 한국교회 목사는 자신에 세운 교회(나라)를 자녀에게 물려주어 대대손손 이권을 넘기려 한다. 대형교회의 담임목사는 엄청난 급여를 받고 교회가 제공한 호화 사택에서 거주하며 운전기사와 요리사, 청소부 등을 고용한다. 퇴직할 때는 피땀 흘려 세운 예배당, 엄청난 월급 및 부수입, 사회적 명성 등을 남에게 주지 못한다. 결국 부와 명예를 자식에게 물려주려 한다. 대형교회 목사는 아들을 교회의 헌금으로 중고등학교나 대학 때 해외 유학을 보내 학위를 따게 한다. 심지어 목회를 하지 않겠다는 자녀를 강요해 신학 공부를 하게 한다. 이왕이면 박사 학위가 금상첨화이다. 그리고 학위를 따고 돌아온 자녀에게 교회를 물려준다. 기독교계에도 태어날 때부터 성골, 진골, 육두품, 서민 계급이 정해져 있다.

일반 기업들도 사회와 대중의 눈치를 보느라 일종의 경영자 수습 기간을 거친다. 말단부터 시작해 중간 간부, 고위 간부 등의 경로를 초고속으로 밟는다. 그런데 교회는 이런 절차도 없이 학위를 마치고 돌아오자 마자 목회 경험이나 설교 경험이 없는데도 담임목사직에 오른다. 이런 구시대적 발상은 대부분 실패로 돌아간다. 영권이나 리더십도 없고 설교도 못하면서 기득권만 누리려 한다. 그 피해는 고스란히 교인들의 몫이 된다.

구약에서 대제사장과 왕의 직분은 승계가 가능했는데, 이런 세습이 문제가 된 경우가 발생했다. 엘리 제사장은 성소의 대제사장 직분을 가지고 사사로도 활동했는데, 그에게는 두 아들이 있었다. 그러나 그들은 행실이 바르지 않고 여호와의 제사를 멸시했다. 하나님은 그들에게 심판을 내렸고 그들은 한 날에 죽었다(삼상 2:12-17). 이처럼 제사장이 되어서는 안 될 사람이 될 경우 하나님의 심판이 따랐다.

아들에게 담임목사직을 물려준 원로 목사는 세습에 대한 비판이 일자 비판자들을 사단, 마귀 운운하며 반발한다. 아들의 자리를 보존하기 위해 아버지 목사는 목숨을 건다. 목사의 세습을 받아들이면 하나님의 자녀이지만 세습을 반대하는 자는 교회를 무너뜨리는 자이며, 사탄의 자녀이다. 재미있는 것은 장로들이나 중직들도 세습에 대해 침묵을 지키며 암묵적인 지지를 보낸다.

요즘 자녀에게 교회를 물려주는 세습이 사회적으로 지탄을 받으니, 변칙적인 교차 세습이 성행하고 있다. A교회 목사의 아들을 B교회 담임목사로 보내고, 대신 B교회 목사 아들을 A교회 담임목사로 불러들이는 경우도 있다. 혹은 박사학위를 받은 자녀를 교단 신학교 교수로 임용 시키려 힘을 쓰기도 한다. 혹시 담임목사의 자녀들 중 세습을 할 만한 인물이 없을 경우, 교회의 재산을 물려주려는 움직임도 보인다. 자녀에게 상속해 주려는 단위가 몇 백억에 달하는 경우도 있다.

아버지가 대통령이라 해서 아들이 자동적으로 대통령이 되는 것이 아니다. 그런데 한국 목사는 교회나 교회 재산을 자식에게 물려 주려다 사단이 발생한다. 세습은 일종의 기득권 전수로 권력과 부의 대물림으로 정의할 수 있다. 자녀에게 교회를 물려주는 것은 목사가 교회를 주님의 몸으로 보기보다는 개인의 소유로 보는 사유화에서 비롯된다. 한국교회는 가톨릭교회도 공개적으로 하지 못했고, 종교개혁가들도 엄두를 내지 못했던 세습을 서슴없이 행하는 범죄에 가담하고 있다. 이는 자신이 그 교회의 주인이며 소유주라는 발상 때문에 가능하다.

이단 정죄

한국 정치계는 오랫동안 보수 진영과 진보 진영으로 나누어져 왔다. 심지어 오늘날에도 '빨갱이'라는 용어를 사용하여 진보 진영을 공격하는 경우가 있다. 한국 교회에서도 빨갱이와 비슷한 용어가 있다. 바로 '이단'이라는 용어이다. 이 단어가 한번 붙으면 그 딱지를 떼는 것은 거의 불가능하다. 그러나 이단이란 용어의 정의조차 명확하게 정립되어 있지 않다. 나 혹은 우리와 다르면 무조건 이단이 되기도 한다. 이단이란 주로 기성교회를 비판하거나 전통교회와는 다른 교리를 주장할 때 사용된다.

1930년대 부흥사인 이용도 목사는 체험적 신앙과 신비주의를 강조하면서 기성교회를 맹렬히 비판했다. 장로교는 그가 교회를 훼방하고 여신도와 서신거래를 하며 불을 끄고 기도하고 교역자를 공격한다는 이유 등으로 이단으로 규정하고 교단 내의 출입을 봉쇄했다. 이후 감리교는 그에게 휴직을 명했다. 많은 시간이 지난 후, 감리교회는 제19차 서울 연회(1999년)에서 이용도 목사의 복권을 결정했다. 그의 복권은 사후 66년 만에 이루어졌다.[325] 이처럼 어떤 때는 이단이고, 어떤 때는 이단이 아니다. 어떻게 그 당시에는 지옥에 갔고, 지금은 가지 않는다고 말할 수 있을까?

장로교 총회는 한부선 목사가 신사참배를 하지 않는다고 이단으로 규정하여 종교재판에 넘겼다.[326] 신사참배에 반대해 목사직에서 해임되었던 주

---

[325] 최덕성, 『한국 교회 친일파 전통』, 94. 김인수, 『한국기독교회사』, 235-36.
[326] 최덕성, 『한국 교회 친일파 전통』, 57.

기철 목사의 복권 또한 많은 시간이 흘러, 당시 신사참배에 찬성했던 목사들이 사망한 후에야 가능했다. 성경이 아닌 교단 총회의 결정에 따르지 않으면 이단이 되었다. 그러나 문제는 교단이 신사참배를 우상숭배로 규정하지 않는 잘못된 결정을 내렸고, 이 죄악 된 결정에 반대하면 이단이 되는 것이었다.

은사중지론을 주장하던 장로교단의 교리에 반대해 성령의 은사를 강조했던 조용기 목사도 이단으로 몰려 오랫동안 핍박을 받았다. 순복음교회에 성령의 역사가 크게 일어나면서 장로교 신자들이 대거 순복음교회로 이동했다. 자신의 교단 신자들이 특정 교단이나 교회로 몰려가면 이를 막을 방법이 없다. 이때 가장 효율적인 방법은 이단으로 정죄하는 것이다. 결국 교인 쟁탈전이 이단 이슈의 가장 큰 원인이 되기도 한다.

이단 정죄는 주로 대형 교단이 소교단 혹은 소종파를 통제하고 판단하는 수단이 되었다. 소종파가 대형 교단을 이단으로 본 경우는 찾아보기 힘들다. 항상 공동체 내에서 주도권을 가진 교단은 정통이 되고, 이에 대해 비판하거나 대항했던 소수자의 목소리는 이단으로 취급되었다. 정통교회로 자리잡은 교단은 새로 탄생한 교단이 급속도록 성장할 경우 이를 견제하기 위한 정치적 목적을 가지고 이단 정죄를 하기도 했다. 그러나 주도권을 쥔 대형 교단이 자신을 정통으로 삼고 다른 교단이나 신자에게 이를 강요하는 것은 일종의 영적 폭력이라 할 수 있다.

제5장: 주도권에 대한 도전

교회 역사를 살펴보면, 항상 주도권을 가진 개인이나 단체가 존재했다. 그리고 이들을 비판하고 도전하는 개인 또는 단체도 있었다. 하지만 이런 지적과 비판에 동의하며 겸허히 받아들인 경우가 있었을까? 아니다. 교회 역사를 통해 그런 일은 거의 일어나지 않았다. 구약의 많은 선지자들은 이스라엘 왕과 이스라엘의 죄악을 지적하면서 '회개하고 하나님께로 돌아오라' 외쳤지만, 그들은 듣지 않았고 오히려 자신의 잘못을 지적한 선지자를 죽였다. 루터는 교황에게 가톨릭교회의 여러 폐단을 지적해 주면 이를 바로 잡아 줄 것이라 착각했다. 교황은 잘못을 인정하기보다 그를 이단으로 정죄해 화형에 처하려 했다.

흔히 '민심은 천심'이라 말한다. 그러나 한국 정치에는 '입틀막'이 강세를 보인다. 정권에 대해 비판하는 발언을 하면 경호원들이 우르르 달려들어 입을 틀어 막고 밖으로 들고 나간다. 교회에도 이런 일이 반복되고 있다. 자신의 권위가 도전을 받으면 '교회의 권위와 통일성, 질서를 어지럽

힌다'고 주장한다. 권력을 손에 쥐고 있는 자는 기득권을 비판하고 공격하는 소수파의 목소리에 귀를 기울이거나 자비를 베푸는 대신 입을 틀어 막거나 단호하게 대처하는 일이 다반사였다. 권위에 도전한 대부분의 개인이나 집단은 기득권을 가진 다수파로부터 핍박을 받거나 이단으로 정죄 되었다.

나는 성경적인 교회의 모습은 가톨릭교회나 개신교 정통 교단 보다는 소규모의 교단이나 운동에서 나타났다고 생각한다. 역사적으로 보면, 교회의 개혁은 교단이나 고위 성직자에 의해 이루어진 것이 아니라, 주도권에 대항하는 그룹이나 개인으로부터 나왔다. 교회사를 통해 대표적인 개인이나 집단들에 대해 간단히 살펴보고 그들의 주장에 근거해 대안을 제시해 보고자 한다.

몬타누스

초대교회는 감독 중심의 체제로 변환되면서 감독의 권위를 최고 권위에 올렸다. 성령의 인도하심을 강조했던 몬타누스는 당시 교회가 감독을 중심으로 한 수직적 조직으로 전환되면서 성령의 역동성과 충만함이 상실되었다고 비판했다. 그는 교회의 권위적 조직과 위계 질서를 부정하며, 제도화된 감독의 권위를 훼손했다.[327]

몬타누스는 성령의 시대를 선포하면서 교회가 성령의 인도함을 받아야 한다고 강조했다. 초대교회의 성령의 은사는 여전히 존재하며, 모든 신자

---

[327] 하워드 A. 스나이더, 『교회사에 나타난 성령의 역사』, 18-20.

는 이를 소유해야 하며, 교회는 인간의 리더십이 아닌 성령의 인도함을 따라야 한다. 권위는 사도성의 계승이나 감독의 안수에 의해 전가되는 것이 아니라 성령의 기름 부으심에 달려 있다. 성령의 교회는 감독의 교회와 구별되어야 하고 영적 기독교인과 육적 기독교인을 구분해야 한다. 성령의 영감을 받은 신자가 그렇지 않은 감독이나 사제보다 더 권위가 있다. 교권보다는 내주하는 성령의 임재와 충만, 능력이 더 중요하기에 교회의 주도권은 감독에 임명된 자가 아니라 성령의 충만함을 받은 사람이 가져야 한다. 감독의 권위에 의존하는 대신 성령의 카리스마적 권위에 의존하는 교회로 변화해야 한다. 그는 성령으로 충만한 여성도 설교할 수 있다는 믿음 하에 여성인 프리스실라와 맥시밀라를 지도자로 지명했다.[328]

그의 주장은 감독 제도를 중심으로 돌아가고 있던 당시 교회의 권위와 위계질서를 크게 흔들어 놓았다. 성령의 인도하심과 은사를 강조한 예언자들의 행동은 감독의 지위와 권한을 크게 약화시켰다.[329] 공교회는 그가 교회의 교권, 특히 감독의 권위를 비판하고 도전함으로 교회의 결속과 통일성을 위협한다고 해석했다. 결국 콘스탄티노플 공의회(Council of Constantinople, 381)는 몬타누스파가 감독의 권위를 훼손하고 여성의 지도력을 인정했다는 이유 등으로 이단으로 정죄했다. 공의회의 이단 정죄는 오랫동안 유지되었고, 그 결과 오늘날까지 한국교회는 몬타누스파를 이단으로 여기는 경향이 강하다.

프랑스와 영국의 백년전쟁이 벌어지던 중, 잔 다르크(Joan of Arc, 1412-14

---

[328] 하워드 A. 스나이더, 『교회사에 나타난 성령의 역사』, 21.
[329] Williston Walker, *A History of Christian Church*, 69. 벨리-마띠 캘캐이넨, 『21 세기 성령론』, 52.

31)는 당시 수세에 몰려 있던 프랑스가 승리할 것이라는 계시를 받고 전장에 나섰고 프랑스의 승리에 크게 기여했다. 그런데 막상 잔 다르크가 영국의 포로로 잡혀 마녀로 몰렸는데, 프랑스도 이에 동의하고 화형에 처하는데 동의했다. 하나님의 계시를 받은 구약의 선지자들 대부분도 비슷한 처지에 놓였고, 기독교 역사에서 성령 운동은 늘 인간 중심의 조직에 의해 핍박을 받았다.

몬타누스의 주장에 동의한 터툴리안(Tertullian, 155-220)은 교회가 영적인 사람이 아닌 감독에 의해 지배당하고 있다고 비판했다.[330] 이후 몬타누스에 대한 새로운 평가들이 쏟아졌다. 존 웨슬리는 몬타누스를 당시 지상에서 가장 위대한 신앙의 사람으로 인정했다: "내가 오랫동안 의심했지만 이제 몬타누스파가 진정한 성서적 그리스도인 이었다는 사실에 대해 완전한 확신을 가지게 되었다."[331] 독일 신학자 칼 오이시(Karl Heussi, 1877-1961)는 몬타누스를 교회 최초의 개혁가로 평가했고, 하워드 스나이더(Howard A Snyder)는 그를 사도교회의 기적과 예언, 은사의 지속성을 주장한 카리스마 운동의 효시자로 해석했다.

왈도파

프랑스의 피터 왈도(Peter Waldo, 1140-1218)는 리용의 부유한 상인이었지만, 전 재산을 가난한 사람들에게 내놓고 청빈의 삶을 살았다. 그는 1170

---

[330] 하워드 A. 스나이더, 『교회사에 나타난 성령의 역사』, 22-23.
[331] John Wesley, "The Real Character of Montanus," Thomas Jackson, ed., *The Works of John Wesley* (London: John Mason, 1829), 11:47. 케네스 콜린스, 『진정한 그리스도인: 존 웨슬리의 생애』, 134, 재인용.

년 '리옹의 가난한 사람들'이라는 단체를 조직했고 가난과 성결을 신자의 덕목으로 삼았다. 그의 가르침은 당시 고위 성직자들의 화려한 삶이나 도덕성과 크게 대비되었다.

왈도는 성경이 교황의 직분을 지지하지 않는다는 이유로 교황의 지상권에 반대했고, 교황이 천국 문을 열거나 닫을 수 있는 권리가 없다고 해석했다. 반면 하나님의 계시인 성경은 교회에서 최고의 권위를 가진다. 그는 평신도도 성경을 읽고 해석하고 가르칠 수 있다는 믿음 하에 라틴어로 된 성경을 프랑스어로 번역해 이를 보급했다. 왈도파 신자들은 밤을 세워 가며 성경을 읽었고, 평신도를 훈련시켜 가난한 사람들에게 복음을 전했다. 평신도 설교자가 순회하면서 거리에서 전도하고 설교하자 많은 사람들이 그들을 따랐다.

왈도파는 성령의 초자연적 역사를 인정했고 환상을 보고, 예언을 하며, 병자를 위한 신유 예식을 고수했고, 방언으로 기도했다. 특히 신유를 중요시해 아픈 사람에게 기름을 바르며 기도했다. "병자들에게 기름을 바르며 기도하는 것을 우리의 신앙 신조들 중 하나로 간주하며, 환자가 이를 요청했을 때 회복을 위해 기름을 붓고 간절히 기도해야 한다"[332] 성령의 은사를 소중히 여겨 여성일지라도 성령의 충만함을 받으면 설교하고 세례를 베풀며 성찬식을 거행할 수 있었다.

교황 루치오 3세(Lucius III, 1181-1185)는 교구의 허락도 없이 왈도파 평신도가 무자격 설교 및 전도를 했다는 이유와 성직자의 권위에 도전하며 교회의 질서를 어지럽힌다는 이유로 왈도파를 이단으로 정죄한 후 리옹에

---

[332] A. J. Gordon, *The Ministry of Healing* (Harrisburg, PA: Christian Publishing House, 1961), 65.

서 내쫓았다.[333] 1212년 가톨릭교회는 왈도파 신자 500여명을 체포했고 그 중 80명을 화형 시켰다. 그들의 토지와 재산은 몰수되었다. 1488년 이노센트 8세는 동굴에 숨어 있던 왈도파를 장작을 태워 연기로 질식사 시켰다.

왈도파의 주장은 종교개혁가들의 이상과 비슷했다. 그러나 교황의 권위를 부정하고 성령의 은사를 강조하며 평신도와 여성의 권위를 인정한 점 등이 가톨릭교회에게는 눈에 가시처럼 여겨졌고 결국 이단으로 몰려 핍박을 받았다. 그러나 그들은 여러 세기를 앞서 마틴 루터의 종교개혁적 이상과 만인제사장론을 실천했다.

존 위클리프와 얀 후스

영국의 종교개혁가 위클리프(John Wycliffe, ?-1384)는 진정한 교회는 교황 자체가 아니라 구원받은 자들의 모임으로 규정했다. 그리고 교회의 머리는 교황이 아니라 그리스도이다. 교황이란 직위 이름은 성경 어디에서도 발견할 수 없는 비성경적 직분으로 인간이 만들어 낸 제도에 불과하다. 교황은 무오성을 주장하지만 그는 신적 존재가 아니라 많은 죄를 지은 적그리스도에 불과하다. 부도덕한 교황은 교회의 머리가 되거나 심지어 신자가 될 수도 없다.

그는 가톨릭교회 성직자들이 누리는 부와 권력을 비판했고, 그들의 무지와 부도덕을 견책했다. 성직자가 막대한 재물을 소유하는 것은 비성경적이며, 교회와 교인을 위하지 않고 개인적인 사리사욕에 사로잡힌 횡령자에 불과하다. 성직자는 세속 관직을 겸직할 수 없으며, 교회가 세금을 걷거나

---

[333] 알리스터 맥그라스, 『그들은 어떻게 이단이 되었는가』, 18.

정치에 관심을 가지는 것은 잘못된 것이다. 성인을 숭배하거나 성지순례를 해야만 구원을 받는다는 주장, 빵과 포도주가 주님의 살과 피로 변한다는 화체설, 죽은 자를 위한 미사 등은 모두 신성 모독적인 행위이다.

교황의 권위나 교회의 전통보다 성경이 절대적 권위를 가진다. 그러므로 교회는 유일무이한 진리인 성경으로 돌아가야 한다. 성경은 교황의 개인 소유가 아니라 택함 받은 하나님의 백성, 즉 교회의 소유이므로 신자들에게 돌려줘야 한다. 모든 신자는 성경에 다가갈 수 있고 자신의 언어로 된 성경을 읽고 해석할 권리가 있다. 이런 믿음 하에 그는 영국인들이 성경을 읽을 수 있도록 라틴어 벌게이트 성경을 영어로 번역했다.[334]

이 사실을 알게 된 가톨릭교회는 콘스탄스 공의회(1414년)에서 그의 가르침을 이단으로 규정했다. 당시 영국 왕은 프랑스의 아비뇽에 거주하던 교황을 무서워하지 않았기에 위클리프는 침실에서 평안히 숨을 거둘 수 있었다. 그가 죽은 지 44년이 지난 1428년, 가톨릭교회는 그의 무덤에서 유골을 파내 화형에 처하고 재를 강에 뿌렸다. 그리고 그의 영어 성경을 금서로 지정해 불에 태웠다. 이후 그의 정신을 이어받은 위클리프 성경 번역회는 세계의 모든 언어로 성경을 번역하는 사역을 펼치고 있다.

영국의 틴데일(William Tyndale, 1494-1536)은 가톨릭교회에 오류와 미신이 가득 찬 이유는 신자들이 성경을 모르기 때문이라 생각했다. 그는 신약을 영어로 번역해 몰래 출판했고, 그의 번역본은 큰 인기를 끌면서 성경 읽기 모임이 생겨났다. 당시 영국은 가톨릭이 국교였고, 라틴어 성경만을 인정했다. 영어 번역본을 소유하는 것은 이단에 해당되는 죄로 간주되었고,

---

334 존 딜렌버거, 클라우드 웰취, 『프로테스탄트 교회의 역사와 신학』,34-35.

평신도가 성경을 소유했다는 이유만으로도 화형에 처해질 수 있었다. 틴데일은 가톨릭 계인 메리 여왕의 지시에 의해 이단 유죄 판결을 받았고, 가톨릭 당국에 체포되어 교살 된 후 시체는 불태워졌다.[335]

얀 후스는 유명한 설교가이자 학자로서, 1402년 프라하 대학교 총장의 자리에 올랐다. 그는 위클리프의 저서들을 읽고 영향을 받았으며, 곧 가톨릭교회를 비판하기 시작했다. 교회의 머리는 그리스도이고 오직 하나님만이 인간의 죄를 용서할 수 있기에 면죄부는 효력이 없다. 성경이 교황을 포함한 모든 신자들을 심판할 수 있는 상위의 권위를 가진다. 자격 없는 교황이나 성경에 순종하지 않는 교황, 개인의 영욕만을 위하는 교황이나 감독에게 복종할 필요가 없으며, 성직자의 삶과 가르침이 성경과 어긋난다면 그를 따를 필요가 없다. 오히려 말씀대로 살려고 노력하는 평신도가 자신의 사익을 위해 일하는 교황보다 더 큰 권위를 가진다.[336] 그는 보헤미아인들이 알아듣지 못하는 라틴어가 아닌 자국어인 체코어로 예배를 드렸다. 또한 하나님만이 행할 수 있는 사죄권을 면죄부를 통해 받을 수 있다는 것은 곧 하나님에 대한 배교라고 주장했다.

교황 요한 23세와 국왕은 후스에게 침묵을 명했으나 그는 잠잠하지 않았다. 1410년 그는 불복종 혐의로 콘스탄스 공의회에 소출 되었고, 그들은 후스에게 공의회의 권위에 굴복할 것을 명했다. 후스에게 변론의 기회를 제공하면 공의회의 권위 자체가 위협을 받게 될 우려가 있었기에 침묵을

---

[335] 앨리스터 맥그래스, 『기독교, 그 위험한 사상의 역사』,340-43. 루이스 W. 스피츠, 『종교개혁사』,270-72. E. H. 브로우드벤트, 『순례하는 교회』,289-90. 롤란드 베인턴, 『종교개혁사』,179-80.
[336] 유스토 L. 곤잘레스, 『중세교회사』,208-9. 롤란드 베인톤, 『마틴루터의 생애』,122-24.

강요하며 이단으로 정죄해 화형에 처했다.[337]

마틴 루터(Martin Luther, 1483-1546)

루터는 '95개 논제'(1517년)를 통해 가톨릭교회의 면죄부 판매를 신랄하게 비판했다. 그는 '교황이 면죄부를 발행할 권한이 있는가?'를 질문을 던지며 교황은 신이 아닌 일개 인간이자 죄인으로서 죄를 용서할 권세가 없다고 단정했다. 교황은 연옥에 대한 지배권이 없으며, 연옥에서 단 한 사람도 구출할 수 없다. 면죄부는 연옥에 대한 어떤 효력도 없기에 이를 판매하는 것은 죄 사함과 구원이 목적이 아닌, 건축 자금과 고위 성직자 및 영주의 금전적 이익을 위해 만들어낸 악마의 고안에 불과하다. 사제가 베푸는 성례전이나 고해성사로 구원받는다는 것은 거짓된 교리이며, 하나님을 알기 위해 천국으로 기어오르고자 하는 인간의 업적이나 행위, 공로는 모두 헛된 것이다.[338]

루터는 교황과 공의회의 권위와 무오성을 전면 부정하면서, 그들이 오히려 많은 잘못과 오류를 범했다고 비판했다. 그는 이렇게 말했다. '예수는 걸어 다니셨는데 교황은 가마를 타고, 예수는 제자들의 발을 씻기셨는데 교황은 자기 발에 입맞추라고 하고, 예수는 원수를 사랑하라고 했는데 교황은 예수의 종들을 이단으로 화형에 처한다. 그는 가증한 적그리스도이다. 또 교황이 나를 이단자라 파문한다면 나는 교황을 신의 진리로 파문하리

337 유스토 L. 곤잘레스, 『중세교회사』, 233.
338 루이스 W. 스피츠, 『종교개혁사』, 61-61. 존 딜렌버거, 클라우드 웰취, 『프로테스탄트 교회의 역사와 신학』, 38-40. 유스토 L. 곤잘레스, 『종교개혁사』, 31-33. 롤란드 베인톤, 『마틴루터의 생애』, 85.

라. 교황은 그리스도의 목자가 아니다. 악마의 사도다.' 가톨릭교회가 그에게 목숨을 협박하며 주장을 철회하라는 마지막 경고를 했을 때, 그는 '내 양심은 하나님의 말씀에 사로잡혀 있다'고 응수하며 거절했다. 그는 후스를 이단으로 정죄한 콘스탄스 종교회의의 결정이 오류라고 선언했다.[339]

루터는 교회의 권위에 대해 질문을 제기하며 교황이 하나님의 말씀과 신앙에 관한 재판관이 될 수 없다고 단정했다. 신적 영감을 가진 하나님의 말씀인 성경이 교회에서 유일한 권위의 원천이다. 교회가 성경을 만들거나 결정한 것이 아니라, 예수님이 성경과 교회를 존재하게 한 근원이다. 그는 '오직 성경'(Sola Scriptura)의 원리를 주장하며 '하나님의 말씀은 영원하다'는 구호를 앞세웠다. 성경은 교황권이나 전통, 교회보다 우위의 권위를 가지며, 교황직의 권세는 성경의 지지를 받지 못한다.[340]

인문주의자 에라스무스는 수도사와 평신도, 사제와 평신도를 구별하는 것이 비성경적이라 비판했다. 종교 계급은 부패하고, 성직자들은 무지와 부정, 나태에 물들어 있으며, 신자들은 미신과 행위에 의해 의로워진다는 잘못된 신앙에 젖어 있다. 그는 교육받은 평신도를 교회의 가장 중요한 자원으로 여겼고, 교회의 미래는 성경을 아는 평신도에게 달려있다고 믿었다. 그는 평신도가 성경에 다가갈 수 있도록 성경을 번역했고, 성경공부 프로그램을 제시했다.

루터 또한 교회는 교황이나 사제를 따르는 무리가 아니라 예수님을 믿는 자들의 모임이라고 보았다. 다른 사람보다 우위에 있는 영적 엘리트는

---

[339] 롤란드 베인턴, 『종교개혁사』,46, 61. 롤란드 베인톤, 『마틴루터의 생애』,21,165.
[340] 롤란드 베인톤, 『마틴루터의 생애』,101.

존재하지 않으며 특정 인물이나 기구 제도를 성경보다 우위에 두는 것은 비성경적이다. 그는 교황이나 주교, 사제, 수도사 등으로 이루어진 성직자 제도가 신앙을 타락시키고 왜곡한다고 해석했다. 성직자가 권력이나 권위, 재물을 소유하는 것은 잘못된 것이다.

평신도는 사제를 통하지 않고도 하나님께 직접 죄를 회개하고 사함을 받을 수 있기에 중개인이 필요 없다. 그는 성직자와 평신도의 이중 구조를 거부하고, 그리스도의 보혈로 속죄함을 받은 자는 누구나 믿고 세례를 받음으로 제사장(사제)이 된다고 주장했다. 사제와 평신도의 지위는 근본적으로 차이가 없고, 하나님 앞에서 동일한 직분을 가진다. 모든 그리스도인은 이 세상에서 하나님을 섬기는 제사장으로 부름을 받았다. 설교자는 선포된 말씀을 전달하는 메신저 역할을 할 뿐이며, 평신도는 일상에서 성직 수임을 거행할 수 있는 제사장직 권한을 가진다.

종교적 혹은 사제적 직업이 세속적 직업보다 우월한 것이 아니다. 봉사하는 직업에 종사하는 모든 신자는 사제적 직업을 가진 것이다. 우유를 짜거나 가사 노동을 하는 여인도 수녀만큼 신성한 성직을 가지고 있다. 또한 평신도도 성직자와 똑같이 성찬에서 떡 뿐만 아니라 포도주를 받아야 한다.[341] 그는 평신도와 사제 계급의 이원화를 부추기는 수도원을 폐쇄하면서 그 재산을 구제와 공공교육을 위해 사용했다.

루터는 진정한 개혁은 교회의 뿌리인 평신도로부터 시작될 수 밖에 없다고 믿었다. 그는 안수를 통해 불가시적 은총이나 지위가 부여된다고 생

---

[341] 제임스 F. 화이트, 『기독교 예배학 입문』,342-43. 앨리스터 맥그래스, 『기독교, 그 위험한 사상의 역사』,91,370. 존 딜렌버거, 클라우드 웰취, 『프로테스탄트 교회의 역사와 신학』,313. 롤란드 베인톤, 『마틴루터의 생애』,251.

각하지 않았다. 목사의 권위는 궁극적으로 회중으로부터 나온다고 믿은 그는 감독 제도를 유지할 생각이 없었고 신약에 나타난 평신도 중심의 제도를 부활시키고자 시도했다. 평신도는 대표자나 교사, 지도자를 선임할 수 있고 취소할 수 있는 권한을 가진다. 회중은 교리, 재정, 구제, 권면과 파문을 담당해야 한다. 그의 만인제사장설은 성직자 중심의 중세적 사고와 과감히 단절했고 평신도에게 정치와 기업, 금융, 예술, 교회 영역 등에 적극적으로 참여할 종교적 동기를 부여했다.[342]

당시 교회와 고위 성직자들은 막대한 토지를 소유하고 있었고, 빈곤한 농부들은 화려한 비단으로 몸을 감싼 고위 성직자들을 증오했다. 농부들은 교회 소유의 농토에서 노동하며 막대한 세금을 부과하는 주교나 수도원장을 압제자로 생각했다. 영주와 교회는 농민을 착취했고, 농민들의 경제적 상황은 악화되어 갔다. 그들은 교회가 자신들의 보호자라는 생각을 할 수 없었고, 오히려 적그리스도가 교회를 탈취했다는 생각을 가지게 되었다. 농민들은 루터가 탐욕에 가득 찬 독재자를 향해 맹공을 퍼붓는 것을 보고 열광했고, 귀족과 평민이 평등하다는 루터의 가르침이 자신들의 경제적 요구를 지지한다고 믿었다.[343]

농민들은 루터의 기독교적 자유를 사회 해방으로 받아들였다. 루터는 농민의 처지와 불만을 동정했고, 영주들에게 그들의 목소리에 귀를 기울여야 한다고 충고했다. 농민들은 공유지의 사회 환원, 노역제 폐지, 가축에 대한 십일조 폐지, 사제를 선택할 수 있는 권리, 농노 제도와 조세, 농민을 압제

[342] 루이스 W. 스피츠, 『종교개혁사』, 92, 445. 롤란드 베인톤, 『마틴루터의 생애』, 145-46.
[343] 유스토 L. 곤잘레스, 『종교개혁사』, 15.

하는 봉건제의 악습, 농민의 사냥 금지, 식량 부족 해소 등을 요구하는 12개 조항을 발표하면서 '그리스도인의 자유'(Christian Liberty)를 외쳤다.[344] 이처럼 프로테스탄트(개신교, Protestantism)라는 용어에는 그릇된 기존 질서에 저항하는 정신이 담겨 있다.

1520년, 교황 레오 10세는 칙령을 통해 루터를 이단으로 파문했고, 보름스 의회(Diet of Worms, 1521)는 그를 이단이자 제국의 안전을 위협하는 인물로 간주했다. 그러나 불굴의 의지를 가졌던 루터는 교황의 칙령과 교회 법전을 불에 던져 넣음으로써 그들의 권위에 정면으로 맞섰다. "네가 하나님의 진리를 파괴하였으니, 하나님께서 너를 이 화염 속에 멸하시기를 원하노라"[345]

경건주의(Pietism)

독일에서 루터란교회가 정통 교단으로 자리 잡으면서 교단 및 교리에 염증을 느낀 신자들이 많았다. 이런 상황에서 스페너(Philip Jacob Spener, 1635-1705)는 『경건에의 소망』(Pia Desideria, 1676년)을 저술하며 새로운 방향을 제시했다. 그는 메마른 교리주의, 계급주의, 합리주의, 정통주의에 대항했다. 당시 독일교회의 행정이 정치적 세력에 의해 좌우되는 것을 비판하며 루터의 만인제사장직이 다시 강조될 필요가 있음을 인식했다. 그는 목사와 평신도의 직분상의 차이를 없애고, 평신도의 역할을 목사에 상응하는 수준으로 높일 것을 제안했다. 모든 그리스도인은 예수 그리스도라는 대제사장의 휘하에 있는 제사장들로서, 사제라는 호칭은 목사 뿐만 아니라 모

---

344 루이스 W. 스피츠, 『종교개혁사』,78-79.
345 루이스 W. 스피츠, 『종교개혁사』,72.

든 그리스도인에게 해당되는 일반적 호칭이라고 주장했다.[346]

교단의 제도화와 신학교의 등장으로 신학과 교리, 성경 해석의 독점권이 교수나 신학자, 목사에게 집중되었다. 그는 이에 반대하며 신학적 사색보다는 성경 본문 연구를 우선시했다. 그는 평신도 교육을 위해 '경건의 모임'이라는 성경 공부 중심의 경건회를 설립했고, 모임의 리더로 평신도 지도자를 세웠다. 이 경건의 모임은 '교회 내의 작은 교회'의 역할을 감당하며 교회 개혁과 신앙의 부흥을 추구했다.

신앙이란 신앙고백서나 교리를 배우고 이에 대한 지적 동의로 얻어지는 것이 아니다. 합리주의나 지성, 과학적 원리에 의지해 신학에 접근하는 것은 위험한 발상이다. 설교란 신학이나 교리를 전파하는 것이 아니라, 하나님 말씀에 대한 체험과 순종을 전파하는 것이다. 참된 기독교는 교리에 대한 지식과 이에 대한 동의가 아니라 영적 생명력이 삶 속에 나타나는 것이다. 그는 성경 공부와 개인적 경건 생활에 초점을 맞추었다. 성경은 예수 그리스도를 가리키며, 살아있는 신앙의 핵심은 예수 그리스도를 직접 체험하고 인격적 관계를 맺는 것이다. 하나님은 멀리 계시는 분이 아니라 '지금 여기서' 만나고 체험할 수 있는 분이다. 각 신자는 경직된 교리와 신학에만 매달릴 것이 아니라 믿음을 통해 그리스도와 인격적 사귐을 가져야 한다.[347]

---

[346] F. Ernest Stoeffler, *The Rise of Evangelical Pietism* (Leiden: E. J. Brill, 1965), 236. 하워드 A. 스나이더, 『교회사에 나타난 성령의 역사』, 90, 108-9, 126. 존 딜렌버거, 클라우드 웰취, 『프로테스탄트 교회의 역사와 신학』, 177.

[347] 하워드 A. 스나이더, 『교회사에 나타난 성령의 역사』, 116-18, 120. 존 딜렌버거, 클라우드 웰취, 『프로테스탄트 교회의 역사와 신학』, 176-77.

모라비안의 창시자인 진젠돌프(Nicolaus Ludwig von Zinzendorf, 1700-17
60)는 루터의 만인제사장을 실제적으로 구현했다. 백작이었던 그는 자신의
영지인 헤른후트를 개방해 모라비아인들이 정착하도록 도왔고, 속회를 만
들어 평신도에게 사역의 장을 제공했다. 그는 모든 신자를 소명 받은 사명
자로 여겼고 성직자와 평신도를 구분하지 않았으며, 분별의 은사나 제비뽑
기 등을 통해 평신도에게 다양한 직책을 맡겼다.[348]

그는 형식적인 생명력 없는 믿음에 반대해 개인이 스스로 체험한 살아
있는 믿음을 강조했다. 기독교의 본질은 교리나 신앙고백서에 대한 지적
동의가 아니라 각자가 하나님을 인격 대 인격으로 만나 변화되는 것이다.
기독교란 그리스도와 신자 사이의 친밀한 인격적 사귐에 바탕을 둔 마음
의 종교이다. 그는 기독교를 체험 혹은 감정의 종교로 규정하면서 스스로
하나님을 체험해야 함을 강조했다.

모라비안은 평신도와 목회자의 직분적 차이보다는 기독교인으로서의 공
동 책임을 중요시했다. 모든 모라비안 신자들은 소명을 받은 '예수의 전사'
이자 선교사로, 그들에게 다양한 리더십과 사역의 장이 제공되었다. 그들
은 복음을 접하지 못한 사람들에게 복음을 전하고자 하는 열정이 대단했
고 선교비를 스스로 감당하는 자비량 선교를 시작함으로써 근대 선교의
모델을 제시했다.[349]

경건주의와 모라비안의 영향을 받은 웨슬리 또한 이성적이고 교리적인

[348] 하워드 A. 스나이더, 『교회사에 나타난 성령의 역사』,194, 265, 286.
[349] 안승오, 『세계 선교 역사 100 장면』 (평단문화사, 2010), 216. 하워드 A. 스나이더,
『교회사에 나타난 성령의 역사』, 174. 존 딜렌버거, 클라우드 웰취, 『프로테스탄트 교회의
역사와 신학』,179-80.

신앙을 벗어나 그리스도를 직접 대면하는 체험적 신앙을 중요시했다. 신앙
은 성경에 근거해야 하며, 역으로 경험을 통해 하나님의 말씀을 재확인해
야 한다. 교회는 살아 계신 하나님의 임재를 체험하는 곳으로, 신자들이
하나님을 만날 수 있도록 도와야 한다.[350] 웨슬리가 페터레인(Fetter Lane)
의 송구영신 예배(1739년)를 인도하고 있을 때, 성령의 역사가 강하게 나
타나면서 사람들은 자신의 죄를 회개하며 큰 소리로 울었고, 어떤 이는 온
몸을 부르르 떨었고, 경련을 일으키며 바닥에 거꾸러졌다. 그리고 병이 낫
고 귀신이 쫓겨나는 기적이 나타났다.[351] 가슴의 종교인 감리교는 은혜의
체험을 강조했고 대부흥이 일어나는 곳에 영적, 열광적, 감정적 현상들이
동반되었다.

재침례교와 침례교

츠빙글리는 사제만이 성경을 읽고 해석할 수 있는 것이 아니라 성경은
모든 신자에게 개방되어야 한다고 믿었다. 그는 취리히 시에서 평신도를
위한 성경 연구 모임인 '예언'을 조직했고, 라틴어와 히브리어, 헬라어, 독
일어 성경을 놓고 서로 비교하며 연구했다. 이 모임에서 미래의 재침례교
가 탄생했다. 진정한 의미에서 루터의 만인제사장설을 받아들인 교단은 재
침례교였다. 초대교회는 진실한 신자들로 구성되었고 국가와 연합하기는
커녕, 국가로부터 박해당하고 멸시 받고 거부되었던 순교자들로 가득 찬

---

350 Frank Baker, *John Wesley and the Church of England* (Nashville: Abingdon, 1970),137.
351 케네스 콜린스, 『진정한 그리스도인: 존 웨슬리의 생애』, 96, 111. 박창훈, 『존 웨슬리,
역사비평으로 읽기』 (서울: 대한기독교서회, 2007), 65-66, 81-82.

274   주도권 경쟁: 하나님의 자리에 앉은 사람들

교회였다. 재침례교는 콘스탄틴의 기독교 공인으로 인해 교회와 국가 사이의 타협이 있었고 부패한 동맹이 만들어지면서 교회가 갈 길을 잃어버리고 타락했다고 해석했다. 교회는 초대교회의 순수성을 잃어버리고 제자도의 기준은 후퇴했다.[352]

교회는 정부와 철저히 분리되어야 하며, 오직 거듭남을 체험한 '신자들의 교회'로 구성되어야 한다. 공권력의 강요에 의한 교회 등록이 아닌, 개인의 신앙적 결단에 의해 믿음을 고백함으로 신자가 되어야 한다. 통치자의 강압, 생명을 뺐는 전쟁과 사형, 강제력을 사용하는 것은 죄악이다. 교회는 세속 사회와 대치 상태에 있기에, 부패한 정치계와 교분을 가져서는 안 되고 사회의 권력이 교회에 영향을 미쳐서도 안 된다.[353]

재침례교는 목사와 평신도의 이중 구조를 거부하고, 모든 신자들이 제사장이라는 사상 하에 계급제인 감독 제도나 장로 제도를 거부하고 회중 제도를 받아들였다. 성령은 사랑과 평등의 원천으로, 성령의 충만함을 받은 자는 누구나 전도 및 설교할 수 있다. 교회 내의 모든 신자는 동등하고, 여성도 남성과 동등한 권리를 소유한다. 공동체 안에서 가난하고 무지한 자나 여성, 천대받는 직업을 가진 자도 부유하고 유식한 자와 동일한 권리를 가지며 평등하게 취급 받았다. 다만 은사에 따라 설교하는 직분, 치리하는 직분, 봉사하는 직분 등으로 나눴다.

재침례교는 어떤 중앙집권적 조직도 개교회의 권리를 간섭할 수 없고 개교회는 자율권을 가짐을 명시했다. 교단이 목회자를 파송하지 않고, 전

---

[352] 롤란드 베인턴, 『종교개혁사』, 91-92.
[353] 롤란드 베인턴, 『종교개혁사』, 76.

교인들이 투표함으로 목사를 임명하거나 퇴거할 수 있다.[354]

유아세례를 반대하고 정교분리를 표명했던 재침례교는 가톨릭교회와 개신교 양 진영으로부터 이단으로 정죄 받아 숱한 핍박을 받았다. 평화주의적 정신 하에 군복무를 거부했기 때문에 정부에 의해 반역의 경향이 있는 그룹으로 간주되었다. 취리히 시의회는 재침례교 신자들을 법 질서를 교란시키는 이단으로 규정했고, 그들에게 사회 질서에 순응하던가 아니면 그곳을 떠나야 한다는 양자택일을 강요했다. 츠빙글리는 이전 자신의 제자였던 재침례교 신자들의 체포에 적극적으로 나섰고, 재침례교 지도자인 만츠(Felix Manz, 1498-1527)를 붙잡아 산 채로 물에 던졌다.[355] 종교재판에서 재침례교 신자에게는 소명의 기회조차 허락되지 않았고, 유럽 대부분의 지역에서 안주할 곳을 찾지 못했다.

만약 유럽에서 재침례교의 운명이 그렇게 끝났다면 오늘날까지도 재침례교는 이단으로 남았을 것이다. 재침례교의 정신이 꽃 핀 곳은 아메리카 대륙이었다. 미국은 초창기부터 개인주의 및 민주주의 정신이 강했고, 정교분리의 사상이 지배하면서 교회 정치 제도들 가운데 평신도 중심의 회중 제도가 정황에 잘 맞았다. 개인의 자유에 대한 강조는 자연적으로 회중의 권리로 연결되었다. 교회는 자발적 신앙고백을 통해 하나님과 계약 관계에 들어간 신자들의 공동체로, 교회의 주도권은 영적 특권층이나 엘리트에게 있지 않고 모든 그리스도인에게 있다. 성직자는 평신도들이 대표자이

---

[354] 존 딜렌버거, 클라우드 웰취, 『프로테스탄트 교회의 역사와 신학』,102. 유스토 L. 곤잘레스, 『종교개혁사』,92-93.
[355] 루이스 W. 스피츠, 『종교개혁사』,172. 롤란드 베인턴, 『종교개혁사』,93.

자 교사로 뽑은 자로, 회중은 교단의 통제 없이 설교자와 목사를 선임하고 해임할 수 있는 권리를 가진다.[356] 목사는 자신의 신학이나 신앙을 교인에게 강요하지 못하고, 오히려 평신도의 신앙이 목회자에게 요구되는 구조를 만들었다.

미국에 이주한 청교도들은 수직적 계급 구조를 비성경적 개념으로 해석해 장로 제도에 반감을 품었다. 그들은 유럽의 경직된 중앙집권적 구조에 강력히 반발했고, 장로 제도 또한 권위적인 귀족 정치의 일환으로 해석했다. 장로 제도를 지지했던 영국의 청교도와는 달리 미국 뉴 잉글랜드에 정착한 청교도는 장로 제도나 감독 제도를 배격했고, 총회 및 대회, 노회, 당회 등의 통제를 받지 않는 회중교단을 세웠다. 그들은 교회의 최고 의사결정을 당회에 두지 않고 회심한 신자들의 투표와 참여를 지지하는 민주적 회중 제도를 선택했다. 회중은 언제든지 지도자에 맞설 수 있고 해임할 수 있는 권리를 가졌다.[357]

영국국교회나 청교도 등 제도권 교단으로부터 핍박을 받던 침례교는 처음부터 전도의 대상을 가난한 농부와 하층민, 아프리카 노예에게 두었다. 침례교는 제1차 대각성 운동의 주역인 조지 휫필드의 부흥 방법론과 순회 전도를 받아들였는데, 부흥의 대들보는 목사가 아닌 영적 각성을 경험한 농부 평신도 설교가였다. 정규 신학 교육을 받지 않았던 그들은 주중에 자신의 농장에서 일하고, 주일에는 목회 사역을 감당하면서 강단에서 열정적으로 말씀을 전했다. 침례교는 성직자나 설교가가 되는 조건으로 높은 학

356 후스토 L. 곤잘레스, 『현대교회사』, 172.
357 앨리스터 맥그래스, 『기독교, 그 위험한 사상의 역사』, 250, 648. 존 딜렌버거, 클라우드 웰취, 『프로테스탄트 교회의 역사와 신학』, 157-58.

벌이나 신학교 정규 교육을 요구하지 않았고, 평신도라 할지라도 중생의 경험과 소명을 받았다면 설교가로 세웠다. 소명을 받은 사람은 누구나 순교 전도자나 설교가가 될 수 있다.[358]

교단의 허락 없이 개교회가 평신도를 목사로 안수할 수 있었던 침례교는 미국의 중서부 선교에 나서면서 현지 사역자들에게 크게 의존했다. 개교회는 성령의 감동을 받고 소명 의식이 있는 평신도를 선별해 설교자로 안수해 개척지로 보냈다. 서부개척이 활발하게 진행되는 상황에서 목회자의 수가 크게 부족했으나, 침례교는 목회자의 수급에 지장을 받지 않고 적재적소에 사역자를 보낼 수 있었다.[359] 남부를 장악하고 있던 성공회의 크고 화려한 건물에 비해, 침례교는 작고 낡은 건물에서 예배를 드렸지만 사람들이 몰려들었다.

침례교는 타 교단에 비해 교단 설립이 매우 늦었다. 교단 설립을 주저했던 침례교는 조지아 오거스타에 남침례교 총회(Southern Baptist Convention, 1845년)를 창립했다. 남침례교는 일체의 중앙 집권적 체제를 부정하고, 개교회가 자치권을 가진 회중주의적 교회를 지향했다.[360] 침례교는 주요 교단들 중 가장 늦게 교단을 형성했지만 1850년대에 접어들어 최대 교단에 등극했고, 그 이후로 1등 자리를 내놓은 적이 없다.

---

[358] 존 딜렌버거, 클라우드 웰취, 『프로테스탄트 교회의 역사와 신학』,206-7.

[359] 존 딜렌버거, 클라우드 웰취, 『프로테스탄트 교회의 역사와 신학』,206-7.

[360] Arthur Emery Farsley, *Southern Baptist Politics: Authority and Power in the Restructuring of an American Denomination* (University Park: Pennsylvania State University Press, 1994), 2-10.

평신도 자원 단체

오랫동안 교회는 목회자에 의해 주도되어 왔다. 평신도가 목회 행정이나 사역, 재정 등에 간여하는 것은 허락되지 않았다. 주류 교단은 목사가 될 수 있는 자격 여건을 대학 교육 이상으로 정했다. 그 결과 하층민 출신의 신자는 목사가 되고 싶어도 될 수 없는 구조적 난관에 부딪혔다. 평신도가 목사 중심의 교권에 반항할 수 있는 신앙 행위들 중 하나는 성경 읽기와 기도였다. 평신도들은 성경을 통해 자신의 신앙을 직접 확인하고, 성직자로부터 독립된 신앙 생활을 영위하려는 의지를 갖게 되었다.

영국국교회 사제였던 웨슬리는 평신도의 사역을 긍정적으로 받아들였고, 감리회를 조직하면서 평신도의 헌신에 크게 의지했다. 평신도인 토마스 맥스필드(Thomas Maxfield)가 감리회 모임에서 설교했다는 말을 들은 그는 이를 중단시키고자 마음먹었으나, 그의 설교를 듣고 큰 감동을 받자 맥스필드를 평신도 설교가로 임명했다. 그는 소그룹 모임인 속회를 만들어 평신도 지도자에게 모임을 인도하게 함으로 사역할 수 있는 장을 마련했다.[361]

웨슬리는 유능한 평신도 설교가였던 애즈베리(Francis Asbury, 1745-1816)를 감리사로 임명해 미국 식민지 선교사로 파송했다. 성령의 충만함을 받은 사람은 누구나 지도자가 될 수 있다고 믿은 애즈베리는 농부 평신도를 속회 인도자로 임명했고, 정규 신학교를 나오지 않았던 평신도 순회 설교가들은 적은 보수에도 열정적으로 사역함으로 감리교 운동의 폭발적 성장에 기여했다.[362] 평신도 순회 설교자 제도는 전통적인 교구 제도를 뒤흔

---

[361] 케네스 콜린스, 『진정한 그리스도인: 존 웨슬리의 생애』,98-99. 108-9.
[362] 후스토 L. 곤잘레스, 『현대교회사』,146-47. 하워드 A. 스나이더, 『교회사에 나타난 성령의 역사』, 282-3. 케네스 콜린스, 『진정한 그리스도인: 존 웨슬리의 생애』,131,167.

드는 행위였고, 이로 인해 감리교는 열광주의자 라는 비난을 받았다.

19세기 초, 미국 평신도들이 함께 모여 성경을 읽고 기도하는 현상이 확산되었고, 평신도들은 "신조가 아니라 성경으로" 라는 로고를 만들어 계급적 성직 제도에 대항했다. 이후 학력을 무시하고 신앙과 선교적 열정에 근거해 목사 및 선교사 후보생을 배출하는 신학교와 선교기간들이 생겨났다. 정규 신학 교육을 받지 못했던 무디는 평생을 평신도로 YMCA를 중심으로 활동했다. 평신도들은 교단과는 별개로 해외선교를 위한 미국위원회(American Board of Commissioners for Foreign Missions, 1810년), 미국성서협회(American Bible Society, 1816년) 등의 자원 단체들을 세웠다.

교회에서 사역의 기회를 제공받지 못했던 평신도들은 대외 활동 및 사회 복지 프로그램 등에 인력 및 재정을 공급했다. 가정에서의 성경 공부가 쇠퇴하던 시기에 주일학교는 교회에서 중요한 역할을 담당했다. 평신도들은 주일학교에 대거 헌신했고 대단한 활약을 펼쳤다. 어떤 교회에서는 주일학교가 주일 예배보다 더 중요한 위치를 차지할 정도였다. 주일학교에 헌신한 평신도 교사의 지위는 목사만큼 중요한 지체로 받아들여졌다. 19세기에 접어들면서 주일학교는 개신교의 중요한 교육 기관으로 발전했고, 미국 전역에 7만여 개에 달하는 주일학교들이 세워져 공립학교의 기능을 대신 담당했다. 주일학교는 자원주의(volunteerism)의 원칙에 따라 평신도 교사들을 중심으로 운영되었는데, 특히 사회 진출이 막혀 있던 여성들이 주일학교 교사로 참여했다. 여성들은 교회 내에서 어린이 주일학교, 간호, 노약자 부양 등의 사역에 종사했다.

평신도들은 전통적 교단에서 활동하기보다 이를 벗어나 교단 밖에서 활동하는 편을 선택했다. 특히 해외 선교는 교단 선교부와는 별도로 런던선교협회(London Mission Society, 1794년)와 같은 자발적 선교 단체들이 주도했다. 허드슨 테일러(James Hudson Taylor, 1832-1905)는 현지 사정을 잘 모르는 교단 선교부가 선교 정책을 결정하는 것은 부당하다고 생각해 교단을 탈퇴하고 초교파 기관인 중국내지선교회(China Inland Mission, 1865)를 세웠다. 그는 정규 신학 교육을 받지 않은 평신도 선교사와 교단 선교 단체에서 탈퇴한 선교사들을 회원으로 받아들였다.[363]

19세기 미국 선교 운동은 평신도들의 폭넓은 지원 하에 일반 신자들에게 해외 선교 및 국내 선교에 참여할 수 있는 통로를 열어주었다. 초교파 기관인 성경학원은 평신도들을 받아들여 성경공부를 위주로 교육시켰다. 1880년대 후반에 접어들면서 선교단체들의 주도권은 목사가 아닌 평신도 선교사의 손으로 넘어가고 있었다.[364] 선교사 파송에서 평신도 선교사(63.4%)가 목사(36.6%)를 압도했고, 직업을 가진 평신도 선교사도 33.5%에 달했다. 수백 년 만에 처음으로 평신도에게 허락된 사역은 그들의 관심을 사로잡았다. 민주적이고 자발적인 평신도 자원 단체들은 교단 선교부보다 우위를 점하게 되었다.

소수의 목회자가 모든 행정 및 사역을 주도하는 수동적인 시대는 지났다. 그리스도의 몸은 신분적 계급이 아니며, 교회의 모든 지체는 분량대로의 은사를 가지고 있다. 사역이 제대로 열매를 맺으려면 은사대로 봉사할 수 있는 사역의 장이 마련되어야 하며, 평신도는 교회의 능력 있는 동역자로서 훈련 받아야 한다.

---

[363] Stephen Neill, *A History of Chrisitan Mission* (London: Pelican, 1986), 282-83.
[364] 류대영, 『초기 미국 선교사 연구』, 44-45.

여성의 주도권 쟁취

거의 2,000년 동안 남성이 교회의 주도권을 쥐고 여성들을 통제해 왔다. 그나마 중세의 수녀원은 여성들이 리더십을 발휘할 수 있는 기회를 제공했다. 바실(Basil the Great)의 누이였던 마크리나(Macrina the Younger, 327-379)는 의복과 음식의 소박성을 강조한 헬라 수도 운동의 창시자가 되었다. 수녀원은 여성이 부친이나 남편, 아들로부터 완전히 자유스러운 생활을 영위할 수 있는 유일한 길이었다. 여성들은 프란체스코 수도회 혹은 도미니크 수도회 등에서 소규모 집단을 형성해 공동 생활을 하면서 기도와 경건 생활, 빈곤, 자선 등을 실천했다.[365]

개신교 주요 교단에서 여성 운동을 본격적으로 인정한 곳은 감리교였다. 존 웨슬리(John Wesley, 1703-1791)의 어머니 수산나 웨슬리(Susanna Wesley, 1669-1742)는 남편이 교회를 비웠을 때 교구 신자를 위한 저녁 예배를 열었는데, 그녀가 인도했던 예배는 남편이 인도했던 예배보다 은혜가 넘쳐 더 많은 사람들이 몰려들었다. 어머니의 영향을 크게 받았던 웨슬리는 여성의 역할에 대해 긍정적으로 생각했다. 그는 감리회를 설립한 후 속회 중심의 소그룹 모임을 만들어 신자들을 양육했는데, 여성 속회를 만들어 여성 지도자가 모임을 이끌게 했다. 여성 속장이 인도하는 집회는 남성이 인도하는 것보다 은혜로운 분위기로 진행되었다. 여성들은 감리회 내에서 큰 활약을 펼치며 부흥에 결정적인 역할을 했다.[366] 18세기 영국에서 여성이

---

[365] 유스토 L. 곤잘레스, 『중세교회사』,226. 후스토 L. 곤잘레스, 『초대교회사』,289-90.

[366] Earl K. Brown, *Women of Mr. Wesley's Methodism: Studies in Women and Religion*, Vol. 11 (New York: The Edwinn Mellen Press, 1983), 43-44.

공개 석상에서 발언하는 것은 금지되었지만, 웨슬리는 여성도 그리스도를 만난 경험을 간증할 수 있다고 믿어 기회를 주었고, 여성의 간증이나 설교는 많은 사람들을 감동시켰다.

정통 개신교 교단은 교회 내에서 여성의 발언권을 인정하지 않았다. 오히려 여성의 지도력을 인정한 것은 주요 교단에 속하지 못한 소규모 교단이었다. 재침례교는 여성도 남성과 동등한 권리를 소유했고, 투표에 참여할 수 있었다. 퀘이커의 조지 폭스(George Fox, 1624-1691)는 성적, 인종적, 신분의 차별이 교회 내에 있어서는 안 된다고 생각했다. 모든 사람은 하나님 안에서 평등하기에 여성 또한 남성처럼 교회에서 존중 받아야 한다. 그들은 예배와 찬송에서 남성형 대명사와 여성형 대명사를 함께 사용했고 성령의 조명을 받은 여성에게 설교하고 대표 기도할 수 있는 기회를 부여했다.[367]

20세기 초까지 미국 여성은 선거권이 없었고, 결혼 시 자신의 재산에 대해서도 재산권을 행사할 수 없었다. 교회에서 여성의 활동은 큰 제약을 받았고, 공적 모임에서 여성의 대표기도나 발언은 허용되지 않았다. 제2차 대각성 운동의 주역인 찰스 피니(Charles G. Finney, 1792-1875)는 공적 집회에서 여성의 간증을 허락했고, 대표 기도할 수 있는 기회를 제공했다. 여성이 공개 장소에서 발언하는 것은 당시 교회에 많은 논란거리를 제공했고, 이로 인해 피니는 보수주의 구파로부터 신랄한 비판을 받았다.[368] 이후

---

[367] H. Larry Ingle, *First Among Friends, George Fox, and the Creation of Quakerism* (New York: Oxford University, 1994), 59. 제임스 F. 화이트, 『기독교 예배학 입문』,39-40,103-4. 앨리스터 맥그래스, 『기독교, 그 위험한 사상의 역사』,240.
[368] Rosemary Ruether & Rosemary Keller, eds.,*Women & Religion in America*, Vol. I (New York: Harper & Row, 1981), 5.

피니는 오버린 대학의 교수가 되었고, 오버린 대학은 여성을 대학생으로 받아들인 세계 최초의 남녀공학 대학이 되었다. 오버린 대학을 졸업한 브라운(Antoinette Brown, 1825-1921)은 1853년 회중교회에서 목사 안수를 받음으로 미국교회 역사상 최초로 안수 받은 여성 목회자가 되었다.

피비 파머(Phoebe Palmer, 1807-1874)는 그녀의 언니와 함께 '화요 성결 집회'(Tuesday Meeting for the Promotion of Holiness)를 열어 성결의 복음을 전했다. 그녀의 집회에는 수많은 여성들을 포함해 남성들도 참여해 큰 은혜를 받았다. 그녀는 『아버지의 약속』(The Promise of Father, 1859년)을 출판하면서 사역자의 자격은 제도권이 인증하는 것이 아니라, 하나님이 주신 성령세례의 체험에 달려 있다고 주장했다. 성령의 충만함을 받은 여성도 그리스도를 위해 사역할 수 있다.[369] 스탠턴(Elizabeth Cady Stanton, 1815-1902)의 주도 하에 『여성 성경』(Women's Bible, 1895년)이 출판되었다.

감리교가 성장하면서 초심을 잃고 중상위층의 사람들을 중심으로 목회하는 것을 목격한 윌리엄 부스(William Booth, 1829-1912)는 가난한 사람들을 위해 사역하기로 마음먹고, 아내 캐서린(Catherine Booth, 1829-1890)과 함께 구세군을 창설해 공동 사역을 펼쳤다. 구세군은 철저히 남녀 평등을 실현했고, 은사와 자격을 갖춘 여성은 순회 설교자나 속회 지도자로 사역할 수 있었다. 이후 그의 딸 이반젤린(Evangeline Booth, 1865-1950)은 미국 구세군을 이끄는 총사령관의 위치에 올랐고, 구세군은 여성 사역자를 가장 많이 받아들인 교단이 되었다. 여성은 사회운동 영역에서도 두각을 나타냈

---

[369] Phoebe Palmer, *The Promise of Father* (Salem, Ohio: Schmul Publishing Company, 1981), 328, 333-34.

다. 여성 프란시스 윌라드(Frances Willard, 1839-1898)의 지도 아래 '기독교 여성 금주연맹'(Women's Christian Temperance Union)이 조직되어 맹활약을 펼쳤고 금주법(1919년)을 통과시키는데 중대한 역할을 했다.

전통 교단은 여성을 열등한 존재로 여겨 목사 안수를 인정하지 않았고 신학교는 여성에게 입학의 기회조차 허락하지 않았다. 그런데 19세기 말 성경학원 운동이 활발히 일어나면서 학벌이나 성별에 관계없이 학생을 받아들였다. 무디 성경학원과 고든 성경학원, 심프슨 성경학원 등은 여성을 학생으로 받아 교육시켰고, 이곳에서 공부한 여성들은 사역과 선교 사역에 주력했다.[370] 주요 교단은 교단 내에서의 여성 사역을 인정하지는 않았지만 여성이 해외 선교사로 나가는 것을 허락해 주었다. 당시 인종 차별로 인해 백인 여성은 백인 남성보다는 열등하지만, 흑인이나 황인종과 같은 열등한 인종을 가르쳐도 된다고 여겨졌다. 여성 선교사들은 고국에서 금지되어 있던 설교나 교회 개척 등의 임무를 선교지에서 마음껏 수행할 수 있었다. 19세기 후반 신앙선교운동은 결혼하지 않은 여성을 선교사로 파송했고, 독신 여성이나 선교사의 아내는 전체 선교사의 60퍼센트를 차지함으로 남성 선교사의 수를 넘어섰다. 해외 선교는 여성의 사역과 지위를 세우는 중요한 통로가 되었다.[371]

아주사 미션(Azusa Mission)을 통해 오순절 운동이 불붙듯이 일어났을 때 여성들은 핵심적 역할을 담당했다. 찰스 파함(Charles Parham, 1873-1929)의 인도 하에 오즈만(Agnes Ozman) 양은 최초로 방언을 말하며, 오순절 운동

[370] Virginia L. Brereton, *Training God's Army: The American Bible School, 1880-1940* (Bloomington: Indiana University Press, 1990), 129-32.
[371] 후스토 L. 곤잘레스, 『현대교회사』,284. 류대영, 『초기 미국 선교사 연구』,42.

은 성령 체험한 여성을 소명 받은 자로 인정했다. 윌리엄 시무어(William Seymour, 1870-1922)가 부흥운동을 일으켰던 아주사 미션에는 여러 여성들이 교회의 장로로 시무했는데, 여성이 교회의 지도자급의 역할을 맡은 것은 당대의 문화 규범을 벗어나는 것이었다. 맥퍼슨(Aimee Semple McPherson, 1890-1944)은 1920년대 가장 활발하게 사역한 여성 오순절 부흥사로 직접 '국제 사중복음교회' 라는 교단을 설립했다. 여성이 교단을 설립하는 것은 당시의 상식을 거스르는 획기적인 사건이었다.

19세기에는 여성을 목사로 안수한 주요 교단은 없었고, 20세기 중반까지도 여성의 성직 임명을 인정하지 않았다. 교회의 주도권은 여전히 남성의 수중에 있었다. 인권이 발달된 미국도 제1차 세계대전(1914-1918)이 끝난 직후인 1919년 헌법 수정안 제19조에 의해 여성에게 투표권을 부여했다. 그리고 1950년대에 이르러 여성 지위에 큰 변화가 있었고, 사회 전반에서 여성의 역할이 부각되었다.

여권신장 운동은 교회에도 영향을 주었고, 여성의 목소리가 터져 나오기 시작했다. 그동안 여성은 삶의 모든 영역에서 억압을 받았고 남성보다 열등한 존재로 여겨졌다. 사회가 여성의 역할을 폭넓게 인정하기 시작하면서 교회도 마지 못해 여론을 따라가게 되었다. 1950년대에 이르러서야 교회는 여성 안수에 대해 진지하게 고민하기 시작했고, 1960년대 페미니즘(feminist theology)은 하나님의 남성성을 비판하면서 여성도 하나님의 형상임을 강조했다. 여성신학은 여성이 남성과 동등한 가치와 지위를 가진 인격체임을 표방하며,[372] 사랑과 위로, 희생과 같은 하나님의 성품은 여성적

---

[372] 존 딜렌버거, 클라우드 웰취, 『프로테스탄트 교회의 역사와 신학』,463-69.

이미지와 일치한다고 주장했다.

1980년대 중반에는 개신교 주요 교단이 여성을 목사로 안수하기 시작했다. 예를 들어, 침례교회에서는 1977년 157명의 여성이 목사 안수를 받았지만, 1997년에는 712명으로 크게 늘었다. 같은 기간에 성공회는 94명에서 1394명으로, 연합감리교회는 319명에서 3003명으로 수직 상승했다. 2006년에는 미국 성공회가 여성 캐서린(Katharine Jefferts Schori)을 주교로 선출함으로 여성 고위 성직자를 배출했다.[373] 대부분의 교단에서 여성 목사의 비율은 증가하고 있으며, 2005년에는 신학교 재학생 중 여성의 비율이 50퍼센트를 넘어섰다. 이러한 변화를 '성직의 여성화' 라고 부른다.

타인종의 주도권 쟁취

유럽은 오랫동안 기독교의 종주 대륙이었으며, 이후 그 중심은 서서히 백인 지역인 미국으로 이동했다. 흑인 노예들이 미국에 유입되면서 백인 중심의 기독교 사회에 변화가 생겼다. 모든 사람은 하나님의 형상으로 창조되었다는 믿음이 퍼지면서 노예 반대 운동이 일어났다. 남북전쟁 전 미시시피 주 콜럼버스의 침례교회 구성원의 80퍼센트는 흑인이었고, 조지아 주 침례교 구성원의 35-40퍼센트가 흑인이었다.

남북전쟁(1861년) 이후 노예에서 해방된 흑인들은 흑인 교회를 세웠고, 자체의 예배와 설교 방식을 채택했다. 흑인은 백인보다 종교를 중요시하고 교회 출석율도 높았다. 1890년 흑인 인구의 51퍼센트가 9개의 흑인 교단에 속하며, 흑인의 주일예배 참석율은 79퍼센트(2014년)에 달했다. 특히

---

[373] 앨리스터 맥그래스, 『기독교, 그 위험한 사상의 역사』,558. 후스토 L. 곤잘레스, 『현대교회사』,387.

침례교회는 흑인에게 자유를 가져다 주는 중요한 조직이 되었고, 침례교 목사인 마틴 루터 킹은 인권 운동을 주도했다.

흑인인 시무어는 성령세례를 받은 모든 사람은 하나님 앞에서 평등하다는 신념을 가졌다. 로스앤젤레스 아주사 미션에서는 흑인이나 백인, 남미인, 아시안들이 한자리에 모여 예배를 드렸다. 당시 짐 크로우 인종차별법(Jim Crow Laws, 1870s-1965)으로 인해 흑인은 투표권 및 교육 받을 권리가 없었고 공공 장소에 백인과 함께 있을 수 없었는데, 흑인 목사의 인도 하에 백인이 포함된 회중이 예배를 드린 것은 당시로서는 상징적인 사건이었다. 이후 흑인 목사 매이슨(Charles Harrison Mason, 1866-1961)이 설립한 '그리스도 하나님의 교회'는 550만명(2012년)의 흑인 신자들을 보유하며 세계에서 가장 큰 흑인 오순절교단이 되었다.

19세기 선교 운동은 유럽과 미국교회들이 주도적으로 이끌었지만, 백인 선교사들 중 일부는 인종 우월주의 사고로 현지인과의 관계에서 오만하고 부정적인 태도를 보였다. 초기 선교사들은 현지의 전통 종교를 악하고 미개하며 미신으로 간주했다. 그럼에도 불구하고 아프리카, 남미, 아시아 등에 복음이 전파되었다. 제2차 세계대전(1939-1945년) 이후, 서부 유럽은 급속한 세속화 과정을 겪었고 교회는 이성과 지성, 과학에 치우친 신학을 추구하면서 영성이 약화되었다. 교회는 개인과 사회를 개혁할 수 있는 힘을 잃어버리고 출석율과 참여율이 급락했다. 어떤 경우에는 출석율이 10% 이하로 떨어졌다. 이러한 현상은 유럽을 비롯한 북반구로 퍼져 나가면서 비기독교화의 과정을 겪었다.

20세기에 접어들면서 기독교는 서구 종교이자 백인 종교, 북반부 중심이라는 전통적인 전제는 도전을 받게 되었다. 1900년 전체 기독교 신자의

49.9퍼센트가 유럽에 거주하며, 기독교 신자의 81.1퍼센트는 백인이었다. 그러나 제3세계에서 교회 및 신자들의 수가 증가함에 따라 백인의 비율은 27.2퍼센트(1985년)로 줄어들게 되었다.[374]

이처럼 북반구의 서구 교회가 퇴조를 보이는 상황에서 남반구의 아프리카와 남미에서의 기독교 성장은 눈여겨볼 만하다. 이들 지역은 초자연적 세계관이 강하고, 기적이나 신유를 기독교의 중요한 신앙으로 받아들인 오순절과 은사주의적 성향이 강하다. 1900년 아프리카 인구는 1000만명에 불과했고, 그 중 9퍼센트만 기독교인 이었다. 하지만 2005년에는 전체 인구가 4억을 넘어섰고, 그리스도인의 비율은 46퍼센트에 달했다. 종교를 아편으로 여기는 중국에서의 기독교 성장 또한 눈 여겨 볼만하다.

이제 영국과 미국, 캐나다, 호주, 뉴질랜드의 성공회 신자들 수는 나이지리아의 성공회 신자 수보다 적다. 개신교는 더 이상 서구만의 종교가 아니고 기독교의 중심축은 북반부에서 남반부 중심으로 이동했다. 기독교의 중심축은 백인이 아니라 스패니쉬와 아프리카인, 그리고 아시아인들이 중심이 되었다. 이제 미국 교단에서 한국인이나 제3세계의 인물이 총회장으로 당선되는 사례도 나타나고 있다.

서구 교회는 영성이나 신학 면에서 그 위치를 잃어가고 있다. 제3세계의 교회는 서구 기독교 모델 및 사상이나 가치관을 받아들이지 않고 서구 문화와 결별하는 과정에 있다. 제3세계의 교회는 서구의 모더니즘적 성경 해석을 따르지 않으면서 자신들의 전통적인 도덕 가치를 보존해 왔다.[375] 유럽에서의 기독교인 수의 급감으로 인해 이제 유럽은 선교를 가야 할 곳

---

[374] 후스토 L. 곤잘레스, 『현대교회사』,368,404-5.
[375] 앨리스터 맥그래스, 『기독교, 그 위험한 사상의 역사』,707.

으로 변했고, 실제로 아프리카나 라틴 아메리카 교회들이 유럽으로 진출하여 선교 활동을 펼치고 있다.

오순절 운동

대각성운동은 신학적 공식이나 신앙고백서를 공부하는 것이 아니라 하나님의 임재를 직접적으로 체험하고 하나님과의 교제를 강조하는 미국식 복음주의를 창출해 냈다. 미국교회는 개인의 회심과 구원, 종교적 체험을 강조하는 부흥회적 전통을 이어 나갔다.[376] 20세기 초 미국에서 태동한 오순절 운동은 만인제사장 원리에 따라 모든 그리스도인은 누구나 하나님께 다가갈 수 있고 성령의 은사를 받을 수 있음을 강조했다. 교회는 하나님의 영이 있는 곳으로 성령은 각 사람에게 은사와 능력을 부어 주신다.

찰스 파함은 성령세례의 최초 증거가 방언임을 인정했고, 학생들과 함께 기도하던 중 방언이 터져 나왔다. 방언을 말하는 것은 성령님이 각 사람 안에 임재하신 징표이다. 1906년 아주사 거리에서 오순절 부흥이 일어나면서 하나님을 직접 체험하는 신앙이 확산되었다. 오순절 운동은 성령께서 사도 시대와 같이 오늘날에도 역사하시며 초대교회에 나타났던 방언을 비롯한 신유와 예언, 축사 등의 능력과 은사들이 오늘날에도 지속된다는 믿음을 가진다.

하비 콕스(Harvey Cox)는 정통 개신교가 성경 본문만을 지향하는 명목상의 신자를 양성했다고 비판했다. 정통적 개신교는 성과 속을 엄격히 구별하면서 세속적 영역에서는 하나님을 만날 수 없다고 주장했다. 하나님께

---

[376] 마크 놀, 『미국 캐나다 기독교 역사』, 142.

다가가는 방법을 오직 성경을 읽거나 목사의 설교를 듣는 것뿐이다. 그러나 오순절 운동은 하나님은 살아 계신 인격으로 직접 대면해 경험할 수 있는 분임을 강조했다. 신앙이란 교리나 신학을 아는 것이 아니라 신자가 직접 하나님의 살아 계심을 체험하는 것에 달려 있다. 하나님은 죽은 후 하늘나라에 가야만 만날 수 있는 분이 아니라 현세에서도 언제든지 성령을 통해 인격적으로 체험할 수 있다. 오순절 신자들은 성령을 통해 하나님 만난 이야기를 한다. 그들은 자신이 어떻게 병 고침을 받았고 삶이 어떻게 바뀌었는가를 이야기한다.[377] 하나님을 체험하는 것은 신학적 지식이나 교회의 직분과는 어떤 상관도 없다. 이 점이 전통적 개신교와 오순절의 가장 큰 차이점이다.

오순절 운동은 중생과는 구별된 경험인 성령세례를 강조하며 성령세례를 통해 능력과 은사를 받는다고 믿는다. 예수를 구주로 영접한 신자는 복음 전파를 위한 성령의 능력을 받아야 한다. 예수님은 구원자, 성결케 하는 분, 병을 고치시는 분, 성령세례자, 그리고 다시 오실 왕이시다. 성령론에 대한 강조와 더불어 조직신학에서 성령론이 독자적 위치를 차지함으로 균형 잡힌 삼위일체론이 정립되었다. 오순절주의는 "하나님의 영이 있는 곳이 교회다" 라 주장하며 교회와 신자의 삶 속에서 역사하시는 성령의 실재성과 현재성을 강조한다. 모든 신자는 성령세례를 받음으로 하나님을 인격 대 인격으로 만날 수 있다. 오순절주의자들은 이해할 수 없는 방언으로 기도하고 흥분 상태에서 고함을 지르며 경련을 일으키고 춤을 추며 황

---

[377] 앨리스터 맥그래스, 『기독교, 그 위험한 사상의 역사』,692-93.

홀경에 빠짐으로 열광주의자 혹은 구르는 자(Holy Roller)로 알려졌다.[378] 초기 오순절 운동은 은사중지론을 지지한 개혁교회와 근본주의로부터 열광적이고 비성경적이라는 비판과 함께 이단 취급을 받았다.

그러나 오순절 운동은 전통 교단에 큰 영향을 미쳤고, 성령의 은사와 능력을 인정하는 신오순절 운동과 제3의 물결 운동이 일어났다. 오순절 운동은 20세기 초 미국에서 태동했으나, 100년도 안 되는 짧은 기간에 전세계로 퍼져 나가면서 개신교 교단들 중 가장 큰 교세를 보유하게 되었다. 하나님께서 성령세례를 부어 주신 이유는 복음을 땅끝까지 전하는데 있다고 믿은 오순절 신자들은 미국과 전세계로 나가 복음을 전했다. 1980년 오순절교회는 영국국교회를 누르고 가장 큰 개신교 교단으로 등극했다. 오순절 운동은 초자연적 세계관을 가진 아프리카와 남아메리카, 아시아에서 급성장하며 오늘날 약 5억 명에 달하는 신자들을 확보했다. 오순절 전체 신자 수는 개신교 내 모든 교단 신자들을 합친 수보다 많다.[379]

오순절 운동은 제도적 권위나 엄격한 교리가 성령의 역사를 방해한다고 믿는다. 그리고 소외당하고 가난한 사람들을 향한 사회적 관심을 가졌다. 오순절교회에는 중앙의 권위라는 것이 존재하지 않고 성령의 권위를 주장한다. 모든 신자가 성령세례를 받음으로 하나님의 제자가 될 수 있다. 오순절주의가 표방한 영적 평등은 만인제사장 이론의 재발견이라 할 수 있

---

[378] Donald Dayton, *Theological Roots of Pentecostalism* (Metuchen, NJ: Scarecrow Press, 1987), 18, 103. Grant Wacker, *Heaven Below* (Cambridge, Mass.: Harvard University Press, 2001), 42. 로버츠 리어든, 『아주사 부흥』 (서울: 서로 사랑, 2008), 179.

[379] 마크 놀, 『미국 캐나다 기독교 역사』, 566. 앨리스터 맥그래스, 『기독교, 그 위험한 사상의 역사』, 24, 420, 498, 667, 682-92.

다.

초교파주의

19세기 말 각 교단은 해외선교에 경쟁적으로 나섰는데 교단간의 차이와 중복으로 인해 많은 문제점들이 표출되었다. 교단들은 선교 현지 사정을 잘 알지 못했고 다른 교단 선교사들과 심하게 다투고 경쟁했다. 허드슨 테일러는 교단주의를 비성서적 개념으로 보았고 초교파적 선교단체인 중국 내지선교회를 창설했다. 이를 계기로 교단을 무시하고 신앙과 선교적 열정을 근거로 한 초교파적 단체들이 생겨났다.

선교지에서의 지나친 경쟁을 막고 교단들의 협력을 위한 에큐메니칼 운동이 대두되면서 세계 선교사 총회(World Missionary Conference)는 상임위원회(1910년)를 구성했고, 국제선교사 협의회(International Missionary Council, 1921년)가 설립되었다. 이 협의회는 교단주의를 떠나 선교에 대한 전략과 경험, 자원 등을 한데 모아 나눌 수 있는 협력의 장을 제공했다. '신앙과 규범' 세계 회의는 경제 및 산업 문제, 계급 및 사회 문제, 국제 관계, 기독교 교육 등을 비롯한 교파간 협력 방안을 강구했다. 마침내 암스테르담에서 세계교회협의회(WCC) 제1차 총회(1948년)가 개최되었고, 이는 교회 일치 운동 및 초교파 운동으로 연결되었다.[380]

1950년대까지만 하더라도 교단의 위치는 확고했고 자녀들은 부모가 다니는 교단 교회에 출석했다. 그러나 제2차 세계대전 후, 미국 개신교는 회중교회화(congregationnalization)의 길을 모색했고, 교단이나 위계 구조로부

---

[380] 후스토 L. 곤잘레스, 『현대교회사』,394-98.

터 제약과 간섭을 받지 않으려는 시도를 했다. 1980년대를 전후해 교단이라는 것이 지역 교회의 재정 부담을 안기면서 정작 돌려주는 것은 별로 없는 비효율적인 관료 집단이라는 인식이 대두되었다. 교단 체제를 유지하기 위해 들어가는 비용이 늘어나는데 반해, 교단은 개 교회의 자발적 주도권이나 혁신에는 관심이 없었다. 신자들은 목사들 뱃속 채우기에만 매달리는 수직적 위계 구조와 교단 현상 보전에나 급급한 관료 체제에 젖은 교단에 큰 실망감을 느꼈다. 2000년에 이르러 대다수의 정통 교단들은 젊은 층을 교단 교회로 이끄는데 실패했다.

이제 신자들은 더 이상 교단에 얽매이지 않고 자신의 필요와 믿음에 따라 좋은 설교, 훌륭한 기독교 교육, 넓은 주차장을 갖춘 교회를 찾기 시작했다. 신자들이 목회를 잘하는 교회를 고르면서, 시대의 요구에 잘 적응하는 교회가 살아남는 적자생존 현상이 나타났다. 이제 신자들이 전통적 교단에서 활동하기보다 교단주의를 벗어나는 쪽을 선택하면서 교단의 절대성은 그 의미를 잃어가고 있다.[381]

특히 복음주의와 은사주의는 교단주의를 초월하며, 상대가 어떤 교단 소속인가를 문제 삼지 않는다. 교회 밖의 교회 형태를 따르는 예수전도단(YWAM)이나 기독학생회(IVF)는 초교파적 강령을 추구하며, 오히려 교단주의를 신자들 사이의 협력을 가로막는 장애물로 치부한다.[382] 권위를 내세우는 교단 관료 집단 체제에서 탈피해 점차 개교회 중심으로 변해가고 있다. 교단보다는 개교회가 사회 변화에 민첩하게 반응할 수 있고, 환경에 잘 적응하며 운영이 쉽고 경비도 적게 든다.

---

[381] 앨리스터 맥그래스, 『기독교, 그 위험한 사상의 역사』, 650-53.
[382] 앨리스터 맥그래스, 『기독교, 그 위험한 사상의 역사』, 652-53.

특히 미국에서는 교단에 소속되지 않고 강력한 비전과 카리스마를 가진 리더가 이끄는 초대형교회가 출현했다. 척 스미스(Chuck Smith, 1927-2013)는 캘리포니아의 마약과 히피 문화에 찌든 사람들에게 구원과 치유의 복음을 전했다. 1965년 갈보리 채플을 세운 그는 기성 교단 및 예배 형식에서 벗어난 새로운 형태의 초교파 교회를 지향했다. 전통적 교단은 교회를 세울 때 기업과 비슷한 모델을 사용했는데, 보통 중앙에 본사가 있고 각 지역에 지사나 사무소를 두는 형태를 따랐다. 그러나 갈보리 채플은 프랜차이즈 형태의 교회 제도를 도입했는데, 이는 교단 체제가 아닌 교회들의 연합 혹은 연대를 추구한다. 중앙에서 재정과 행정, 교리 등을 통제하는 형태를 피하고, 개 교회가 자율적으로 운영하는 프랜차이즈 형태에 가까운 행정 체계를 보인다.[383]

빌 하이벨스(Bill Hybels) 목사는 시카고 근교에 윌로우 크릭 연합(Willow Creek Association)을 설립하면서 교단이 아닌 교회들의 연합체를 구성했다. 존 윔버(John Wimber, 1934-1997)의 빈야드 교회 또한 교단 형식이 아닌 연합체를 이루었다. 릭 워렌(Rick Warren) 목사의 새들백교회는 캘리포니아뿐만 아니라 전 세계에 캠퍼스를 두고, 새로운 형태의 초교파 대형교회의 사례를 보여주었다. 이들 초교파 교회들은 창립자의 강력한 비전을 토대삼아 자신만이 할 수 있는 사역을 펼치며 수많은 위성교회들을 거느린 새로운 공동체를 형성했다. 이들 교회들은 교단에 속한 교회들이 교단의 신학과 정책을 따르며 분담금을 내는 구조와는 크게 다름을 보여준다. 이들은 교단 중심이 아니라 개 교회의 지체를 섬기는 것을 목적으로 삼는다.

---

[383] 앨리스터 맥그래스, 『기독교, 그 위험한 사상의 역사』, 656, 754-56.

매년 주요 교단의 신자들 수는 줄어들고 있다. 초대형교회의 출현은 미국교회가 중앙집권적 교단 구조에서 탈피해 대형교회를 중심으로 한 초교파주의로 이동하는 현실을 보여준다. 이제 신자들은 교단 간의 신학적 차이에 대한 관심이 줄고, 교단을 후원하는 일에 관심이 적어졌다. 교회는 급속한 사회 및 문화적 변화에 신속하고 대응해야 하고 시대의 요구와 기회에 적응해야 한다. 이제 신자는 한 교단의 충실한 신자로 남아있으려 하지 않고 탁월한 설교와 예배 방식, 자녀 신앙 교육에 더 관심을 둔다. 여기에 적절한 상담과 치유를 제공하고, 교인의 기호를 충족시키는 프로그램을 신속하고 효과적으로 제공하는 교회가 급격히 부흥하고 있다.

결론

타락은 피조물이 자신을 하나님과 같은 위치에 두려는 데서 비롯되었다. 기독교 역사를 돌아보면 교회는 오랫동안 주도권을 쥔 자들에 의해 운영되었고, 간혹 그들이 예수님의 자리에 앉아 있는 경우가 있었다. 초대교회에서는 감독이 그 자리에 앉았고, 중세 시대에는 교황이 그 자리를 차지했으며, 오늘날에는 교단이나 목사가 그 자리에 앉아 있다. 그들은 지위에 따르는 특권과 권위, 재산, 건물 등에 집착하는 모습을 보여주었고 많은 범죄를 저질러 왔다. 그들은 말로는 영원성과 저 세상을 강조했지만 실제로는 현세의 것을 강하게 움켜쥐고 있었다.

모든 인간은 죄인으로, 죄를 범하지 않는 사람은 없다. 이 세상 어디에도 완벽한 사람은 존재하지 않는다. 그래서 개인적 욕망에 사로잡힌 인간이 쥐고 있는 교회 권력은 늘 부패한다. 교회 역사를 보면, 주도권을 쥔 자들은 자신들의 권력을 잃지 않기 위해 행정과 교리, 헌법, 재정 등을 독점했다. 그들의 주요 관심은 자신의 주도권 및 특권을 유지하고 이를 자손이나 친척들에게 물려 주는 것이었다. 그들은 개혁 및 변화를 두려워했다. 권력을 거머쥔 고위 성직자들은 권력의 분산을 의미하는 공화주의 내지는 민주주의를 요구하는 주장에 민감하게 반응했다. 이를 위해 지성을 탄압하고 종교재판, 마녀 사냥, 성령론 억압 등을 조장했다.

불행히도 종교개혁 후에도 개신교는 비슷한 문제를 겪었다. 교단과 목사는 자신들의 신앙과 신학에 진리의 절대성을 두고, 다른 신학이나 신앙을 인정하지 않았다. 교단의 폐쇄적인 교리 교육 체계는 뿌리 깊은 권위주의와 창립자의 신학으로 구성되었다. 타 교단을 비판하고 핍박하고 이단 정죄를 한 것도 소위 정통 개신교 교단들이었다. 일부 종교개혁가들은 그들의 권위나 성경 해석을 비판하거나 반대하는 사람들에게 가차없이 이단 정죄를 날리며 투옥 시키거나 사형에 처했다. 이런 이유로 인해 성공회 사제 잉게(William Ralph Inge, 1860-1954)는 '종교 분야에서 성공의 자리에 앉아 있다는 것은 곧 실패를 의미한다'는 명언을 남겼다.[384]

하나님의 종이라는 이름 하에 목사는 하나님의 자리에 앉아 모든 것을 판단하고 정죄하려 한다. 세뇌 혹은 가스라이팅을 당해 길들여진 신자들은 목사에게 대항하면 벌이나 저주를 받는다는 말에 속아 굴종하거나 침묵을 지킨다.

이런 성직자 중심의 계급적 교권을 비판한 것은 세속 문화였다. 18세기의 계몽주의는 그동안 종교를 독점했던 성직자들이 자신들의 사회적 신분을 확고히 하고 무지한 신자들을 영적으로 물질적으로 착취했다고 비판했다. 기독교는 성직자의 사회적 신분을 확고히 하고 무지한 신자들을 착취하며 자신의 이익을 추구하기에 여념이 없는 성직자가 만들어 낸 왜곡된

---

[384] 루이스 W. 스피츠, 『종교개혁사』, 29.

종교에 불과하다. 한국교회 또한 올바른 기독교적 정신에 의해 움직이는 집단이 아니라 교권과 금권에 의해 움직이는 거대한 기업이 되었다고 할 수 있다. 그래서 사회는 기독교가 아니라 '개독교'라 칭한다.

교단이나 목사에 의한 개혁은 가능할까? '중이 제 머리 못 깎는다'는 말이 있다. 기독교 역사는 이에 대해 'No'라고 대답한다. 그래서 성경도 '새 술은 새 부대에 담아야 한다'고 말한다. 교회는 늘 갱신이 필요하지만, 교단이나 고위 성직자로는 개혁이 불가능하다.[385]

가장 성경적인 기독교인의 모습은 그동안 교회 역사를 주도해 온 가톨릭교회나 개신교 정통 교단에서 나오기 보다 오히려 소규모 교단이나 운동에서 나타났다고 볼 수 있다. 비록 작은 규모의 집단이어서 대형 교단들로부터 핍박을 받기는 했지만 그들은 성도 간의 사랑과 평등의 정신 하에 사역과 선교를 펼쳤다. 그리고 교리가 다르다는 이유로 타 교단을 배척하지 않았다.

교단이나 목사는 왕이 아니다. 개신교의 정신은 만민이 하나님의 부름을 받은 사제라는 평등 이념 위에 서있다. 우리는 교회의 대다수를 점하고 있는 평신도와 여성 등에 대한 고정관념, 배타적 언어, 역할에 대한 편견을 버리고 교회 사역과 봉사 등에서 협력 관계를 유지해야 한다. 형식주의에서 역동성으로, 제도주의에서 성령의 인도함으로, 엄격성에서 자유로, 성직자 및 교단 중심의 권위주의에서 평신도 중심의 민주주의로 나아갈 때 하나님의 나라가 그곳에 임할 것이다.

---

[385] 하워드 A. 스나이더, 『교회사에 나타난 성령의 역사』, 284.

참고 문헌

Albert E. Outler, ed, *John Wesley* (New York: Oxford University Press, 1964).

Arthur Judson Brown, *The Mastery of the Far East* (Scribner's Sons, 1919).

Benjamin B. *Warfield, Miracles: Yesterday and Today* (Grand Rapids, MI: Wm B. Eerdmans Publishing Company, 1953).

Donald Dayton, *Theological Roots of Pentecostalism* (Metuchen, NJ: Scarecrow Press, 1987).

Grant Wacker, *Heaven Below* (Cambridge, Mass.: Harvard University Press, 2001).

Heiko A. Oberman, *The Harvest of Medieval Theology: Gabriel Biel and Late Medieval Nominalism* (Cambridge: Harvard University Press, 1963).

Jane Sayers, *Innocent III: Leader of Europe, 1198-1216* (New York: Longman, 1994)

Jaroslav Pelikan, *Christian Tradition: A History of the Development of Doctrine*, Vol. 2 (University of Chicago Press, 1975).

John Calvin, *Institutes of the Christian Religion* (Westminster John Knox Press, 1960).

J. N. D. Kelly, *Early Chrisitan Creeds* (Hoboken: Routledge,1982)

J. N. D. Kelly, *Early Chrisitan Doctrines* (HarperOne,1978)

Paul Althaus, *The Theology of Martin Luther* (Philadelphia: Fortress, 1966).

William R. Hutchison, *Errand to the World: American Protestant Thought and Foreign Missions* (Chicago: University of Chicago Press, 1987).

Williston Walker, *A History of Christian Church* (New York: Charles Scribners's Sons, 1985).

Winthrop Hudson, *Religion in America* (New York: Charles Scribner's Sons,1965).

국내 도서

김균진, 『기독교 조직신학 III』 (서울: 연세대출판부, 1987).

김선주, 『한국교회의 일곱 가지 죄악』 (서울: 삼인, 2009).

김신호, 『한국교회에 영향을 미친 미국교회사』 (레어출판사, 2020).

김인수, 『한국기독교회사』 (서울: 한국장로교출판사, 2003).

곽미숙, 『삼위일체론 전통과 실천적 삶』 (서울: 대한기독교서회, 2009).

도날드 K. 맥킴, 『교회의 역사를 바꾼 9가지 신학 논쟁』 (서울: 기독교연합신문사, 2005).

레이몬드 E. 브라운, 『신약개론』 (서울: 기독교문서선교회, 2017).

로버츠 리어든, 『아주사 부흥』 (서울: 서로 사랑, 2008).

로저 올슨, 크리스터퍼 홀, 『삼위일체』 (서울: 대한기독교서회, 2004).

로저 핑크, 로드니 스타크, 『미국 종교 시장에서의 승자와 패자』 (서울: 서로사랑, 2004).

롤란드 베인턴, 『종교개혁사』 (서울: 크리스천다이제스트, 2001).

롤란드 베인톤, 『마틴루터의 생애』 (서울: 생명의 말씀사, 2002).

루이스 W. 스피츠, 『종교개혁사』 (서울, 기독교문서선교회, 1997).

류대영, 『초기 미국 선교사 연구』 (서울: 한국기독교역사연구소, 2001).

마크 놀, 『미국 캐나다 기독교 역사』 (서울: 기독교문서선교회, 2005).

박명수, 『근대 복음주의의 주요 흐름』 (서울: 대한기독교서회, 1998).

박용규, 『평양대부흥운동』 (서울: 생명의 말씀사, 2007).

박창훈, 『존 웨슬리, 역사비평으로 읽기』 (서울: 대한기독교서회, 2007).

벨리-마띠 캘캐이넨, 『21세기 성령론』 (서울: 프라미스, 2005).

안승오, 『세계 선교 역사 100 장면』 (평단문화사, 2010).

안종철, 『미국 선교사와 한미 관계』 (서울: 한국기독교역사연구소, 2010).

알리스터 맥그라스, 『그들은 어떻게 이단이 되었는가』 (서울: 포이에마, 2022).

앨리스터 맥그래스, 『기독교, 그 위험한 사상의 역사』(서울: 국제제자훈련원, 2009).

유스토 L. 곤잘레스, 『중세교회사』(서을: 은성, 1987).

이덕주, 『한국 토착교회 형성사 연구』(서울: 한국기독교역사연구소, 2000).

제임스 스마일리, 『간추린 미국 장로교회사』(서울: 대한기독교서회, 1998).

제임스 F. 화이트, 『기독교 예배학 입문』(서울: 예배와 설교아카데미, 2000).

조찬선, 『기독교 죄악사』(서울: 평단, 2006).

존 딜렌버거, 클라우드 웰취, 『프로테스탄트 교회의 역사와 신학』
(한신대학교출판부, 2004).

최덕성, 『한국 교회 친일과 전통』(서울: 지식산업사, 2006).

케네스 콜린스, 『진정한 그리스도인: 존 웨슬리의 생애』(서울신학대학교출판부, 2009).

프랭크 틸만, 『신약신학』(서울: 기독교문서선교회, 2011).

하용조, 『사도행전적 교회를 꿈꾼다』(서울: 두란노서원, 2017).

하워드 A. 스나이더, 『교회사에 나타난 성령의 역사』(정연사, 2010).

한국기독교역사연구소, 『한국 기독교의 역사 I』(서울: 기독교문사, 1989).

한스 큉, 『가톨릭 교회』(서울: 을유문화사, 2003).

헤롤드 브라운, 『교회사 안에 나타난 이단과 정통』(서울: 그리심, 2001).

헨리 채드윅, 『초대교회사』(서울: 크리스천다이제스트, 1999).

후스토 L. 곤잘레스, 『초대교회사』(서울: 은성, 1987).

후스토 L. 곤잘레스, 『현대교회사』(서울: 은성, 1987).

E. H. 브로우드벤트, 『순례하는 교회』(서울: 전도출판사, 1999).

Norman L. Geisler & Ralph E. Mackenzie, 『로마 가톨릭주의와 복음주의』(서울: 그리심, 2003).

R.W. 서던, 『중세교회사』(서울: 크리스천다이제스트, 1999).